Jörg von Uthmann:
Die Diplomaten
Affären und Staatsaffären
von den Pharaonen bis zu den Ostverträgen

W0318821

Deutscher
Taschenbuch
Verlag

dtv

Ungekürzte Ausgabe
August 1988
Deutscher Taschenbuch Verlag GmbH & Co. KG,
München
© 1985 Deutsche Verlags-Anstalt GmbH, Stuttgart
ISBN 3-421-06289-7
Umschlaggestaltung: Celestino Piatti
Umschlagabbildung (Titelseite): Archiv für Kunst und Geschichte, Berlin (›Eine Sitzung des Wiener Kongresses, 1815. Die Teilnehmer am Konferenztisch‹, Farblithographie von J. Zutz, 1815)
Gesamtherstellung: C. H. Beck'sche Buchdruckerei, Nördlingen
Printed in Germany · ISBN 3-423-10926-2

Das Buch

Sind die Diplomaten Lebewesen höherer Art oder gehören sie jener »trüben Oberschicht von Nichtstuern, Weiberjägern und Hasardspielern an, die man die Crème nennt« (Egon Friedell)? Jörg von Uthmann weiht den Leser in das diplomatische Geschäft ein, wie es wirklich ist – ohne verklärenden Nimbus, aber auch ohne starre Vorurteile. Er tut das auf ebenso informative wie amüsante Weise und beginnt, da Diplomatie mehr als andere Berufe der Tradition verhaftet ist, weit in der Vergangenheit bei den ersten Verträgen des Königs Salomon. Aus drei Jahrtausenden internationaler Beziehungen wird berichtet, von kümmerlichen Anfängen bis hin zum Aufwand heutiger Außenämter. Die Eigentümlichkeiten des diplomatischen Zeremoniells, der Kampf um den Vortritt, die Bedeutung von Essen und Trinken sowie die Rolle der Frau in der Diplomatie werden ebenso behandelt wie die Finessen der diplomatischen Korrespondenz. Der Kunst des Verhandelns ist ein ganzes Kapitel gewidmet, ein anderes dem spannungsreichen, aber unauflöslichen Zusammenwirken von Diplomatie und Militär. Den Abschluß bilden informative Angaben über die neueren Zweige der Diplomatie bei den internationalen Gremien, das Wiener Übereinkommen über diplomatische Beziehungen von 1961 und über die Ausbildung für den diplomatischen Dienst. Wer über den auswärtigen Dienst mehr wissen möchte, als das, was er in Presse und Literatur darüber findet, wird hier von einem Insider auf ebenso kompetente wie unterhaltsame Weise in das Thema eingeführt.

Der Autor

Jörg von Uthmann gehörte 23 Jahre dem auswärtigen Dienst an – zuletzt als Kulturattaché in Paris. 1985 wechselte er den Beruf: Er trat in die Redaktion der ›Frankfurter Allgemeinen Zeitung‹ ein und ist seitdem ihr Korrespondent in New York. Weitere Veröffentlichungen u.a.: ›Paris für Fortgeschrittene‹ (1981), ›Le diable est-il allemand?‹ (Paris 1984), ›Das Volk ohne Eigenschaften – Amerika und seine Widersprüche‹ (1988).

Inhalt

Blondinen und Kaviar – das Bild des Diplomaten in der Literatur

Das Fest war aus. Die Kerzen im Schloß des Marquis d'Andervilliers erloschen; Madame Bovary kehrte in die Öde ihres Provinzdaseins zurück. Noch lange dachte sie an den Ausflug in jene höhere Sphäre des Adels und der Diplomatie zurück, die sich von der Monotonie ihres kleinbürgerlichen Ehealltags so aufregend unterschied. »Die Welt der Botschafter schritt über glänzendes Parkett, durch schimmernde Spiegelsäle; man lehnte an Tischen, auf denen schwere Samtdecken mit goldenen Fransen lagen. Da gab es Schleppkleider, große Geheimnisse und ein ängstliches Bangen, das sich unter lächelnden Gesichtern verbarg. Es war ein Leben, hoch erhaben über dem der andern, zwischen Himmel und Erde, großartig wie ein Gewitter.«

Ein typischer Vertreter dieses erlesenen Milieus ist der Botschafter de Norpois, der uns in Marcel Prousts ›Suche nach der verlorenen Zeit‹ begegnet. Er ist schwerreich, elegant und witzig. Auch Gemeinplätze weiß er so überzeugend vorzubringen, daß ihm die allgemeine Aufmerksamkeit sicher ist. »Wie sagt doch ein schönes arabisches Sprichwort: Die Hunde bellen, die Karawane zieht weiter. Nach diesem Zitat schwieg Monsieur de Norpois einen Augenblick, um die Wirkung auf uns abzuschätzen. Sie war groß; das fragliche Sprichwort war uns bereits bekannt. Es war in diesem Jahr bei den Diplomaten an die Stelle einer anderen Wendung getreten, die etwas Ruhe nötig hatte, nämlich: Wer Wind sät, wird Sturm ernten. Diese Herrschaften bestellten den Acker ihres Geistes nach dem Prinzip des Fruchtwechsels, dessen Turnus zur Zeit drei Jahre lief...«

Kann es unter diesen Umständen wundernehmen, daß sich teure Hotels, schnelle Automobile und feine Zigarrensorten gern mit dem Namen »Ambassadeur« schmücken und daß die amerikanische Fluggesellschaft TWA die Luxusklasse ihrer Jumbo-Jets, in der statt der üblichen neun nur sechs Sitze nebeneinander stehen, Ambassador Class nennt?

Daß das Dasein eines Diplomaten freilich nicht nur aus Cocktails, Golfpartien und Treibjagden besteht, erfahren wir aus dem Roman ›Wesire und Konsuln‹ von Ivo Andrić, der selbst lange dem jugoslawischen auswärtigen Dienst angehörte. Er schildert darin die Ankunft des französischen Konsuls Daville in dem bosnischen Städtchen Travnik: »Türen flogen auf, hölzerne Fensterläden wurden hochgezogen, und für eine Sekunde tauchten Gesichter auf, haßverzerrt, glühend von Fanatismus. Vermummte Weiber spien aus, zischten Verwünschungen, Kinder riefen Schimpfworte, unterstrichen von drastischen Gesten und unzweideutigen Drohungen; sie klatschten sich auf den Hintern und fuhren mit der Hand an die Gurgel, zum Zeichen des Halsabschneidens.«

Der amerikanische Botschafter in Saigon, Maxwell Amberley, Held des Erfolgsromans ›The Ambassador‹ von Morris West, muß erleben, daß sein begabtester Mitarbeiter von den Vietcong niedergeschossen wird und in seinen Armen stirbt. »This is a rough business«, lautet sein grimmiger Kommentar. »It sorts out the men from the boys very quickly.«

Zu den Männern, nicht zu den Knaben gehört zweifellos Adam von Tobler, deutscher Sonderbotschafter in Afrika, dessen Existenz wir der dichterischen Phantasie des früheren Fernsehmoderators Klaus Stephan verdanken (›Ein feiner Patriot‹). Noch in den entlegensten Wüstenregionen legt Tobler Wert darauf, Pommery, Kaviar und Langusten auf dem Frühstückstisch vorzufinden. Auf tropischen Terrassen, das stets gefüllte Whiskyglas in der Hand, zitiert er mit Nonchalance Platon oder den Koran, Rimbaud oder T. S. Eliot. Auch im Bett, das er gern und mit häufig wechselnden Partnerinnen aufsucht, bleibt er Weltmann vom Scheitel bis zur Sohle.

Das Liebesleben der Diplomaten hat von jeher die Einbildungskraft der Dichter stark gefesselt. Schon bei Honoré de Balzac tröstet der junge Legationsrat Charles de Vandenesse die ›Frau von dreißig Jahren‹, Julie d'Aiglement, über ihre unglückliche Ehe mit einem nicht allzu feinfühligen Offizier hinweg. Graf Danilo Danilowitsch, Attaché an der pontevedrinischen Botschaft in Paris, hält sich dagegen lieber an die freizügigen Mädchen im »Maxim«, die er selbstverständlich beim Kosenamen nennt: Lolo, Dodo, Joujou, Cloclo, Margot, Froufrou. Schließlich wird aber auch er solide und führt die steinreiche »Lustige Witwe« zum Traualtar.

Daß sich die Leidenschaften nicht immer dem anderen,

sondern gelegentlich auch dem eigenen Geschlecht zuwenden, können wir dem Roman ›Les Ambassades‹ von Roger Peyrefitte entnehmen. Der Autor, der übrigens wegen seines allzu ungezügelten Interesses an minderjährigen Spielgefährten den auswärtigen Dienst vorzeitig quittieren mußte, schildert darin die dienstlichen und außerdienstlichen Erlebnisse des Zweiten Sekretärs an der französischen Botschaft in Athen, Georges de la Sarre. Bei einem Ausflug mit seinem deutschen Kollegen Rudolf Schwartz nach Mykonos ergreift er, vom Anblick des Sonnenuntergangs überwältigt, dessen Hand. Rudolf entzieht sie ihm sanft: »Die Freundschaft zweier Männer ist die Freundschaft zweier Seelen.«

Ganz schlimm treiben es die Vertreter der jungen afrikanischen Staaten – jedenfalls wenn wir dem Schweizer Autor Armin Och glauben wollen. In seinem 1978 erschienenen Roman ›Die Diplomaten‹ beschreibt er die zwielichtigen Machenschaften von Mateba Nubele, einem Botschafter der Volksrepublik Botsuru. Nubele hat es vor allem auf »Blondinen mit festem Po und Brüsten mit dunklen Höfen« abgesehen. Da nicht einmal sein üppiges Gehalt für derart teure Laster ausreicht, verschafft er sich durch Rauschgiftschmuggel die nötigen Mittel. Daß er die Verkehrsunfälle, die er ständig im Vollrausch verursacht, auf die leichte Schulter nimmt, versteht sich von selbst: Seine Immunität schützt ihn ja vor strafrechtlicher Verfolgung.

Och ist keineswegs der erste Schriftsteller, der den Diplomaten betont kritisch, ja feindselig gegenübersteht. Schon der französische Moralist La Bruyère bezeichnete sie als charakterlose Chamäleons; Blücher nennt sie »eine boßhaffte Rotte niederer Faullthiere«. In der ›Kulturgeschichte der Neuzeit‹ von Egon Friedell finden wir folgende Beschreibung: »Eine ganze Klasse von Menschen, zumeist jener fetten, trüben Oberschicht von Nichtstuern, Weiberjägern und Hasardspielern angehörig, die man die Creme nennt, wird von der Regierung in besondere Schulen geschickt, mit Revenuen ausgestattet, mit Ehrenzeichen und Titeln belohnt, ausdrücklich und eingestandenermaßen dafür, daß sie ihr ganzes Leben mit Intrigieren, Spionieren, Betrügen und Bestechen hinbringt: staatlich anerkannte und besoldete Gauner und Taugenichtse also, Drohnen mit Giftstachel also. Sie sind die Meister der Lüge, die Handlanger der Hölle, die schlimmste Spielart von Schurken, nämlich Schurken mit gutem Gewissen, denn sie lügen ja ›fürs Vaterland‹. In der Renaissance taten sie einander Gift in die Schokolade, ebenfalls fürs Vaterland, was heute unseren humanen Abscheu erregt. Aber der Unterschied ist sehr klein: Sie vergiften noch immer, nur mit feineren, böseren Giften.«

Welches Bild des Diplomaten ist nun das richtige – das erhabene der Madame Bovary oder das vernichtende von Egon Friedell? Ohne einen Blick in die Geschichte läßt sich diese Frage nicht beantworten.

1888 entdeckt der britische Archäologe Flinders Petrie in der mittelägyptischen Ruinenstätte von Tell-el-Amarna an die vierhundert Tontafeln, die in babylonischer Keilschrift beschrieben sind. Tell-el-Amarna war die Residenz des »Ketzerkönigs« Amenophis IV. (Echnaton) gewesen, der uns allerdings weniger durch den von ihm eingeführten Sonnenkult als durch seine schöne Gemahlin im Gedächtnis geblieben ist: die berühmte Nofretete.

Diese Tontafeln, die sogenannten Amarna-Briefe, zeigen, daß die Pharaonen bereits im 14. vorchristlichen Jahrhundert eine lebhafte diplomatische Korrespondenz mit den Fürsten der von Ägypten abhängigen vorderasiatischen Pufferstaaten unterhielten. Auf den Tafeln finden wir Grußbotschaften, Ergebenheitsadressen, Hilfsersuchen, gelegentlich auch Beschwerden und wechselseitige Denunziationen. Auch Teile der Korrespondenz mit dem König von Babylon, Burnaburiasch, sind erhalten. Die beiden Herrscher reden sich freundschaftlich mit »Mein Bruder« an. In einem Brief bezieht sich Burnaburiasch auf die Bitte des Pharaos, ihm eine babylonische Königstochter für seinen Harem zu überlassen. Er erinnert zunächst an das trübe Schicksal seiner Schwester, die bereits dem Harem am Nil angehört, sich dort jedoch vernachlässigt fühlt. Er sei bereit, hierüber großzügig hinwegzusehen, aber nur unter der Bedingung, daß ihm Amenophis seinerseits eine ägyptische Prinzessin zustelle.

Aus dem Jahre 1269 v. Chr. datiert der Friedens- und Bündnisvertrag zwischen Ramses II. und dem Hethiterkönig Hattusil III., der die jahrzehntelangen kriegerischen Auseinandersetzungen beider Reiche beendete und das ganze 13. Jahrhundert hindurch gültig blieb. Dieser Vertrag ist das älteste uns überlieferte Dokument des Völkerrechts. Erhalten sind zwei Ausfertigungen auf Silbertafeln, die eine in Hieroglyphen, die andere in Keilschrift. Er beginnt mit einem Kriegsschuldparagraphen, in dem der voraufgegangene Zwist bedauert und dem Vorgänger des Hethiterkönigs in die Schuhe geschoben wird. Nach dieser Präambel folgen die eigentlichen Vertragsbestimmungen: Die beiden Herrscher garantieren einander ihren Besitzstand in Syrien und versprechen sich gegenseitig Hilfe für den Fall künftiger militärischer Verwicklungen, aber auch innerer Unruhen. Eine besondere Klausel regelt die Auslieferung politischer Flüchtlinge. Im Schlußteil werden die Götter als Zeugen angerufen und ihr Fluch auf jeden herabbeschworen, der der Vereinbarung zuwiderhandelt.

Der älteste uns bekannte Handelsvertrag ist in der Bibel nachzulesen (I. Buch der Könige, Kapitel 5). Es ist ein Abkommen zwischen Salomo und Hiram, dem König von Tyrus, über Holzlieferungen und die Beschäftigung libanesischer Gastarbeiter beim Bau des Tempels in Jerusalem. »So befiehl nun«, schreibt Salomo an Hiram, »daß man mir Zedern aus dem Libanon haue und daß deine Knechte mit meinen Knechten seien. Und den Lohn deiner Knechte will ich dir geben, alles, wie du sagest. Denn du weißt, daß bei uns niemand ist, der Holz zu hauen versteht wie die Sidonier.« Der König von Tyrus läßt durch Gesandte sein Einverständnis mitteilen: »Also gab Hiram Salomo Zedern- und Tannenholz nach seinem Begehr. Salomo aber gab Hiram zwanzigtausend Kor Weizen, zu essen für sein Gesinde und zwanzig Kor gestoßenen Öles. Solches gab Salomo jährlich dem Hiram.«

Nicht zu allen Nachbarn unterhielt Israel so freundschaftliche Beziehungen. Als der Ammoniterkönig Nahas stirbt und Salomos Vater David eine Trauergesandtschaft nach Rabat-Ammon (dem heutigen Amman) schickt, ist der Empfang mehr als frostig: Hinter dem Kondolenzbesuch wittert man Spionageabsichten. »Da nun die Knechte Davids ins Land der Kinder Ammon kamen, sprachen die Gewaltigen der Kinder Ammon zu ihrem Herrn, Hanun: ›Meinst du, daß David deinen Vater ehren wolle, daß er Tröster zu dir gesandt hat? Meinst du nicht, daß er darum hat seine Knechte zu dir gesandt, daß er die Stadt erforsche und erkunde und umkehre? Da nahm Hanun die Knechte Davids und schor ihnen den Bart zur Hälfte und schnitt ihnen die Kleider zur Hälfte ab bis an den Gürtel und ließ sie gehen.« (2. Buch Samuel, Kapitel 10)

Auch anderswo waren die Sitten des internationalen Verkehrs im Altertum recht rauh. Bei den Ausgrabungen in Ninive wurde das Archiv des letzten großen Assyrerkönigs Assurbanipal (669–626 v. Chr.) gefunden, darunter Hunderte von Berichten seines Reisebotschafters Belibni. Eine von Belibni übermittelte Note an den König von Elam, in dem die Auslieferung babylonischer Flüchtlinge verlangt wird, hat folgenden Wortlaut: »Wenn du mir diese Leute nicht gibst, werde ich Krieg gegen dich führen. Ich werde deine Städte zerstören, ihre Einwohner in die Sklaverei abführen und dich selbst vom Thron stoßen. Ich werde dich vernichten, wie ich König Te-Umman, deinen Vorgänger, vernichtet habe.«

In der ›Ilias‹ wird eine wichtige diplomatische Mission geschildert: Es ist die Reise von Menelaos und Odysseus nach Troja, wo sie die Rückgabe der entführten Helena fordern. Die Mission scheitert, der Trojanische Krieg ist die Folge. Homer nennt die Gesandten »angeloi«; es ist dasselbe Wort, von dem auch unsere »Engel« abstammen. Tatsächlich genossen diese frühen Diplomaten sakrale Vorrechte. Doch war es ausgerechnet Hermes, der listige Gott der Kaufleute und Diebe, dessen Schutz man sie anbefahl. Die Wahl dieser Gottheit hat sich auf den späteren Ruf des auswärtigen Dienstes wenig günstig ausgewirkt.

Das geographisch überschaubare, aber in kleine Stadtstaaten zersplitterte Griechenland erwies sich für die Entwicklung der internationalen Beziehungen als fruchtbarer Nährboden. Charakteristisches Merkmal ist die Öffentlichkeit, in der sich alle zwischenstaatlichen Vorgänge abspielten. Die Gesandten wurden von der Volksversammlung gewählt. In der Regel waren es wohlhabende Leute gesetzten Alters, die man für diese Aufgabe bestimmte; in klassischer Zeit heißen sie daher »presbeis«, Ältere.

Auch die Instruktion wurde öffentlich diskutiert und den Gesandten auf einem »diploma« genannten Blatt aus Papyrus oder Pergament mitgegeben: Hier haben wir die sprachliche Wurzel des »Diplomaten« vor uns – ein Begriff, der allerdings erst Ende des 18. Jahrhunderts üblich wird. Um sicherzugehen, daß die Instruktion getreulich ausgeführt wurde, waren die Gesandtschaften stets mehrköpfig. An der Spitze der athenischen Friedensdelegation, die 449 nach Susa geschickt wurde, standen Kallias und Pyrilampes; jener war wegen seines Reichtums, dieser wegen seiner Schönheit ausgewählt worden. Tatsächlich verfehlte die Schönheit des Pyrilampes ihren Eindruck auf die Perser nicht. Der Großkönig schenkte ihm mehrere Pfauen, die in Athen ausgestellt wurden und dort großes Aufsehen erregten. Insgesamt war die Mission jedoch ein Fehlschlag. Man warf ihr vor, einen allzu ungünstigen Frieden abgeschlossen zu haben. Kallias wurde zur Zahlung von fünfzig Talenten verurteilt; er verlor dadurch ein Viertel seines Vermögens.

Die Eigenschaft, auf die es den Griechen bei ihren Gesandten am meisten ankam, war rhetorische Begabung. Für schwierige Missionen versicherte man sich deshalb der bedeutendsten Koryphäen dieses in Griechenland ja systematisch gelehrten Faches. Der athenischen Gesandtschaft des Jahres 346 zu Philipp von Mazedonien gehörte nicht nur Demosthenes, sondern auch sein großer Konkurrent Äschines an.

Ging die Gesandtschaft von einem griechischen Staat zum andern, so hatte sie ihren Auftrag vor der Volksversammlung zu erläutern. Nach dem Vortrag wurde ihr bedeutet, sich zurückzuziehen. Danach beratschlagte die Versammlung über die zu erteilende Antwort. Anträge wurden zunächst durch Zuruf, dann durch Abstimmung angenommen oder abgelehnt. Nachdem sich Mazedonien zur Vormacht aufgeschwungen hatte, nahm es mit der Basisdemokratie in Griechenland allerdings ein rasches Ende: Das Abkommen König Philipps mit Athen über Amphipolis war bereits ein Geheimvertrag.

Auch in der römischen Diplomatie spielte die Redekunst eine bedeutende Rolle; neben dem herkömmlichen »legatus« trugen die Gesandten daher häufig den Titel »orator«. In der Frühzeit rekrutierten sie sich aus einem zwanzigköpfigen Priesterkollegium, den sogenannten Fetialen. Später war es der Senat, der die Gesandtschaften aus seiner Mitte zusammenstellte. Ernennungen wurden durch förmlichen Beschluß (senatus consultum) verkündet und auf dem Kapitol ausgehängt. Dem Leiter der Gesandtschaft (princeps legationis) wurde ein goldener Ring mitgegeben, der der Delegation in den von Rom beherrschten Gebieten freie Fahrt und Verköstigung sicherte. Daneben gab es auch schon Reisespesen (viaticum); üblich war außerdem die Ausstattung mit Kleidung, Silbergeschirr, Wäsche und Feldbetten.

Ausländische Missionen wurden unterschiedlich aufgenommen – je nachdem, ob Rom mit dem Entsendestaat befreundet oder verfeindet war. Im ersteren Falle brachte man sie in einer der schönsten Villen der Stadt, der Graecostasis, unter. Sie wurden zu öffentlichen Festen eingeladen und erhielten dort Ehrenplätze. Sehr verbreitet war der Austausch von Gastgeschenken: Eine Delegation des Seleukidenkönigs Antiochos Epiphanes erschien mit Goldgeräten im Gewicht von mehr als fünf Zentnern. Besonders wichtigen Gesandten wurde sogar am Fuße des Kapitols ein Denkmal gesetzt. Missionen aus feindlichen Ländern durften dagegen nicht einmal in die Stadt hinein. Sie mußten auf dem Marsfeld kampieren. Das Zusammentreffen mit dem Senat fand im nahe gelegenen Tempel der Kriegsgöttin Bellona statt.

Die Römer haben das Völkerrecht um den elementaren Grundsatz von der Heiligkeit der Verträge (pacta sunt servanda) bereichert. In der Praxis zeichnete sich ihre Diplomatie allerdings kaum durch übertriebene Skrupel aus. Nach dem Aufstieg zur Weltmacht kannte Rom nur Schutzbefohlene und Rebellen; ein gleichberechtigtes Nebeneinander – oder wie wir heute sagen würden: die friedliche Koexistenz – mit anderen Mächten war ausgeschlossen.

Ein typisches Beispiel für den Umgang mit fremden Staatsoberhäuptern ist die Begegnung des Legaten Quintus Martius Philippus mit dem Mazedonierkönig Perseus, die sich 172 v. Chr. an den Ufern des Peneios in Thessalien abspielte. Beide Seiten hatten sich kurz zuvor den Krieg erklärt, doch war Rom hierfür unzureichend gerüstet. Es kam also darauf an, eine Vertagung der Feindseligkeiten zu erwirken. Das Treffen hatte eine stattliche Zahl von Schaulustigen angezogen, die zu beiden Seiten des Flusses lagerten. Zunächst ging es um die Frage, auf welchem Ufer verhandelt werden sollte. Die Mazedonier vertraten die Ansicht, die königliche Majestät habe den Vorrang; Philippus müsse sich über den Fluß bequemen. Der Römer antwortete mit einem Scherz: Der Sohn müsse zum Vater kommen, also Perseus zu Philipp. (Der Vater des Perseus hieß ebenfalls Philipp.) Der König gab nach, auch hinsichtlich der Größe des Hofstaats, den er bei der Überfahrt mitnehmen durfte. Als Perseus mit drei Begleitern über den Fluß setzte und dem Römer seine Aufwartung machte, war jedem Zuschauer klar, daß hier nicht zwei Souveräne von gleich zu gleich konferierten, sondern ein Imperium mit einem Duodezfürsten.

In dem Gespräch gelang es Philippus, die Mazedonier davon zu überzeugen, daß noch ein letzter Versuch unternommen werden müsse, den Frieden zu bewahren. Es wurde beschlossen, die Verhandlungen in Rom fortzusetzen; während dieser Zeit sollten die Waffen schweigen. Perseus mußte seine Appeasement-Politik teuer bezahlen: Als die Verhandlungen – wie vorauszusehen – ein halbes Jahr später scheiterten, hatte Rom seinen Rückstand aufgeholt. Perseus wurde bei Pydna vernichtend geschlagen; er beendete sein Leben in römischer Gefangenschaft. Mazedonien wurde aufgelöst: 155 Jahre nach dem Tode Alexanders des Großen ging sein Weltreich zugrunde.

Unter Augustus und seinen Nachfolgern entstand in Rom ein hochqualifiziertes Berufsbeamtentum. Da praktisch die ganze Welt von Italien aus regiert wurde, bestand an gewiegten Unterhändlern freilich nur geringer Bedarf. Was man brauchte, waren Administratoren vom Schlage eines Pontius Pilatus, die dem Willen des Kaisers notfalls auch mit Brachialgewalt Geltung verschafften. Erst als das Imperium auseinanderfiel, stiegen subtilere Fähigkeiten wieder im Kurswert.

Es war der östliche Teilstaat, Byzanz, in dem sich erstmals eine professionelle Diplomatie entwickelte. Für die von äußeren Feinden und inneren Unruhen ständig bedrohten oströmischen Kaiser war die rechtzeitige Kenntnis aufziehender Gefahren eine Lebensnotwendigkeit. Nicht die in der Antike gepflegte Rhetorik war jetzt gefragt, sondern Fachleute von gesundem Urteil und geschulter Beobachtungsgabe. Der auswärtige Dienst war der kaiserlichen Kanzlei (scrinia) angegliedert. Er stand unter Leitung des »magister officiorum«, griechisch »logothetes« genannt. Ihn haben wir also als frühesten Vorläufer unserer Außenminister anzusehen.

Auffallend an der byzantinischen Diplomatie ist vor allem die starke Betonung der Etikette. Im »Zeremonienbuch« des Kaisers Porphyrogenetos (913–959) besitzen wir die erste systematische Abhandlung über Protokollfragen. Die Überreichung der Beglaubigungsschreiben, die Überprüfung der Vollmachten, die Reihenfolge der der kaiserlichen Familie abzustattenden Höflichkeitsbesuche – all das ist minuziös festgelegt.

Im Jahre 968 hält sich Liutprand, Bischof von Cremona, als Brautwerber für den deutschen Kronprinzen in Konstantinopel auf. Wir verdanken ihm einen anschaulichen Bericht über das Zeremoniell und die Prunkentfaltung am byzantinischen Hof, die die fremden Gesandten blenden und einschüchtern sollte. Bei der Antrittsaudienz mußten sie sich vor dem Kaiser auf die Knie werfen und die Proskynese vollziehen. Übrigens schlägt Liutprands Mission fehl; seinem Auftraggeber, Otto dem Großen, wird sogar der brüderliche Titel »Basileus« verweigert. Erst nach einem Regierungswechsel in Konstantinopel kommt die Verbindung zwischen den beiden Kaiserhäusern zustande. Am 14. April 972 werden Otto II. und die byzantinische Prinzessin Theophano in der Peterskirche zu Rom getraut.

Das mittelalterliche Europa verstand sich, jedenfalls in der Theorie, als Einheit. Allen Streitigkeiten zwischen Kaiser und Papst zum Trotz herrschte von Salamanca bis Krakau, von Stavanger bis Tarent die Überzeugung vor, einer gemeinsamen »res publica christiana« anzugehören. Unsere moderne Fiktion unabhängiger und gleichberechtigter Staaten wäre einem mittelalterlichen Menschen absurd, ja gotteslästerlich vorgekommen. So ist es zu erklären, daß sich die Diplomatie im Abendland weitaus langsamer entwickelte als im Orient. Eine Außenpolitik im strengen Sinne gab es eigentlich gar nicht. Das folgenreichste Unternehmen der damaligen Zeit, die Kreuzzüge, hatte nicht politische, sondern religiöse Gründe.

Natürlich standen die gekrönten Häupter Europas miteinander in Verbindung: 1165 reiste der deutsche Reichskanzler Rainald von Dassel nach England – angeblich zur Werbung um eine englische Königstochter, in Wahrheit, um Heinrich II. in seinem Streit mit Thomas Becket zu bestärken. Auch an Kontakten zu den islamischen Herrschern hat es nicht gefehlt: Man denke an die berühmte Gesandtschaft Harun-al-Raschids zu Karl dem Großen oder an die Wirtschaftsbeziehungen Kaiser Friedrichs II. zu Nordafrika. Mit dem Sultan Abu Zakaria, der Tunis, Marokko und Tripolitanien beherrschte, schloß er 1231 einen Handelsvertrag, der die beiderseitigen Zölle auf 10 Prozent festsetzte und die gegenseitige Unterstützung der Kauffahrer vorsah. Vom Jahre 1257 an unterhielt Venedig ständige Konsuln, »baiuli« genannt, in Konstantinopel.

Ständige diplomatische Vertretungen kommen jedoch erst in Übung, als die »res publica christiana« des Mittelalters zusammenbricht und dem scharf geschiedenen Nebeneinander souveräner Herrschaftsordnungen Platz macht: Es ist die Geburtsstunde des modernen Staates.

War es Zufall oder eine innere Notwendigkeit, daß die ständige Diplomatie zugleich mit den stehenden Heeren in die Weltgeschichte eintrat? Auch hier war der Orient dem Abendland um eine Nasenlänge voraus: Das 1329 aus christlichen Gefangenen zusammengestellte, durch die »Knabenlese« immer wieder ergänzte Korps der Janitscharen bildete den Kern der osmanischen Armee, die 1453 Konstantinopel im Sturm nahm und dem Byzantinischen Reich ein Ende machte. Am 2. November 1439 erließ König Karl VII. von Frankreich – eben jener, der seine Krönung Jeanne d'Arc verdankte – den Befehl, eine festbesoldete Truppe auszuheben: Der Hundertjährige Krieg gegen England hatte unwiderleglich bewiesen, daß mit Heerbann und Lehnsaufgebot längere Feldzüge nicht durchzustehen waren. Sechs Jahre später standen 9000 Mann unter Waffen.

Ist Frankreich also das erste Land in Europa, das ein stehendes Heer unterhielt, so müssen wir den Ursprung der ständigen diplomatischen Vertretungen in Italien suchen. Die oberitalienischen Stadtstaaten, die sich aus der Konkursmasse des Stauferreichs herausgeschält hatten, waren zu klein, um ihre wilden Rivalitäten und endlosen Händel mit eigenen Truppen auszufechten. Statt dessen engagierte man Söldnerführer, »condottieri« genannt, die sich ihrer Aufgabe fachmännisch entledigten. Der Einsatz schlagkräftiger Berufsarmeen, die überdies mit den modernen Feuerwaffen ausgerüstet waren, machte es nun allerdings doppelt notwendig, sich über die Absichten seiner Nachbarn laufend zu unterrichten. Mit einem Wort: Ständige Gesandtschaften kamen auf, als die Zeiten unbeständig wurden.

Einer der erfolgreichsten Condottieri war Francesco Sforza. Nach dem Tode des letzten Herzogs aus der Familie der Visconti (1447), dessen natürliche Tochter Bianca er geheiratet hatte, gelang es ihm, sich zum Beherrscher Mailands aufzuschwingen. Er genoß dabei die Unterstützung des mächtigsten und wohlhabendsten Bürgers von Florenz, Cosimo de' Medici. Sein Vertrauensmann bei Cosimo war ein gewisser Nicodemo da Pontremoli; 1450 wurde er offiziell als »orator« des frischgebackenen Herzogs von Mailand bei der

Republik Florenz akkreditiert und blieb dort siebzehn Jahre. Nach dem derzeitigen Forschungsstand müssen wir Pontremoli als ersten Diplomaten ansehen, der nicht nur mit einer zeitlich begrenzten Mission an den Sitz einer fremden Regierung entsandt wurde, sondern der sich dort zur ständigen Wahrnehmung der Interessen seines Landes niederließ.

1464 verkauft Johann II. von Aragon das Roussillon für 200000 Goldkronen an Frankreich. Seinen Unterhändler, Alfonso da Silva, ernennt er zum »orator residens« in Paris. Nach der Vereinigung Aragons mit Kastilien wird 1487 Roderigo Gondesalvi de Puebla spanischer Gesandter in England; er bekleidet dieses Amt noch im Jahre 1500. Die spanische Botschaft in London darf daher als der älteste noch existierende Posten der modernen Diplomatie gelten. Übrigens war der Lebenswandel Gondesalvis alles andere als tadelsfrei. Um Geld zu sparen, wohnte er nicht nur in einer billigen Kaschemme, wo ihm hauptsächlich Straßendirnen Gesellschaft leisteten, obendrein ließ er sich von den spanischen Kaufleuten, die auf seine Dienste angewiesen waren, saftige Bestechungsgelder zahlen. Zum englischen Königshaus unterhielt er jedoch so glänzende Beziehungen, daß seine Regierung es nicht wagte, ihn abzuberufen.

Nach und nach setzten sich die ständigen Gesandtschaften in ganz Europa durch. Venedig und Genua waren die ersten Staaten, die ihre diplomatischen Vertreter regelmäßig auswechselten. Der von ihnen eingeführte Drei-Jahres-Rhythmus wurde von vielen anderen auswärtigen Diensten, darunter dem deutschen, nachgeahmt und blieb als Richtschnur bis heute gültig.

Sondermissionen waren damit keineswegs ausgestorben. Im Gegenteil: Ein so guter Kenner der internationalen Beziehungen wie Hugo Grotius vertrat noch im 17. Jahrhundert die Ansicht, ständige Vertretungen seien im Grunde überflüssig. Diese Überzeugung hinderte ihn freilich nicht, die letzten zehn Jahre seines Lebens als schwedischer Gesandter in Paris zu verbringen. Auch sonst wußte Grotius mit Widersprüchen zu leben: Nachdem er 1609 in einem klassisch gewordenen Gutachten (»Mare liberum«) die Freiheit der Meere mit Verve verteidigt hatte, vertrat er vier Jahre später als niederländischer Delegierter bei den Verhandlungen mit London den entgegengesetzten Standpunkt.

Die beiden bekanntesten Gestalten der Renaissance-Diplomatie haben nie einen ständigen Auslandsposten bekleidet, sondern wurden immer nur mit Sonderaufträgen betraut: Philippe de Commynes und Niccolò Machiavelli. Seine ›Memoiren‹, das erste Standardwerk der modernen Geschichtsschreibung, beginnt Commynes mit folgenden Worten: »Als meine Knabenzeit vorüber war und ich in das Alter kam, da man zu Pferde steigt, wurde ich nach Lille zum Herzog Karl von Burgund gebracht, damals noch Graf von Charolais genannt, der mich in seine Dienste nahm. Das war im Jahre 1464.«

Karl der Kühne verwendet den kaum Zwanzigjährigen zu mehreren heiklen Missionen. Seine große Stunde schlägt in der Nacht vom 7. auf den 8. August 1472: Ohne mit der Wimper zu zucken, verläßt Commynes das Lager Karls bei Eu und geht zu dessen Gegenspieler Ludwig XI. über. Er zeigt sich hierin ganz als Kind eines Zeitalters, das die Staatsräson und die rücksichtslose Durchsetzung der eigenen Interessen zur obersten Richtschnur des Handelns erhob. Rasch steigt er zum einflußreichsten Ratgeber des französischen Königs auf. Das Gipfeltreffen Ludwigs XI. mit dem englischen König Eduard IV. am 29. August 1475 ist sein Werk. In der berühmtesten Szene seiner Memoiren beschreibt Commynes, wie sich die beiden Monarchen auf einer Brücke begegnen, die man bei Picquigny eigens über die Somme geschlagen hat: Vorsichtshalber hat man sie in der Mitte durch ein Holzgitter gesperrt, »wie man es bei Löwenkäfigen macht«. Das Treffen ist ein voller Erfolg: Eduard IV. erklärt sich gegen eine finanzielle Entschädigung bereit, Frankreich (bis auf Calais) zu räumen. Damit ist der Hundertjährige Krieg beendet. (Ein förmlicher Friede kommt – wie nach dem Zweiten Weltkrieg – nie zustande.)

Nach dem Tode Ludwigs XI. fällt Commynes in Ungnade. Auf seine Güter verbannt, beginnt er mit der Niederschrift seiner Erinnerungen. Amnestiert, nimmt er 1494 am Eroberungszug Karls VIII. nach Italien teil, den er mißbilligt. Ein Jahr danach finden wir ihn in Venedig mit dem Auftrag, die sich anbahnende Koalition zwischen Kaiser, Papst, Spanien und den oberitalienischen Städten zu verhindern; dies mißlingt. Mit Mühe kann er eben noch den Rückzug des französischen Heeres diplomatisch sichern.

Danach spielt er keine politische Rolle mehr. 1511 ist er gestorben.

Auch Machiavelli wird erst in dem Augenblick zum Schriftsteller, als er von der politischen Bühne abtreten muß. 1512, nach der Rückkehr der Medici an die Macht, war der überzeugte Republikaner seiner Ämter enthoben, inhaftiert, ja sogar gefoltert worden. Seit 1498 hatte er seiner Vaterstadt Florenz als Leiter der für die auswärtigen Angelegenheiten zuständigen Zweiten Kanzlei gedient. Daneben hatte er eine Reihe diplomatischer Aufträge wahrgenommen, die ihn an den französischen Hof, zum Reichstag in Konstanz und zu Kaiser Maximilian nach Innsbruck führten. Vor allem aber waren es die italienischen Schwesterstädte, deren ständige Reibereien mit Florenz seine Anwesenheit immer wieder nötig machten.

In dieser Kleinwelt skrupelloser Tyrannen faszinierte ihn der skrupelloseste: Cesare Borgia. Seine zweiunddreißig in einem italianisierten Latein verfaßten Berichte aus Cesares Feldlager vor Senigallia sind stilistische Meisterwerke von unbestechlicher Beobachtungsgabe und treffsicherem Urteil. Machiavelli betrachtet diesen reinen Machtmenschen mit dem kalten Blick des Zoologen, dem es ebenfalls nicht in den Sinn käme, zwischen Schaf und Krokodil einen moralischen Unterschied zu machen. Nach seinem Sturz setzt er Borgia im ›Principe‹ (1513) ein Denkmal und erhebt dessen »realpolitischen« Herrschaftsstil zur allgemeinen Maxime.

1519 wird Machiavelli begnadigt und wieder mit kleineren Missionen betraut. So führt er in Venedig Verhandlungen wegen der Beraubung einiger Florentiner Kaufleute. 1527 werden die Medicini erneut gestürzt; Machiavelli verliert zum zweitenmal sein bescheidenes Ämtchen. Diese Aufregung ist zuviel für den Achtundfünfzigjährigen: Er stirbt wenige Tage später; seine Familie hinterläßt er in bitterer Armut.

Für ein Zeitalter, das sich der Antike so tief verbunden fühlte, lag es nahe, auch die diplomatischen Emissäre nach klassischem Vorbild zu benennen. Die Titel »orator« und »legatus« blieben also weiterhin in Geltung. Daneben bürgerten sich seit dem 12. Jahrhundert der »nuntius« und der »procurator« ein: Als seinen »nuntius« hatte schon Jupiter (in der ›Aeneis‹) den Merkur vorgestellt, als er ihn zum Numiderkönig Jarbas schickte. Prokuratoren waren im alten Rom dagegen die Provinzstatthalter gewesen.

In einer venezianischen Verordnung über die Eidesleistung der Gesandten aus dem Jahre 1268 finden wir erstmals einen fünften Ausdruck, der den Alten noch nicht geläufig war und der die anderen bald überflügeln sollte: den »ambaxiator«. Mit »ambactus« hatte Cäsar in seinem ›Gallischen Krieg‹ einen Diener oder Vasallen bezeichnet. Im salischen Recht bedeutete »ambactia« Amt. Eine Schenkungsurkunde Karls des Kahlen schließt mit dem Satz: »Domina Richildis imperatrix ambasciavit«, was wohl bedeutet, daß die Schenkung von der Kaiserin Richildis vermittelt wurde.

Zunächst wurden alle fünf Begriffe – zu denen noch einige andere, seltener anzutreffende kamen – unterschiedslos durcheinander gebraucht. Bernard de Rosier, Propst, später Erzbischof von Toulouse, der 1436 einen kurzen Abriß (›Ambaxiator brevilogus‹) über die diplomatische Praxis seiner Zeit verfaßte – es ist, nebenbei gesagt, das erste Handbuch dieser Art –, bezeichnet »ambaxiator« und »legatus« als bedeutungsgleich; die Titel »nuntius« und »procurator« schreibt er Gesandten minderen Ranges zu. In der Tat wurde es um die Mitte des 15. Jahrhunderts üblich, das Recht zur Entsendung von »ambaxiatores«, »ambasciatori«, »ambassadeurs« oder, wie sie dann in Deutschland hießen, von »Botschaftern« ausschließlich dem Kaiser, den Königen und der Republik Venedig zuzugestehen. Noch 1429 hatte der Bischof von Eichstätt in aller Unschuld »ambassadores« zum Papst geschickt, um die Bestätigung seiner Wahl einzuholen. Karl V. verbot dagegen den Gesandten von Mantua und Ferrara, sich diesen ihnen nicht zukommenden Titel anzumaßen.

Die Anrede für Botschafter war zunächst »magnificus« oder »spectabilis«. Heinrich IV. gewährte ihnen erstmals den – bis dahin Fürstlichkeiten vorbehaltenen – Ehrentitel »Exzellenz«. Bei den Friedenskongressen von Münster und Osnabrück setzte er sich allgemein durch.

1582 trat der Kölner Erzbischof Truchseß von Waldburg heimlich zum Protestantismus über. Es gelang dem Papst nur unter Mühen, ihn abzusetzen und mit Hilfe der Wittelsbacher aus seinem Bistum zu vertreiben. Vorsichtshalber ernannte er einen Nuntius in Köln, der die Ausbreitung des Protestantismus beobachten und die Durchsetzung der Beschlüsse des Tridentiner Konzils überwachen sollte: Es ist der Beginn der ständigen Nuntiaturen in Deutschland. Die Titel »Legat« und »Nuntius« wurden seitdem nur noch von der vatikanischen Diplomatie verwandt. Als apostolische Nuntien bezeichnet man heute die Botschafter des Papstes bei fremden Regierungen. Legaten (»legati a latere«, das heißt »von der Seite« des Papstes) sind Gesandte, in der Regel Kardinäle, mit einem zeitlich begrenzten Sonderauftrag. Von ihnen hat der Heilige Stuhl immer seltener Gebrauch gemacht. Die mißtrauischen Franzosen ließen die Legaten ohnehin nicht in ihre Hauptstadt hinein; weiter als bis Lyon durften sie nicht reisen.

Was sollte nun aber der bedauernswerte Kleinstaat tun, dem das »droit d'ambassade« – also das Recht, Botschafter zu entsenden – verwehrt wurde? Für diese zweite Garnitur von diplomatischen Vertretern entwickelte sich eine ganz neue Terminologie: Agenten, Residenten, Ablegaten und Envoyés bevölkerten zunehmend die europäischen Höfe. Von diesen neuen Titeln hat sich bis in unsere Tage nur ein einziger erhalten, und auch er ist vom Aussterben bedroht: »le ministre« – der Gesandte. Das prunksüchtige und wortgewaltige Barock-Zeitalter fand indes auch für diese Stiefkinder der Diplomatie ein Trostpflaster, und bald gab es kaum noch einen Botschafter oder Gesandten, der sich nicht mit dem Beiwort »extraordinaire« (außerordentlich) und »plénipotentiaire‹ (bevollmächtigt) schmückte. Bei dieser Praxis ist es bis heute geblieben.

Auf einer der neun Tafeln der »Ursula-Legende«, einem Höhepunkt der venezianischen Renaissance-Malerei, stellt Vittorio Carpaccio die Ankunft der englischen Gesandten am Hof des bretonischen Königs Maurus dar, um dessen Tochter – eben die besagte Ursula – sie werben sollen. Die Feierlichkeit des Einzugs, die Pracht der Gewänder – all das hat der Künstler den Zeremonien abgeschaut, die sich, während er den Zyklus malte (1490–1495), in seiner Vaterstadt abspielten.

Das Barock steigerte die Prunkentfaltung ins Ungemessene. Bei den Friedensverhandlungen in Münster und Osnabrück stellte die Ankunft eines neuen Gesandten ein Volksvergnügen dar, dem man sich, unbekümmert um die schreiende Not ringsumher, ohne Rückhalt hingab. Der Einzug des französischen Botschafters, des Herzogs von Longueville, stellte alle anderen in den Schatten: Ihm voraus ritten fünfzig Edelleute, zweiundzwanzig Pagen und zwölf Schweizer mit Hellebarden, Samtbaretten und silbernen Degen. Zwölf prächtig geschirrte Pferde und zwölf Maultiere mit blauen Satteldecken, die in Goldstickerei die königliche Lilie zeigten, ergänzten den Vortrupp. Danach erschien die sechsspännige Karosse des Herzogs; vierundzwanzig Lakaien begleiteten ihn. Den Beschluß machte eine Leibgarde in Scharlach und Silber, die Wagen der übrigen Gesandten und deren berittenes Gefolge.

Der Zug des kaiserlichen Botschafters Graf Leslie, der 1664 nach Konstantinopel aufbrach, umfaßte nicht weniger als dreihundertfünfzig Personen; die Reise soll sechs Millionen Gulden gekostet haben.

Das Vorrecht, sechsspännig zu fahren, wurde von den Botschaftern eifersüchtig verteidigt. Bei den Friedensverhandlungen in Nimwegen, Rijswijk und anderen kleinen Orten kam es deswegen nicht selten zu einem Verkehrschaos. In Paris durften Botschafter bei der Überreichung ihres Beglaubigungsschreibens bis in den Innenhof des Louvre hineinfahren, wo sie von einem Prinzen von Geblüt erwartet und zum König geleitet wurden. Bei diesem Gang durch das Schloß wurden die Türen weit geöffnet, beim Antrittsbesuch eines Gesandten nur ein Flügel. Nur Botschaftern stand das Recht zu, sich gleichzeitig mit dem König zu bedecken. Ihre Ehefrauen genossen das »droit de tabouret«: Sie durften in Gegenwart der Königin auf einem Sessel – wenn auch ohne Lehne – Platz nehmen.

Nicht immer konnten sich Entsende- und Empfangsstaat über das ihren Botschaftern zustehende Zeremoniell einigen. Zwischen Wien und Rom gab es endlosen Streit darüber, ob der kaiserliche Botschafter zur ersten Privataudienz beim Heiligen Vater im Reisekleid erscheinen dürfe oder die feierliche schwarze Hoftracht anzulegen habe. 1719 brach Wien die Verhandlungen ab und ließ sich von da an nur noch durch einen »Prominister« bei der Kurie vertreten.

Der österreichisch-ungarische Außenminister Graf Kálnoky gab seine ganze Hand nur Botschaftern, den Gesandten vier Finger und drei den übrigen Diplomaten. Es erregte große Empörung am Wiener Hof, als ein junger deutscher Legationssekretär – es war der spätere Botschafter in Rom, Graf Monts – es wagte, diesen Gruß mit einem einzigen Finger zu erwidern.

Das Vorrecht der Großmächte, Botschafter auszutauschen, war also um die Mitte des 16. Jahrhunderts einigermaßen etabliert. Wem unter den Botschaftern gebührte aber der Vortritt? Über diese Frage entbrannte ein erbitterter, mit allen Mitteln ausgefochtener Streit, der erst nach dreihundert Jahren geschlichtet werden konnte.

Gewiß, Auseinandersetzungen über die Präzedenz hatte es schon in sagenhafter Vorzeit gegeben. Aus dem ›Nibelungenlied‹ kennen wir den haßerfüllten Zusammenstoß zwischen Kriemhild und Brünhild vor dem Wormser Dom, der schließlich mit Siegfrieds Tod endet. Lambert von Hersfeld berichtet von blutigen Kämpfen um den Vortritt zwischen den Dienstmannen des Abtes von Fulda und des Bischofs von Hildesheim. In der Hanse beanspruchten Lübeck und Köln den ersten Platz, Hamburg und Bremen den zweiten. Auf einem Hansetag wurde das Gerangel dadurch beendet, daß Lübeck das Präsidium am Vormittag führte und Köln am Nachmittag.

Mit der Einrichtung ständiger diplomatischer Vertretungen multiplizierten sich die Reibungsflächen. Der Kampf um den Vortritt wurde – nicht anders als der Kampf um die Hackordnung auf dem Hühnerhof – zu einem periodisch wiederkehrenden Ritual. Wenn es um ihr Prestige ging, waren die selbstbewußten Barockfürsten von mimosenhafter Empfindlichkeit: Jede Zurücksetzung eines Botschafters – der ja als ihr persönlicher Vertreter auftrat – galt als Majestätsbeleidigung. Bei den Friedensverhandlungen in Münster und Osnabrück dauerte es nicht weniger als fünfzehn Monate, bis sämtliche Rangfragen geregelt waren.

In seinem klassischen Lehrbuch ›L'Ambassadeur et ses fonctions‹ (1682) schreibt Abraham de Wicquefort: »Es ist nichts auf der Welt, worauf ein Ambassadeur eifriger zu halten Ursache hat als das hohe Ansehen und die daran hangenden Berechtigungen seines Fürsten. Absonderlich aber so ist er verbunden, über den Rang, welchen er bei anderen Fürsten zu prätendieren hat, kräftiglich zu eifern, damit er solchen bei denen Staats-Zeremonien und öffentlichen Versammlungen ungekränkt erhalten möge.« Dem 1716 nach

Warschau entsandten Grafen Virmond wird eingeschärft, »im Gehen, Sitzen, Stehen und Fahren bei allen actibus seinen Charakter in acht zu nehmen und darauf zu sehen, daß Unserer kaiserlichen Präeminenz aller Orten die gebührende Stelle und Ehre gegeben werde«.

Nun war die »kaiserliche Präeminenz« bis zum Untergang des Heiligen Römischen Reiches nie ernstlich bestritten, ebensowenig wie die des Papstes. Insoweit blieb ein Teilstück der mittelalterlichen Weltordnung auch weiterhin erhalten. Der Kampf ging um den dritten Platz. Die Prätendenten waren Frankreich und Spanien. Anläßlich des Empfangs einer englischen Gesandtschaft durch Papst Julius II. im Mai 1504 hatte das vatikanische Protokoll einen »Ordo regum christianorum« aufgestellt, nach dem der Rex Franciae vor dem Rex Hispaniae figurierte. Der Vatikan berief sich dabei auf das Alter der beiden Monarchien: Während die Merowinger das Frankenreich bereits im 5. Jahrhundert begründet hatten, datierte das erste christliche Königtum auf spanischem Boden erst aus dem Jahre 718. Bei einem Festessen anläßlich der Krönung von Pius IV. im Januar 1560 konnte der französische Botschafter, Philibert Babou de la Bourdaisière, den Vorrang vor seinem spanischen Kollegen Vargas erfolgreich behaupten. Wütend verließ der Spanier das Gastmahl.

Das entscheidende Gefecht fand am 30. September 1661 in London statt. Samuel Pepys hat es in seinem Tagebuch beschrieben. Bei der feierlichen Einholung eines neuen Missionschefs war es üblich, daß sich die am Ort akkreditierten Diplomaten seinem Zug anschlossen und ihm das Ehrengeleit gaben. Als ein neuer schwedischer Gesandter eintraf, waren sowohl der spanische Botschafter de Watteville wie auch sein französischer Kollege, der Marschall d'Estrades, fest entschlossen, sich den Ehrenplatz unmittelbar hinter der königlichen Kutsche zu erkämpfen. Es kam zu einer Straßenschlacht, an der die Londoner Bevölkerung begeistert teilnahm; Watteville obsiegte. »Es gab mehrere Tote bei den Franzosen«, notierte Pepys befriedigt, »und ein oder zwei bei den Spaniern, auch ein Engländer kam durch eine Kugel um. Es ist sehr bemerkenswert, daß die Franzosen zahlenmäßig um vier zu eins überlegen waren und beinahe hundert Pistolen besaßen. Die Spanier hatten nicht eine einzige Feuerwaffe, was ihnen zur ewigen Ehre gereicht und den andern zur Schande.«

Der Triumph Spaniens war allerdings nur von kurzer Dauer. Ludwig XIV. verlangte ultimativ, Watteville zu bestrafen und den Vortritt Frankreichs ein für allemal anzuerkennen. Im Weigerungsfalle drohte er mit Krieg. Philipp IV. gab klein bei: Watteville wurde abberufen. In Paris erschien eine spanische Sühnegesandtschaft und gab eine verschwommene Erklärung ab, die Ludwig XIV. als Annahme seiner Forderungen deutete. Tatsächlich haben spanische Botschafter danach ihren französischen Kollegen niemals wieder den Vorrang streitig gemacht – außer am Kaiserhof, wo man Spanien nicht nur verwandtschaftlich verbunden war, sondern auch keinerlei Anlaß sah, den französischen Rivalen aufzuwerten. Ludwig XIV. ließ sich daher in Wien nur durch Gesandte, nicht durch Botschafter vertreten.

Als auch in Spanien die Bourbonen auf den Thron kamen, verlor der Zwist zwischen Versailles und Madrid erheblich an Schärfe. Im »Familienpakt« von 1761 wurde er endgültig beigelegt: Den Vorrang sollte, so bestimmt der Vertrag, derjenige der beiden Botschafter haben, der als erster eingetroffen war. Nur an den Bourbonenhöfen von Parma und Neapel sollte dem französischen Missionschef als dem Vertreter des Familienoberhaupts stets die »préséance« gebühren.

Auch gegenüber anderen Nebenbuhlern wußte Frankreich seine Stellung zu behaupten. Da Mazarin es mit dem mächtigen schwedischen Verbündeten nicht auf einen Streit ankommen lassen wollte, wurden die Verhandlungen zur Beendigung des Dreißigjährigen Krieges nicht an einem, sondern an zwei Konferenzorten – Münster und Osnabrück – geführt, so daß sich die beiden Siegermächte aus dem Weg gehen konnten. Den russischen Kaisertitel erkannten die Bourbonen erst 1745 an, nachdem die Zarin Elisabeth schriftlich versichert hatte, den Vorrang der französischen Krone nicht anzutasten.

Was dem Sonnenkönig recht war, war den blasseren Gestirnen am absolutistischen Fürstenhimmel billig: Auch um die nachgeordneten Tabellenplätze wogte ein verbissener Kleinkrieg. Bei der Gratulationscour anläßlich der Thronbesteigung Jakobs II. (1685) kam es zwischen dem brandenburgischen und dem venezianischen Gesandten zu einer regelrechten Keilerei, in der der Brandenburger – es war der für seine schlüpfrigen Verse berüchtigte Hofdichter Johann von Besser – zum Entzücken des ganzen Hofes die Oberhand behielt. Für die Friedensverhandlungen in Karlowitz (1699) baute man, um Rangstreitigkeiten von vornherein die Spitze abzubrechen, eine Kongreßhalle mit vier Türen, durch die die vier Unterhändler auf ein Zeichen gemeinsam eintraten.

Erst nach dem Ende des Heiligen Römischen Reiches und dem Zusammenbruch der französischen Vormachtambitionen, als der Wiener Kongreß sich anschickte, die Scherben des europäischen Staatensystems wieder zusammenzukitten, konnte der Streit um die Präzedenz endgültig begraben werden. Das Wiener Reglement vom 19. März 1815 teilt die Missionschefs in drei Klassen ein: Zur ersten gehören die Botschafter und Nuntien, zur zweiten die Gesandten (Envoyés, Ministres), zur dritten die den Behördenleiter in seiner Abwesenheit vertretenden Geschäftsträger (Chargés d'affaires). Innerhalb jeder Kategorie sind die Missionschefs grundsätzlich gleichberechtigt; der Vortritt richtet sich nach dem Datum der Ankunft beziehungsweise der Überreichung des Beglaubigungsschreibens. Bei dieser Rangfolge ist es bis heute geblieben. Sie wurde 1961 in der Wiener Übereinkunft über diplomatische Beziehungen (siehe Seite 176) bestätigt.

Eine Ausnahme von der Regel bildet der apostolische Nuntius. Viele Staaten räumen ihm – gewissermaßen als sentimentale Erinnerung an die heile Welt des Ancien régime – unabhängig vom Datum seines Eintreffens den ersten Platz, das Doyennat, im diplomatischen Korps ein. Wo dies nicht der Fall ist, läßt sich der Vatikan durch einen Pronuntius oder einen (im Gesandtenrang stehenden) Internuntius vertreten.

Ursprünglich unterhielt der Papst diplomatische Beziehungen nur mit katholischen Staatsoberhäuptern. Die Teilungen Polens nötigten ihn, auch mit Preußen und Rußland in Verbindung zu treten. Nach einem Rom-Besuch im Winter 1783 ernannte der schwedische König Gustav III. den Kupferstecher Francesco Piranesi zu seinem Vertreter beim Heiligen Stuhl. Das Interesse des Königs – dessen dramatisches Ende Verdi im »Maskenball« auf die Opernbühne gebracht hat – galt freilich weniger einem ökumenischen Gedankenaustausch als der zollfreien Ausfuhr römischer Kunstgegenstände.

Die wechselseitigen Vorbehalte zwischen Vatikan und nicht-katholischen Regierungen sind auch heute noch nicht gänzlich verschwunden. Weder die kommunistischen Staaten noch Israel unterhalten mit dem Papst diplomatische Beziehungen. In London ist er lediglich durch einen Pronuntius vertreten, ebenso in Washington. Die USA hatten erst 1848 Beziehungen zum Heiligen Stuhl aufgenommen und sie 1867 wieder abgebrochen. Seit dem Zweiten Weltkrieg entsandten die amerikanischen Präsidenten Sonderbeauftragte nach Rom. Im September 1983 beschloß der Senat, in Anerkennung des persönlichen Mutes von Papst Johannes Paul II., nach einhundertsechzehnjähriger Pause die diplomatischen Beziehungen wiederherzustellen.

Die ungeschriebene Regel, nach der nur Großmächten das Recht zustand, Botschafter zu entsenden, hat sich bis zum Ersten Weltkrieg erhalten. Häufig verzichteten selbst sie darauf und begnügten sich mit einem Vertreter minderen Ranges. Dies hatte einen doppelten Vorteil: Zum einen brauchten Gesandte nicht so glanzvoll aufzutreten wie Botschafter, waren also billiger. Zum andern spielten sie im gesellschaftlichen Leben der Hauptstadt eine weniger herausgehobene Rolle, so daß sie sich ihren Aufgaben – vor allem der Nachrichtenbeschaffung – unauffälliger widmen konnten.

Um die Mitte des vorigen Jahrhunderts gab es in Paris vier Botschafter, in den übrigen europäischen Metropolen zwei: in London und Wien einen französischen und einen türkischen, in Petersburg und Konstantinopel einen französischen und einen britischen. 1862 hob Preußen seine Gesandtschaft in London, 1863 die Gesandtschaft in Paris zur Botschaft an. Der erste Botschafter in Washington erschien erst 1893, in Tokio 1905 (nach dem russisch-japanischen Krieg).

Die USA hatten bis 1893 den Austausch von Botschaftern grundsätzlich abgelehnt: Die persönliche Vertretung des Staatsoberhaupts war in ihren Augen ein überholtes Relikt aus monarchischer Vorzeit. 1914 war es jedoch Washington, das durch die demonstrative Rangerhöhung der amerikanischen Gesandtschaft im besetzten Brüssel den Startschuß zu der galoppierenden Botschafter-Inflation gab, die unser demokratisches Zeitalter kennzeichnet.

Nach dem Ersten Weltkrieg drängten Argentinien, Brasilien, Chile, Polen und China in den Club der Auserwählten. Anfang der dreißiger Jahre unterhielt das Deutsche Reich zweiundfünfzig diplomatische Vertretungen im Ausland, darunter zehn Botschaften (in London, Paris, Washington, Moskau, Rom-Quirinal, Rom-Vatikan, Madrid, Ankara, Warschau, Tokio) und zweiundvierzig Gesandtschaften.

Nach dem Zweiten Weltkrieg war dann kein Halten mehr. Auch das kleinste, soeben in die Unabhängigkeit entlassene Entwicklungsland beanspruchte für seine Missionschefs den Botschafterrang. Schweden und die Schweiz leisteten noch für eine Weile heroischen Widerstand, dann mußten auch sie kapitulieren: 1957 ernannte das Eidgenössische Politische Departement seinen ersten Botschafter. Damit nicht genug: Bei den Vereinten Nationen unterhält eine nicht geringe Zahl von Ländern zwei oder drei Botschafter, die USA und die Philippinen sogar fünf. Spitzenreiter ist die Dominikanische Republik mit nicht weniger als sieben Botschaftern. Es ist ganz wie bei den Wiener Droschkenkutschern: Für ein kleines Trinkgeld wird jeder Fahrgast zum Baron befördert. Der Gesandte als selbständiger Behördenchef ist heute praktisch ausgestorben; nur als Bezeichnung für den Stellvertreter des Botschafters an großen Missionen lebt der Titel fort.

Alle Probleme hat das Wiener Reglement von 1815 freilich nicht vorhersehen können: Beim Neujahrsempfang im Weißen Haus am 1. Januar 1902 war der Doyen, der britische Botschafter Lord Pauncefote, durch Gicht am Erscheinen verhindert. Er bat den ihm im Rang folgenden deutschen Kollegen v. Holleben, auf sein Vorrecht zu verzichten und die Glückwünsche des diplomatischen Korps durch Lady Pauncefote überbringen zu lassen. Der deutsche Botschafter ging auf den Vorschlag ein, was in der Presse erhebliches Aufsehen machte und einen Wutausbruch des Kaisers zur Folge hatte: »Holleben hat zwar ritterlich, aber absolut undienstlich und inkorrekt gehandelt«, schrieb Wilhelm erbost auf das Telegramm aus Washington. »Er hat sich einfach lächerlich gemacht. Der Botschafter des deutschen Kaisers, der hinter den Unterröcken Großbritanniens hersteuert! Ich hoffe, so was passiert nicht wieder!«

Eine völlig neue Situation entstand nach der Oktoberrevolution in Rußland. Die herkömmlichen Dienstränge wurden als Ausgeburt des verhaßten Kapitalismus abgeschafft; an die Stelle von Botschaftern und Gesandten trat ein proletarischer Homunkulus, der »Polnomochni Predstavitel« (bevollmächtigter Vertreter), kurz »Polpred« genannt. Nach kurzer Zeit fand man in Moskau jedoch heraus, daß die Polpreds protokollarisch überall ins Hintertreffen gerieten, und so fiel man nach und nach in die zaristischen Bräuche zurück. Heute gehört die Sowjetunion in Fragen des Zeremoniells zu den konservativsten Mächten der Welt. Neuerdings haben die Polpreds in Libyen einen Nachfolger gefunden: Das Außenministerium in Tripolis nennt sich »Volksbüro der sozialistischen libysch-arabischen Volksdschamahirija«; die Missionschefs heißen »Sekretär des Volkskomitees«. Alles, was Libyen mit diesem klassenkämpferischen Vokabular bisher erreicht hat, ist, seine diplomatischen Vertreter zu isolieren und am Aufstieg in der Anciennität zu hindern. Man muß nicht Prophet sein, um vorauszusagen, daß auch hier eines Tages wieder normale Verhältnisse einkehren werden.

Diplomaten alter Schule pflegten, wenn sie bei einem Diner unter ihrem Rang placiert wurden, den Teller umzudrehen und die Nahrungsaufnahme zu verweigern. Die Ehre ihrer Regierung war damit zwar gewahrt; satt wurde man allerdings nicht. Heutzutage sind die Sitten weniger streng. Anstatt aufzubrausen, tröstet sich der Weltmann mit der angenehmen Erkenntnis: Je weiter unten man sitzt, um so hübscher sind die Tischdamen.

Parallel zu den ständigen Vertretungen entwickelten sich überall in Europa Zentralbehörden zur Wahrnehmung der auswärtigen Angelegenheiten. Da der Krieg – nach dem berühmten Wort von Clausewitz – als legitime »Fortsetzung der Politik mit anderen Mitteln« allgemein akzeptiert war, lagen Kriegs- und Außenministerium häufig in einer Hand. In Frankreich wurden die beiden Ressorts zwar schon im 17. Jahrhundert formell von Kardinal Richelieu getrennt; die Richtlinienkompetenz behielt er jedoch weiterhin sich selber vor. Noch während des Siebenjährigen Krieges beherrschte der ältere Pitt unter dem eher unscheinbaren Titel eines »Secretary of the Southern Department« das gesamte Feld der britischen Außen- und Militärpolitik. In Wien lag die Zuständigkeit für die stets gespannten Beziehungen zur Pforte bis tief ins 18. Jahrhundert hinein nicht beim Staatskanzler, sondern beim Hofkriegsrat.

Man darf sich diese frühen Kanzleien nicht wie unsere Mammut-Ministerien vorstellen: Sie glichen eher einem Privatkabinett des Monarchen und begnügten sich mit einer Zahl von Beamten, die heutzutage nicht einmal zum Betrieb einer kommunalen Straßenreinigungsbehörde ausreichen würde. Als Ludwig XIV. nach dem Tode Mazarins den ersten Staatsrat einberief, begab sich Staatssekretär Brienne in einer Sänfte nach Vincennes; sein Sohn und die beiden »premiers commis« du Fresne und Ariste fuhren mit der Kutsche, gefolgt von zwei weiteren Beamten zu Pferde, die »für den Bedarfsfall Papier und Tinte bei sich führten«. Damit war das gesamte Außenministerium auf den Beinen. Zur Zeit Maria Theresias bestand die Wiener Staatskanzlei aus zwei Hofräten, vier Kanzlisten, einem Registrator, einem Expeditor und einem Kanzleidiener. Noch Metternich arbeitete den gesamten diplomatischen Posteingang persönlich durch. 1821, auf dem Höhepunkt der britischen Weltgeltung, beschäftigte das Foreign Office achtundzwanzig Personen einschließlich eines Dolmetschers für Türkisch und des »Collector and Transmitter of Paper, the Reverend Goddard«. Das preußische Außenministerium war zur gleichen Zeit immerhin schon doppelt so stark: Es umfaßte sechzig Personen aller Dienstgrade. Heute beschäftigt das Auswärtige Amt im In- und Ausland 6000 Menschen, der Quai d'Orsay 8700, das Foreign Office 13400 und das State Department über 40000.

Lange Zeit hielten es die Außenministerien für unter ihrer Würde, sich mit anderen Fragen als der sogenannten »großen Politik« zu befassen, das heißt den Fragen von Krieg und Frieden, von Bündnissen und dynastischen Verbindungen. Außenwirtschafts- und -kulturpolitik kamen nicht vor. Die Konsulate führten ein von den Botschaften streng getrenntes Eigenleben; in Frankreich war für sie bis zum Ende des Ancien régime nicht das Außen-, sondern das Marineministerium zuständig. Erst im 19. Jahrhundert rückte die Weltwirtschaft zunehmend ins Blickfeld der Außenpolitik. Frankreich war das erste Land, das 1880 den diplomatischen mit dem konsularischen Dienst verschmolz. Im gleichen Jahr ernannte das Foreign Office den ersten Handelsattaché. In Deutschland wurde die Vereinigung des diplomatischen und des konsularischen Dienstes 1919 vollzogen, in den USA 1924, in Großbritannien 1943; heute ist sie allgemein üblich. In den Jahren nach dem Ersten Weltkrieg erkämpfte sich auch die auswärtige Kulturpolitik ihren – bis heute keineswegs unumstrittenen – Platz.

Getrennt waren ursprünglich auch der Ministerial- und der Auslandsdienst. Zwar besaßen nicht wenige Behördenchefs – von den Außenministern Ludwigs XIV., Lionne und Pomponne, bis zu Kaunitz und Metternich – langjährige diplomatische Erfahrungen; das Ministerium selbst bestand jedoch aus Beamten, die das Ausland nur vom Hörensagen oder gelegentlichen Dienstreisen kannten. Bismarck war der erste, der zur besseren »Blutzirkulation« die Trennung der beiden Dienste aufhob und die Auslandsbeamten immer wieder in die Zentrale einberief. Die Betroffenen waren von dieser Maßregel keineswegs entzückt und setzten alles daran, die Zeit im Inland auf eine vorübergehende Urlaubsvertretung als sogenannter »Sommerknecht« zu begrenzen. Eine französische Verordnung aus dem Jahre 1906 bestimmte, daß Leitungsaufgaben im Quai d'Orsay nur noch Beamten mit Auslandserfahrung anzuvertrauen seien. Diese Verordnung hat freilich nicht gehindert, daß der Quai in den zwanziger Jahren von einem Mann beherrscht wurde, der – ebenso wie die »graue Eminenz« des Foreign Office, Sir Eyre

Crowe – nie einen Auslandsposten bekleidet hatte: Philippe Berthelot. Die förmliche Amalgamierung von In- und Auslandsdienst erfolgte in Großbritannien 1919, in den USA 1954. In den Niederlanden sind beide Dienste immer noch getrennt.

Ein gewisses Spannungsverhältnis zwischen Zentrale und Auslandsvertretungen gehört in allen Ländern zum diplomatischen Alltag. Neigen die Missionschefs manchmal dazu, ihre Stellung und die Bedeutung des Staates, bei dem sie akkreditiert sind, zu überschätzen, so entgehen die Ministerien nicht immer der Gefahr, aus einer allzu globalen Sicht der Dinge Warnungen der Botschaften in den Wind zu schlagen – vor allem dann, wenn sie aus innenpolitischen Gründen unwillkommen sind. An Klagen von beiden Seiten hat es jedenfalls nie gefehlt: Das Auswärtige Amt sah sich öfters veranlaßt, bei seinen Diplomaten Symptome einer besonderen Berufskrankheit, der »megalomania legatorum« zu diagnostizieren. Umgekehrt bezeichnete Graf Münster, kaiserlicher Botschafter in London und Paris, die Wilhelmstraße als »Zentralrindvieh«; die dort tätigen Beamten nannte er »Kleinvieh«. Der amerikanische Nationalökonom Kenneth J. Galbraith, der 1961 bis 1963 sein Land in Indien vertrat, zitiert in seinem ›Tagebuch eines Botschafters‹ ein Fernschreiben, das er vom State Department erhielt: »Soweit Ihre Auffassungen überhaupt erwägenswert waren, sind sie geprüft und verworfen worden.«

Unbestreitbar ist, daß die Auslandsvertretungen den Gang der Dinge nicht selten klarer vorausgesehen haben als ihre Regierungen: 1914 warnte der deutsche Botschafter in London, Lichnowsky, eindringlich vor dem Kriegseintritt Englands, an den man in Berlin nicht glauben wollte. 1935, nach der Besetzung des entmilitarisierten Rheinlands durch deutsche Truppen, warnte der französische Botschafter in Berlin, François-Poncet, vor den Folgen der Appeasement-Politik und drängte auf militärische Gegenmaßnahmen – die bekanntlich ausblieben.

1943 warnte der ehemalige amerikanische Botschafter in Moskau, Bullitt, Präsident Roosevelt vor der Sowjetunion und forderte ihn auf, jedes Druckmittel, vor allem Stalins Abhängigkeit von amerikanischen Waffen, zu nutzen, um die Rote Armee am Vordringen nach Zentraleuropa zu hindern. Hätten die deutsche, die französische und die amerikanische Regierung in diesen schicksalhaften Augenblicken auf ihre Botschafter gehört, dann wäre die Weltgeschichte anders verlaufen.

Der Quai d'Orsay

An der Wiege des französischen Außenministeriums steht eine Verordnung Heinrichs III. vom 1. Januar 1589, die die bis dahin von vier Staatssekretären gemeinsam wahrgenommenen auswärtigen Angelegenheiten einem einzigen, Louis de Revol, überträgt. Sein Nachfolger, Nicolas de Neufville, Seigneur de Villeroy, nimmt als erster den Titel eines Ministers an. In die Amtszeit Villeroys fallen die schwierigen Verhandlungen mit dem Papst über die Anerkennung Heinrichs IV. und damit des Hauses Bourbon auf dem französischen Thron. Trotz aller Gegenzüge der Spanier und der Jesuiten (die nach einem Mordanschlag auf den König des Landes verwiesen werden) gelingt es den französischen Unterhändlern du Perron und d'Ossat, die Absolution bei gleichzeitiger Hinnahme der Religionsfreiheit in Frankreich durchzusetzen: Am 17. September 1595 schwören die beiden Gesandten in einer musikalisch umrahmten Zeremonie auf dem Petersplatz im Namen ihres Souveräns kniend der »sogenannten reformierten Religion« ab; danach folgt die feierliche Lossprechung vom päpstlichen Bann.

Nach dem Sturz Villeroys tritt jener Mann ins Ministerium ein, der die Grundlage für die Vorherrschaft Frankreichs in Europa legen sollte: Armand du Plessis, Kardinal von Richelieu. Zunächst als Staatssekretär (1616–1617), später als Premierminister (1624–1642) leitet er die französische Außenpolitik mit unumschränkter Machtvollkommenheit. Die Leistung Richelieus ist um so eindrucksvoller, als er einen Zweifrontenkrieg zu bestehen hatte: Im Innern ging es darum, die Hugenotten als politisches Gegengewicht auszuschalten und die Zentralgewalt der Krone zu stärken. In der Außenpolitik kam es umgekehrt darauf an, die Hegemonie des Hauses Habsburg zu brechen, was nur durch ein Bündnis mit den protestantischen Mächten geschehen konnte. Der Kardinal der römischen Kirche zögert nicht, in den Dreißigjährigen Krieg auf seiten der schwedischen Ketzer einzugreifen – zunächst durch Subventionen, nach dem

Tode Gustav Adolfs (1632) und dem Sieg der Kaiserlichen bei Nördlingen (1634) durch Entsendung französischer Truppen.

Nur wer den abergläubischen Fanatismus kennt, der damals Katholiken wie Protestanten beherrscht, kann die unerhörte Kühnheit einer solchen Denkweise ermessen. Es kostet ihn größte Mühe, Ludwig XIII. von der Gottgefälligkeit des Krieges gegen das katholische Erzhaus zu überzeugen. »Für diese Welt besaß er Religion genug«, urteilt Kardinal Retz über Richelieu, dessen Nachfolger er so gern geworden wäre. Sein Gott heißt Frankreich, sein Glaube Staatsräson. Im Staat sieht er, wie später Hegel, die Wirklichkeit der sittlichen Idee. Als die Nachricht von seinem Tode nach Rom gelangt, sagt der Papst: »Wenn es einen Gott gibt, so wird dieser Mann ein strenges Gericht zu bestehen haben. Gibt es ihn nicht, so hat Herr von Richelieu eine große Karriere gemacht.«

Bei den Verhandlungen in Lyon, die 1632 zum Frieden von Cherasco führten und den Streit um die mantuanische Erbfolge beendeten, hatte der päpstliche Vermittler, Giulio Mazzarini, Richelieu durch seine geschmeidige Zähigkeit beeindruckt. 1634 wird Mazzarini – nicht ohne Nachhilfe Richelieus – zum Nuntius in Paris ernannt. 1640 tritt er in die Dienste des Kardinals: Es ist der seltene Fall, daß ein großer Staatsmann seinen Nachfolger bewußt auswählt und heranzieht. Nach dem Tode seines Mentors wird Jules Mazarin, wie er sich jetzt nennt, Premierminister; er bleibt es trotz stärkster Anfeindungen, die ihn zweimal zur Flucht ins Ausland nötigen, bis 1661. Mazarin erntet, was Richelieu gesät hat: Nach dem entscheidenden Sieg gegen die Spanier bei Rocroi (1643), dem Westfälischen (1648) und dem Pyrenäen-Frieden (1659) ist Frankreich unbestritten die erste Macht in Europa.

Nach dem Tode Mazarins übernimmt der jugendliche Ludwig XIV. selbst die Zügel der Regierung. Seine vier Außenminister Lionne, Pomponne, Croissy und Torcy sind fähige Diplomaten, aber doch nur ausführende Werkzeuge der rücksichtslosen Macht- und Prestigepolitik, mit der der »Sonnenkönig« das Erbe seiner Vorgänger verschleudert. Pomponne wird 1679 wegen allzu großer Friedfertigkeit entlassen. Ludwig, »dieses mehr mongolische als abendländische Ungetüm« (Jacob Burckhardt), muß dieselbe Erfahrung machen wie später Napoleon und Hitler – nämlich, daß eine Außenpolitik, die keine anderen Mittel kennt als List, Drohung und Gewalt, zwar beträchtliche Anfangserfolge zeitigt, dann aber eine Koalition von Gegnern heraufbeschwört, der der Angreifer schließlich erliegt. Nach dreißig Kriegsjahren hat Frankreich nichts weiter gewonnen als die Franche-Comté, Straßburg und einige Grenzfestungen im Norden. Der Preis dafür ist hoch: Bei seinem Tode hinterläßt Ludwig XIV. eine riesige Staatsschuld, verelendete Bauern, ein wirtschaftlich und moralisch zerrüttetes Land.

Unter seinem Nachfolger Ludwig XV. werden die Verhältnisse nicht besser. Die Außenpolitik verkommt zum Tummelplatz von Günstlingen und Mätressen. Neben dem zuständigen Ministerium entwickelt sich ein Netz von Geheimagenten, »Secret du Roi« genannt, mit eigenem Kurier- und Chiffrierdienst, das die Weisungen der Außenminister nicht selten konterkariert. Bei der polnischen Königswahl von 1764 ist Frankreich dreimal vertreten – offiziell durch Botschafter Paulmy und den Sondergesandten, General Monet; inoffiziell durch den Residenten des Secret du Roi, Hennin, der die Schritte seiner nichtsahnenden Kollegen zu durchkreuzen sucht.

Dank der Protektion der Marquise de Pompadour können sich an diesem Hof der Kabale und Liebe immerhin für einige Jahre zwei Außenminister behaupten, die die Zeichen der Zeit verstanden haben: der Kardinal de Bernis und der Herzog von Choiseul. Beide haben begriffen, daß nicht mehr das müde und abgekämpfte Habsburg Frankreichs gefährlichster Konkurrent ist, sondern das aufstrebende England. Die Geheimverhandlungen, die Bernis in Belleville, dem Schloß der Madame Pompadour, mit dem kaiserlichen Botschafter Starhemberg führt, enden mit dem spektakulären »Renversement des Alliances«, dem Bündnisvertrag vom 1. Mai 1756, der unter die dreihundertjährige Feindschaft zwischen Paris und Wien einen Schlußstrich zieht. Das ausdrücklich postulierte Ziel, »la destruction totale de la Prusse«, erreicht der Vertrag freilich nicht: Aus dem Siebenjährigen Krieg gehen nicht Österreich und Frankreich, sondern Preußen und das mit ihm verbündete England als Sieger hervor.

Gravier de Vergennes, der unter Ludwig XVI. dreizehn Jahre lang (1774–1787) die französische Außenpolitik leitet, kann England dann doch noch eine schwere Schlappe beibringen: Frankreichs Parteinahme für die nordamerikanischen Rebellen beraubt das Inselreich seiner wertvollsten Kolonie. Es ist, wie es der spätere Botschafter am Zarenhof, Maurice Paléologue, ausdrückte, »ein letzter Ruhmesstrahl, der auf die dem Untergang geweihte französische Monarchie fällt«.

Mit dem Ausbruch der Revolution betritt die glanzvollste, zugleich aber auch umstrittenste Figur der französischen Diplomatie die Bühne: Charles-Maurice de Talleyrand. Wie Richelieu und Mazarin entstammt er der geistlichen Laufbahn. Seit 1788 Bischof von Autun, scheut er sich nicht, den Eid auf die republikanische Verfassung abzulegen und in der Nationalversammlung die Einziehung der Kirchengüter zur Deckung der Staatsschulden zu beantragen. Vor der Schrekkensherrschaft flieht er zunächst nach England, dann nach Amerika; 1795 kehrt er nach Paris zurück. 1797 ernennt ihn das Direktorium zum Außenminister. Seine Unterstützung des Staatsstreichs vom 18. Brumaire sichert ihm das Amt für zehn Jahre.

Napoleons zügellose Eroberungspolitik wird von Talleyrand mißbilligt. Im August 1807 tauscht er das Außenministerium gegen ein Hofamt von rein zeremonieller Bedeutung. Hinter dem Rücken des Kaisers spinnt er Fäden zu den feindlichen Höfen von Petersburg und Wien – nicht ohne sich für seine Dienste fürstlich entlohnen zu lassen. Ende Januar 1809 kommt es im Staatsrat zu der berühmten Generalabrechnung Napoleons mit seinem gestürzten Minister. Eine geschlagene halbe Stunde lang ergießt sich ein Strom von Schimpfworten auf den reglos Dasitzenden. Rasend gemacht durch den Gleichmut seines Opfers, stürzt der Korse schließlich auf Talleyrand zu, als ob er ihn ohrfeigen wolle, und schreit ihm ins Gesicht, er sei nichts weiter als »ein Haufen Scheiße in seidenen Strümpfen«. Als Talleyrand nach der Sitzung durch die Flure der Tuilerien hinkt, ist sein einziger Kommentar: »Schade, daß ein so großer Mann so schlechte Manieren hat.«

Nach dem Sturz Napoleons schlägt Talleyrands große Stunde. Die zurückgekehrten Bourbonen berufen ihn wieder zum Außenminister. Innerhalb von vierzehn Tagen wird der Friedensvertrag unterzeichnet: Frankreich darf das linke Rheinufer behalten und braucht keine Reparationen zu zahlen – ein angesichts der Leiden, die Napoleon über Europa gebracht hat, überaus glimpfliches Ergebnis. Auf dem Wiener Kongreß, wo über die Neuordnung Europas beraten wird, gelingt es Talleyrand binnen kurzem, für das geschlagene Frankreich die Gleichberechtigung durchzusetzen. Als die Koalition der Sieger wegen der sächsisch-polnischen Frage hart aneinandergerät, schließt er mit England und Österreich sogar ein geheimes Militärbündnis.

Das Zwischenspiel der hundert Tage setzt diesem glorreichen Kapitel in Talleyrands Laufbahn ein rasches Ende. Als er dem zum zweitenmal inthronisierten Ludwig XVIII. rät, sich von der reaktionären Emigranten-Kamarilla zu trennen und Frankreich eine liberale Verfassung zu geben, wird er selbst in die Wüste geschickt. Nach der Juli-Revolution von 1830 ist Talleyrand dann noch einmal als diplomatischer Unterhändler in Erscheinung getreten: Der »Bürgerkönig« Louis Philippe schickt den Sechsundsiebzigjährigen als Botschafter nach London. Auf der Londoner Konferenz von 1831 ist er einer der Gründerväter des belgischen Staates.

Das Bild, das sich die Nachwelt von Talleyrand gemacht hat, ist überwiegend negativ gewesen. George Sand hat ihn »den größten Schurken des Universums« genannt; Sacha Guitry porträtiert ihn in einem Film als »hinkenden Teufel«. Daß er zynisch, geldgierig und bestechlich war, läßt sich in der Tat kaum bestreiten. Weniger überzeugend ist der häufig erhobene Vorwurf des Opportunismus: Immerhin hat Talleyrand seinen Souveränen zweimal so gründlich die Meinung gesagt, daß er sein Amt verlor. Hätten sich Napoleon und Ludwig XVIII. von seinen Ratschlägen leiten lassen, dann hätten sie ihrem Lande viel Unheil erspart.

Unter dem Ancien régime war das Außenministerium in einem Seitenflügel des Schlosses von Versailles untergebracht. Nach der Revolution quartierte es sich im Stadtpalais eines nach Deutschland geflüchteten Emigranten, des Marquis de Gallifet, ein. 1821 mußte das Haus an die Erben Gallifets zurückgegeben werden; heute beherbergt es die italienische Botschaft. Von 1821 bis 1854 logierte das Amt im Hôtel de la Colonnade am Boulevard des Capucines. Am 22. März 1842 erleidet der französische Konsul in Civitavecchia, Henri Beyle, beim Verlassen des Ministeriums einen tödlichen Schlaganfall; uns ist er eher unter seinem Dichternamen Stendhal bekannt. 1845 legt Außenminister Guizot den Grundstein zu einem neuen Gebäude – eben dort, wo die Gemahlin Ludwigs XV., Maria Leszczyńska, ihre Stallungen gehabt hat. 1854 zieht das Ministerium an den Quai d'Orsay um. Zwei Jahre später findet im prunktvollen Uhrensaal die Friedenskonferenz statt, die den Krimkrieg beendet.

Im Geschützfeuer von Sedan bricht die glänzende Fassade der Außenpolitik Napoleons III. zusammen. Erst die schweren Fehler der Nachfolger Bismarcks befreien Frankreich aus seiner diplomatischen Isolierung: 1892 kommt es zur Militärkonvention mit Rußland, 1904 zur Entente cordiale, dem kolonialen Ausgleich mit England. Damit ist der »cauchemar des coalitions«, die von Bismarck befürchtete Einkreisung Deutschlands Wirklichkeit geworden, die Mächtekonstellation des Ersten Weltkriegs vorgezeichnet.

Das verhängnisvolle Friedensdiktat von Versailles ist im wesentlichen Frankreichs Werk; es steht im Zenit seines internationalen Einflusses. In der Zwischenkriegszeit wird die französische Außenpolitik abwechselnd von zwei Männern beherrscht, die gegensätzliche Ziele verfolgen: Raymond Poincaré und Aristide Briand. Während Poincaré durch die Besetzung des linken Rheinufers und des Ruhrgebiets bei gleichzeitiger Ermutigung separatistischer Bestrebungen die Rheingrenze noch nachträglich durchsetzen will, sucht Briand – unterstützt durch den allmächtigen Generalsekretär des Quai, Philippe Berthelot – die Verständigung mit dem deutschen »Erbfeind«. Jean Giraudoux, damals Pressechef des Ministeriums, hat das ungleiche Paar Poincaré-Berthelot in seinem Schlüsselroman ›Bella‹ verewigt – ein Vorwitz, den er mit der Strafversetzung in die Schätzungskommission für Schadenersatzansprüche gegen die Türkei büßen muß. Briands Linie setzt sich schließlich durch: Am 16. Oktober 1925 unterzeichnen er und Gustav Stresemann den Vertrag von Locarno. Hitlers Aufstieg läßt die zarte Pflanze der Aussöhnung rasch wieder verdorren. Im Schlepptau Englands glaubt auch der Quai d'Orsay, den Diktator durch die Hinnahme seiner Gewaltpolitik beschwichtigen zu können – ein Irrtum, für den die beiden Regierungen auf der Münchner Konferenz teuer bezahlen müssen.

Nach 1945 scheinen sich zunächst die Fehler der Poincaré-Ära zu wiederholen: Wieder steuert der Quai d'Orsay darauf zu, die deutsche Gefahr ein für allemal zu bannen. Angestrebt wird die Teilung Deutschlands und die Abtretung von Gebieten in Ost und West, wobei sich Frankreich besonders für die Saar interessiert; Rheinland und Ruhrgebiet sollen unter internationale Kontrolle gestellt werden. Der Lothringer Robert Schuman, der das Ministerium von 1948 bis 1952 leitet, gibt der französischen Außenpolitik eine neue Richtung. »Um den jahrhundertelangen Gegensatz zwischen Frankreich und Deutschland in einem begrenzten, aber entscheidenden Bereich zu überwinden«, schlägt er die Unterstellung der französischen und deutschen Kohle- und Stahlproduktion unter eine gemeinsame Behörde vor; auch anderen europäischen Staaten soll der Beitritt offenstehen. Die Unterzeichnung des Vertrages über die Gründung einer »Europäischen Gemeinschaft für Kohle und Stahl« am 18. April 1951 durch Frankreich, die Bundesrepublik Deutschland, die Beneluxstaaten und Italien ist der erste Schritt zum europäischen Einigungsprozeß – neben Ost-West-Konflikt und Entkolonisierung das entscheidende Faktum der jüngsten Diplomatiegeschichte.

Der Ballhausplatz

Hegel hat die Verfassung des alten Deutschen Reiches als »konstituierte Anarchie« bezeichnet, und so war auch die Außenpolitik. Als Ludwig XIV. 1667 dem Hause Habsburg den Fehdehandschuh hinwarf, indem er, auf fadenscheinige Rechtstitel gestützt, in die Niederlande einfiel, besaß der Kaiserhof nicht nur *ein* Außenministerium, sondern deren zwei. Der Form nach lagen die auswärtigen Angelegenheiten des Reiches in der Hand des Erzbischofs von Mainz und der ihm unterstehenden Reichskanzlei, die ihren Sitz in Wien hatte. Da die Mainzer Erzbischöfe sich in erster Linie als Landesfürsten fühlten und ihre eigene Hauspolitik betrieben, nicht selten auch mit den Gegnern des Kaiser paktierten, war 1620 zur Wahrung der »iura et auctoritas domus Austriacae« eine österreichische Hofkanzlei gegründet worden. Zunächst nur für dynastische Angelegenheiten zuständig, verdrängte sie die Reichskanzlei zunehmend aus der Führung der auswärtigen Geschäfte. Die kaiserlichen Gesandten stellte dieser Behörden-Dualismus vor kein geringes Problem: An welche Kanzlei sollten sie ihre Depeschen schicken? Die meisten zogen sich dadurch aus der Affäre, daß sie, mit geringfügigen Abweichungen, an beide berichteten. 1670 setzte die Hofkanzlei ihre ausschließliche Zuständigkeit für »secreta« und »arcana«, also Geheimsachen, durch: Die Reichskanzlei galt für allzu geschwätzig.

Der schleichende Machtverlust der Reichskanzlei spiegelte natürlich nichts anderes wider als die Entmachtung des Kaisers selbst. Im Westfälischen Frieden hatte er auf das alleinige Vertretungsrecht für das Reich verzichten müssen: Kriegserklärungen, Friedensschlüsse »und andere derartige Geschäfte« setzten die »auf dem Reichstag abgegebene freie Zustimmung und Einwilligung aller Reichsstände« voraus. Eine folgerichtige und in sich geschlossene Außenpolitik des Reiches war danach nicht mehr möglich. Als Ludwig XIV. 1681 mitten im Frieden Straßburg annektierte, überlegte der Reichstag lange, in welcher Sprache man gegen den Rechtsbruch protestieren solle – auf lateinisch oder französisch. Zu einer Gegenaktion konnte man sich in Regensburg nicht aufraffen; einige Fürsten warnten sogar davor, den französischen Monarchen über Gebühr zu »choquieren«.

1720 zog die Hofkanzlei in einen von Johann Lukas v. Hildebrandt, dem Schöpfer des Belvedere und der Würzburger Residenz, entworfenen Neubau am Ballhausplatz um. (Der Platz leitet seinen Namen von einem – längst abgerissenen – Ballhaus her, das sich Kronprinz Ferdinand 1525 errichten ließ, um dort seinem geliebten Pelota-Spiel zu frönen.) 1749 wurde die österreichische mit der böhmischen Hofkanzlei zur »Geheimen Haus-, Hof- und Staatskanzlei« zusammengefaßt. Vier Jahre später trat jener Mann an die Spitze der Behörde, der aus ihr ein modernes Außenministerium machen sollte: Wenzel Anton Graf Kaunitz.

Kaunitz hatte seine diplomatischen Sporen in Italien und als rechte Hand des Regenten der österreichischen Niederlande erworben. 1750 wurde er zum Gesandten in Paris ernannt. Hier verfolgte er mit Zähigkeit ein einziges Ziel: die Habsburger mit den Bourbonen auszusöhnen, um Friedrich dem Großen das räuberisch einverleibte Schlesien wieder zu entreißen. Er brauchte sechs Jahre, um sein Ziel zu erreichen: Der Bündnisvertrag vom 1. Mai 1756 besiegelte das »Renversement des Alliances«, das die Zeitgenossen verblüffte und den Auftakt zum Siebenjährigen Krieg abgab. Auch wenn dieser Krieg nicht das gewünschte Ergebnis hatte, so war es doch kein geringes Kunststück, Ludwig XV. als Bundesgenossen zu gewinnen, ohne zu Gegenleistungen für Frankreichs Kolonialkrieg gegen England verpflichtet zu sein. Neununddreißig Jahre lang (1753–1792) hat Kaunitz der Staatskanzlei vorgestanden. Er genoß das unbeschränkte Vertrauen der Kaiserin; im Kronrat gab seine Stimme den Ausschlag. Mit unbestechlichem Blick für Qualität hat er junge Talente auch da gefördert, wo sie nicht – wie damals allgemein üblich – dem Adel entstammten: Sein Kabinettschef Spielmann hatte seine Laufbahn als Schusterjunge begonnen; sein Nachfolger Thugut war der Sohn eines Donauflößers. Nur in einem Punkt konnte sich Maria Theresia mit dem Lebenswandel ihres Kanzlers nicht befreunden: seiner Leidenschaft für Frauen. In Brüssel hatte er mit der berühmten Kurtisane Prol, als Gesandter in Paris mit der Sängerin Gabrielli zusammengelebt. In Wien pflegte er, wenn er bei Hofe Audienz hatte, seine Mätressen in der Kutsche mitzunehmen und am Burgtor warten zu lassen. Als ihm Maria Theresia deswegen einmal Vorhaltungen machte, antwortete er ungerührt: »Majestät, ich bin hier, um Ihre Angelegenheiten zu erörtern, nicht die meinigen.«

Es ist ein eigenartiger Zufall, daß auch die zweite überragende Gestalt der österreichischen Diplomatie die Staatskanzlei genau neununddreißig Jahre lang (1809–1848) geleitet hat: Klemens Graf (seit 1813 Fürst) Metternich. Wie sein großer Vorgänger war auch er ein leidenschaftlicher Bewunderer des schönen Geschlechts: Dreimal war er verheiratet, aber noch viel öfter verliebt; die Zahl seiner Affären ist kaum zu übersehen. Allerdings gewährte er seinen Gattinnen die gleichen Freiheiten, die er sich selbst herausnahm: Ihre elf Kinder stammten, wie er dem Historiker Hormayr lachend eingestand, nur zum kleineren Teil von ihm.

Als Student in Straßburg hatte Metternich den Ausbruch der Französischen Revolution aus nächster Nähe mitangesehen. Im Gegensatz zu so manchem Weggenossen, der mit den jakobinischen Idealen jedenfalls zeitweise geliebäugelt hatte, behielt er lebenslang einen fast physischen Abscheu gegenüber allem, was mit Selbstbestimmung und Volkssouveränität zusammenhing – Prinzipien, von denen der Vielvölkerstaat an der Donau freilich kaum Gutes zu erwarten hatte. Daß die revolutionäre Flut auch den Stammsitz der Familie bei Koblenz zu überschwemmen drohte, kam erschwerend hinzu.

1797 tritt Metternich – wie schon sein Vater – in den Dienst des Kaisers. Seine Ehe mit Eleonore Kaunitz, der Enkelin des Staatskanzlers, öffnet ihm in Wien alle Pforten. 1801 wird der Achtundzwanzigjährige zum Gesandten in Dresden ernannt; 1803 geht er in gleicher Funktion nach Berlin, 1806 nach Paris. Hier erlebt er Napoleon auf dem Höhepunkt seiner Macht. Vierzig Jahre später, im Londoner Exil, wird Metternich seinem Schicksalsgenossen Guizot den tollkühnen Satz an den Kopf werfen: »Der Irrtum hat sich niemals an meinen Geist herangewagt.« Worauf Guizot trocken erwidert: »Ich bin glücklicher gewesen als Sie. Ich habe mehr als einmal bemerkt, daß ich mich getäuscht hatte.« In der Tat haben sich sowohl Napoleon wie auch Metternich gründlich getäuscht: Während Napoleon den liebeshungrigen Anbeter seiner Schwester Caroline für einen Windbeutel hält, glaubt Metternich den Einflüsterungen Talleyrands, bei einem neuen Krieg werde das französische Volk von seinem Kaiser abfallen. Seine Berichterstattung ist mitverantwortlich für die unglückliche Erhebung Österreichs im Jahre 1809, die bei Wagram scheitert.

Ironie der Geschichte: Die Niederlage bringt Metternich an die Spitze der Staatskanzlei. In einem atemberaubenden Drahtseilakt zieht er nun alle Register seines diplomatischen Talents. Einerseits geht es ihm darum, Napoleon durch »Anschmiegung an das triumphierende französische System« in Sicherheit zu wiegen; andererseits will er Österreichs Schlagkraft erhalten und »für bessere Zeiten aufheben«. Obwohl die Hinrichtung Marie Antoinettes und der Raub der Kaiserkrone in Wien noch keineswegs vergessen sind, fördert Metternich zielbewußt die Ehe der Erzherzogin Maria Luise mit dem korsischen Usurpator: »Dem Minotaurus«, schreibt der alte Feldmarschall Fürst Ligne, »hat Österreich eine Färse geopfert.« Zugleich empfängt Metternich den preußischen Generalstabschef Scharnhorst, der unter dem Decknamen Ackermann heimlich nach Wien gekommen ist, und läßt den Zaren wissen, für eine künftige Allianz gegen Frankreich halte sich Wien alle Optionen offen.

Die Katastrophe der Grande Armée in Rußland bringt den

Stein ins Rollen. Metternichs schrittweises Abrücken vom französischen Bündnis ist ein Musterbeispiel für seine Politik des Lavierens, Finassierens und Temporisierens, die weniger verständnisvolle Zeitgenossen wie Gentz als »systematische Unentschlossenheit« bezeichnet haben. Als Österreich nach einem letzten, fehlgeschlagenen Vermittlungsversuch der antifranzösischen Koalition beitritt, fällt ihm die diplomatische Führungsrolle wie von selbst zu. Nicht London, das Zentrum des Widerstands gegen Napoleon, wird Schauplatz der Friedenskonferenz, sondern Wien.

Auf dem Wiener Kongreß, der glanzvollsten Fürstenversammlung der europäischen Geschichte, hat Metternich mit eiserner Konsequenz einen einfachen Grundgedanken verfochten: das Gleichgewicht des Kontinents. Im Gegensatz zu Patrioten wie Arndt und Stein, die Frankreich demütigen, das Elsaß zurückgewinnen und Deutschland einen wollen, kommt es ihm in erster Linie darauf an, die soeben beseitigte französische Hegemonie nicht gegen eine russische einzutauschen. Um Petersburg und Berlin daran zu hindern, Polen und Sachsen unter sich aufzuteilen, schreckt Metternich nicht einmal davor zurück, mit England und dem besiegten Frankreich ein Militärbündnis abzuschließen.

Man hat die Wiener Kongreßakte vom 9. Juni 1815 als reaktionäres Dokument und »Rückfall in die tristesten Zeiten dynastischer Kabinettspolitik« (Friedell) hingestellt. Wahr ist, daß vielfach der vorrevolutionäre »Status quo ante« wiederhergestellt und auf die Wünsche der von den Gebietsveränderungen betroffenen Bevölkerungen wenig Rücksicht genommen wurde. Andererseits hat der Kongreß die Neuordnung Zentraleuropas durch Napoleon auf weite Strecken sanktioniert und insofern eine wichtige Vorbedingung für die Einigung Deutschlands geschaffen, auch wenn sie zunächst nur in der lockeren Form des »Deutschen Bundes« ihren Ausdruck fand. Dadurch, daß Metternich das im Osten leer ausgegangene Preußen mit linksrheinischem Gebiet entschädigte, hat er die widerstrebenden Hohenzollern freilich selbst in die Rolle des Reichseinigers gedrängt – was gewiß nicht in seiner Absicht lag. Als Mensch des 18. Jahrhunderts hat er die Wirkung nationaler Bewegungen in Deutschland und Italien, aber auch in Griechenland und Lateinamerika unterschätzt. Als die Revolution von 1848 das verhaßte Metternichsche System hinwegfegt, verschwindet mit der Person auch das Amt des Staatskanzlers. Nach dem Vorbild anderer europäischer Länder tritt ein Außenminister an seine Stelle – justament in dem Augenblick, da sich Preußen anschickt, die Führungsrolle in Deutschland zu übernehmen.

Von der Wilhelmstraße zur Adenauerallee

Die Anfänge des preußischen Außenministeriums reichen noch weiter zurück als die der österreichischen Staatskanzlei. Im Jahre 1607, als sich sowohl im Westen (Kleve, Mark und Ravensberg) wie auch im Osten (Herzogtum Preußen) bedeutsame Erbschaften ankündigen, ernennt Kurfürst Joachim Friedrich von Brandenburg einen »Secretarius für die polnische und preußische Succession«; zugleich überträgt er ihm »andere ausländische Händel, so von frembden Potentaten und Herrschaften an Uns gelangen und mit denen Wir zuweilen eine schriftliche Correspondenz zu halten pflegen«. Ein selbständiges Profil gewinnt die brandenburgische Außenpolitik freilich erst unter dem Großen Kurfürsten: Getreu seiner Maxime, Kaiser und Reich »weiter nicht zu consideriren, als so viel Unser eigenes Interesse mit sich bringt«, leistet er Ludwig XIV. bei der Annexion Straßburgs diplomatische Schützenhilfe und verspricht ihm sogar, bei der Kaiserwahl für ihn zu stimmen.

1711 entsteht in Berlin ein »Département der auswärtigen Affairen«, dem Friedrich Wilhelm I. durch seine Grundsatzinstruktion vom 8. Dezember 1728, »auff was Arth die Affaires Entrangères und Reichssachen sollen geführet und tractiret werden«, eine achtzig Jahre lang gültige Geschäftsordnung gibt. Kennzeichnend für diese Geschäftsordnung ist das auch bei anderen preußischen Behörden anzutreffende Kollegialsystem: Die Außenpolitik lag nicht in der Hand eines einzigen, sondern von zwei, manchmal sogar drei Ministern. So kurios uns diese Regelung heute vorkommt – den absolutistischen Herrschern bot sie ein probates Mittel, die Kabinettsmitglieder gegeneinander auszuspielen und über ihre Pläne im dunkeln zu lassen: Vom Bündnis Friedrichs des Großen mit Frankreich erfuhr sein Außenminister Graf Podewils erst mit mehrmonatiger Verspätung. Die Art und Weise, in der

Friedrich mit seinem Kabinett umsprang, veranlaßte den britischen Gesandten zu der Bemerkung: »Ich wäre lieber Affe in Borneo als Minister in Preußen.«

Erst im Zuge der Stein-Hardenbergschen Reformen (1806/07) wurde das Kollegialsystem abgeschafft. An die Spitze der Ressorts trat ein einziger Minister. 1819 zog das »Ministerium der auswärtigen Angelegenheiten« in das Haus Wilhelmstraße 76 ein; ursprünglich hatte es der Tänzerin Barberina Campanini, später dem russischen Gesandten Alopäus gehört. 1867 wurde aus der preußischen eine Bundes-, 1871 eine Reichsbehörde. Um den rapide anschwellenden Beamtenstab unterzubringen, kaufte man auch die beiden Nachbarhäuser Nr. 75 und Nr. 77 dazu; in letzterem, dem sogenannten Radziwillschen Palais, wohnte der Reichskanzler, der bis 1918 die auswärtigen Geschäfte persönlich leitete. Dem Parlament verantwortliche Minister gab es im Bismarck-Reich nicht: Die Behörde hieß daher nicht Außenministerium, sondern »Auswärtiges Amt«. Obwohl sich die verfassungsrechtlichen Verhältnisse inzwischen geändert haben, hat man den hergebrachten Namen aus Respekt vor der Tradition bis heute beibehalten.

Mit seiner spartanischen Einrichtung, den düsteren Fluren und abgewetzten Läufern war das alte Auswärtige Amt nicht gerade eine Zierde der Reichshauptstadt. Im Wartezimmer hatten hochrangige Besucher Gelegenheit, preußischen Luxus an einem Möbelstück zu studieren, das als »Tisch mit dem historischen Fettfleck« eine gewisse Berühmtheit erlangt hat. Neuerungen wurden nur zögernd eingeführt: Bismarck war ein entschiedener Gegner des Telefons und der Schreibmaschine. Als der preußische Innenminister v. Puttkamer die lateinische Schrift einführen wollte, drohte er, daraus eine Kabinettsfrage zu machen; dem Auswärtigen Amt verbot er, von der deutschen Kanzleischrift abzugehen. Am schlimmsten war die Raumnot: Sie hatte zur Folge, daß auch höhere Beamte zu mehreren in einem Büro zusammengepfercht wurden. Viele zogen es daher vor, zu Hause zu arbeiten. Die von bösen Zungen gern zitierte Weisung des Unterstaatssekretärs Busch vom 12. März 1885 an »die Herren Räthe und Hülfsarbeiter, sich so einzurichten, daß sie mindestens von 12 Uhr mittags ab in ihren Arbeitsräumen anzutreffen sind«, belegt also mitnichten die monumentale Faulheit der Diplomaten, sondern besagt lediglich, daß sie der Amtsleitung zu bestimmten Zeiten für Rücksprachen zur Verfügung stehen mußten.

Es wäre vermessen zu behaupten, Preußens Aufstieg sei die reife Frucht einer weitschauenden Außenpolitik gewesen. Nicht die Hertzberg, Haugwitz, Ancillon haben »des Heiligen Römischen Reiches Streusandbüchse« groß gemacht, sondern die Seydlitz und Ziethen, die Blücher und Gneisenau – mit einem Wort: seine Armee. Der nahezu taube, von Metternich und Talleyrand elegant überspielte Hardenberg am Wiener Kongreßtisch symbolisiert auf fast gespenstische Weise die Ohnmacht der preußischen Diplomatie überall dort, wo sie sich nicht auf Bajonette stützte.

Um so größer war das Erschrecken, als plötzlich eine Elementarbegabung von souveräner Unbefangenheit des Urteils und unbeugsamer Energie in diesen Kaninchenstall einbrach: Otto von Bismarck. Als er 1859 Gesandter in Petersburg wird, schreibt der junge Legationssekretär Kurd von Schlözer entsetzt in sein Tagebuch: »Mein neuer Chef ist ein Gewaltmensch, ein Mann, der keine Rücksichten kennt.« In Preußen ist Bismarck nach seinen eigenen Worten lange Zeit der »bestgehaßte Mann«; zweimal werden Attentate auf ihn verübt.

Seine diplomatische Karriere hat er 1851 als preußischer Gesandter beim Frankfurter Bundestag begonnen. Hier läutert er sich vom prinzipienfesten Konservativen zum pragmatischen Realpolitiker und erkennt, daß »das wurmstichige Orlogschiff« Österreich seine Führungsrolle in Deutschland nicht kampflos abgeben wird. Die Art, in der Bismarck die kommende Auseinandersetzung – durch Annäherung an Rußland und das von den Legitimisten unter Quarantäne gestellte Frankreich Napoleons III. – diplomatisch vorbereitet, zeigt ihn bereits auf der Höhe seines Könnens. 1862 gegen erhebliche Widerstände an die Spitze des preußischen Kabinetts und zum Außenminister berufen, zögert er nicht, den unpopulären »Bruderkrieg« wo nicht vorsätzlich anzusteuern, so doch kühl in Kauf zu nehmen. »Nicht durch Reden und Majoritätsbeschlüsse werden die großen Fragen der Zeit entschieden«, schleudert er dem kochenden Abgeordnetenhaus entgegen, »sondern durch Eisen und Blut.« Nach dem siegreichen Feldzug von 1866 ist er es jedoch, der die Militärs am Einmarsch in Wien hindert und einen milden Frieden ohne Gebietsabtretungen durchsetzt.

Die Vorgeschichte des deutsch-französischen Krieges von

1870/71 ist oft genug erzählt worden: Bismarcks hinhaltendes Spiel mit dem auf »Kompensationen« versessenen Franzosenkaiser, die luxemburgische Krise und die von Berlin diskret geförderte Kandidatur eines Hohenzollernprinzen für den spanischen Thron lassen schließlich jene explosive Mischung entstehen, die das stumme Ringen der alten und der neuen europäischen Vormacht zur offenen Entladung bringt. Sieg und Niederlage liegen in diesem Tauziehen dicht beieinander: Am 12. Juli 1870 gibt Erbprinz Leopold dem französischen Druck nach und zieht seine Kandidatur zurück. Am 13. Juli kommt es auf der Kurpromenade von Bad Ems zu der berühmten Szene, in deren Verlauf der französische Botschafter Benedetti von König Wilhelm weitere Zugeständnisse verlangt, was dieser ablehnt. Am 14. Juli erfährt die Öffentlichkeit durch die von Bismarck geschickt redigierte »Emser Depesche« von den Vorgängen der letzten Tage; hiernach erscheint nicht mehr Frankreich, sondern Preußen als diplomatischer Sieger. Bismarcks Rechnung geht auf: Die französische Regierung fühlt sich provoziert und erklärt den Krieg. Vor der Welt steht sie als Angreifer da und verscherzt sich dadurch die Unterstützung der Neutralen.

Die gewaltige nationale Erregung, die Deutschland damals erfaßt, hindert Bismarck daran, auch mit dem besiegten Frankreich einen Versöhnungsfrieden zu schließen. Die Abtretung Elsaß-Lothringens ist eine Hypothek, die das deutsch-französische Verhältnis seitdem belastet. Durch eine kunstvolle Bündnispolitik, die sich vor allem auf Österreich und Rußland stützt und Konflikten mit England aus dem Weg geht, sucht Bismarck das Erreichte zu sichern und Frankreich zu isolieren. Im Kissinger Diktat vom 15. Juni 1877 hat er ein zusammenfassendes Bild seiner Außenpolitik entworfen – »nicht das irgendeines Ländererwerbs, sondern das einer politischen Gesamtsituation, in welcher alle Mächte außer Frankreich unser bedürfen und von Koalitionen gegen uns durch ihre Beziehungen zueinander nach Möglichkeit abgehalten werden«.

Bismarcks Nachfolger haben das komplizierte »Spiel mit den fünf Kugeln« sehr bald aufgegeben. Vor allem das gleichzeitige Bündnis mit den untereinander verfeindeten Ostmächten Rußland und Österreich erschien ihnen als »politische Bigamie«. Die maßgebende Figur des Auswärtigen Amtes in den Jahren zwischen 1890 und 1906 ist der Vortragende Rat Friedrich von Holstein. Persönlich bedürfnislos und am äußeren Glanz des diplomatischen Lebens desinteressiert, hält »die graue Eminenz der Wilhelmstraße« die Fäden der Außenpolitik (einschließlich der Personalpolitik) fest in der Hand. Wie frugal es im Hause des mächtigen Mannes zuging, verrät sein Lieblingsgericht: das »Schnitzel Holstein«. (Allerdings ist der Bismarckhering auch nicht gerade eine Gipfelleistung der abendländischen Gastronomie.) Wenn Reichskanzler Bülow ihn in seiner Junggesellenwohnung in der Großbeerenstraße besuchte, geschah dies mit größter Diskretion, da sein Gastgeber andernfalls Mieterhöhung befürchtete.

Holsteins Einfluß ist es zuzuschreiben, daß der Rückversicherungsvertrag mit Rußland nach Bismarcks Sturz nicht erneuert wurde. Sein Plan, statt dessen England zum Bundesgenossen zu gewinnen, wird durch die forcierte Flottenbaupolitik und allerhöchste Taktlosigkeiten zunichte gemacht. Die von Holstein bewußt hochgespielte Marokko-Krise von 1906 führt nicht zu der erwarteten diplomatischen Niederlage Frankreichs, sondern enthüllt im Gegenteil mit erschreckender Deutlichkeit die gefährliche Lage, in die sich das Deutsche Reich mit seiner allzu ehrgeizigen Politik hineinmanövriert hat: Holstein nimmt den Abschied. Aber der Schaden ist eingetreten: Aus der Isolierung, in der es sich auf der Marokko-Konferenz befand, hat sich Deutschland bis 1914 nicht mehr befreien können.

Nach dem verlorenen Krieg, dessen Ausbruch weite Kreise der Unfähigkeit der deutschen Diplomatie zuschreiben, kommt es zu einer grundlegenden Umgestaltung des Auswärtigen Amtes. Im Zuge dieser – nach dem damaligen Personalchef benannten – »Schülerschen Reform« werden nicht nur der diplomatische mit dem konsularischen Dienst zusammengefaßt, sondern auch die politische mit der handelspolitischen Abteilung: Damit erhält die Außenwirtschaftspolitik endlich den Platz, der ihr gebührt. Vor allem aber wird das stillschweigende Privileg des Adels beseitigt; auch die Söhne bürgerlicher Familien haben von nun an die Möglichkeit, in Spitzenstellungen des AA aufzurücken.

Die deutsche Diplomatie befand sich damals in der ihr ungewohnten Lage, aus einer Position der Schwäche, ja der Ohnmacht operieren zu müssen. Der Mann, der aus der Not eine Tugend machte und der Außenpolitik des Reiches trotz der vielen Regierungswechsel sechs Jahre lang das Gepräge gab, war Gustav Stresemann. Ihm gelang es durch beharrliches Verhandeln, Deutschland aus der Zwangsjacke des Versailler Vertrages zu befreien. Seine Tragik war es, daß sich die Westmächte, allen voran das mißtrauische Frankreich, in den entscheidenden Fragen – Räumung des Rheinlands, Beendigung der Reparationen, Anerkennung der militärischen Gleichberechtigung Deutschlands – nur zögernd zu Zugeständnissen bereitfanden, so daß die Erfolge von Stresemanns Politik erst nach seinem Tode sichtbar wurden, als die Weimarer Republik bereits ihrem Untergang entgegeneilte.

Die »Machtergreifung« der Nationalsozialisten änderte von Grund auf die Lage. Das Auswärtige Amt sah sich schlagartig an den Rand des Geschehens gedrängt. Maßgebend für die Formulierung der Außenpolitik wurde die »Dienststelle Ribbentrop«, die sich gegenüber dem AA einquartierte und bald dreihundert Mitarbeiter beschäftigte. Der Sektreisende Joachim von Ribbentrop – das »von« verdankte er der Adoption durch einen entfernten Verwandten – hatte durch seine weltmännischen Umgangsformen, die ihn aus dem Kreis der eher kleinbürgerlichen Parteigrößen heraushoben, Hitlers Aufmerksamkeit erregt; ein längerer Aufenthalt in Kanada prädestinierte ihn für die Diplomatie. 1938 wurde Ribbentrop auch formell zum Außenminister ernannt; die Dienststelle wurde aufgelöst.

Die unleugbaren Erfolge der nationalsozialistischen Außenpolitik – das Konkordat (1933), der Nichtangriffspakt mit Polen (1934), das Flottenabkommen mit Großbritannien (1935), die Olympischen Spiele in Berlin (1936), der Anschluß Österreichs und das Münchner Abkommen (1938), schließlich der Pakt mit der Sowjetunion (1939) – sowie Hitlers Methode, die Welt bei gleichzeitiger Versicherung seiner Friedensliebe vor vollendete Tatsachen zu stellen, machten es dem Auswärtigen Amt schwer, das verlorene Terrain zurückzugewinnen. 1935 kündigte die Botschaft London für den Fall eines Einmarsches in das Rheinland militärische Gegenmaßnahmen Großbritanniens an, die jedoch ausblieben: Ribbentrop triumphierte und sah sich in seiner Abneigung gegenüber den zaghaften Berufsdiplomaten bestätigt. Als immer klarer wurde, daß Hitler auf einen Krieg zusteuerte, bemühte sich Staatssekretär von Weizsäcker verzweifelt, die Westmächte durch Mittelsmänner zur Aufgabe ihrer Appeasement-Politik und zu energischen Gegenmaßnahmen zu drängen – wie man weiß, ohne Erfolg.

Ribbentrop war der »Defaitismus« seiner leitenden Beamten natürlich nicht entgangen. Am 19. Mai 1939 erließ er eine Hausverfügung, die den Stil der damaligen Machthaber hinreichend verdeutlicht: »Falls der Führer beschließt, auf die polnischen Provokationen zu antworten und die polnische Frage zu lösen, so wird er den polnischen Staat innerhalb von 24 Stunden zerschlagen. England wird es nie wagen, ihm dabei entgegenzutreten, sonst würde es gleichfalls geschlagen und sein Weltreich verlieren, während sich Frankreich, falls es sich einmischen sollte, am Westwall verbluten wird. Wenn ich höre, daß einer der Beamten sich anders äußert, so werde ich ihn im Büro persönlich erschießen und die Verantwortung dafür dem Führer gegenüber übernehmen.« In der Widerstandsbewegung war das Auswärtige Amt an führender Stelle vertreten; zwei Botschafter, Ulrich von Hassell und Friedrich Werner Graf von der Schulenburg, wurden nach dem 20. Juli in Plötzensee hingerichtet.

1945 mußte die deutsche Außenpolitik zum zweitenmal bei Null anfangen. Diesmal ging es freilich nicht nur um die Höhe von Reparationen oder kleinere Grenzverschiebungen; diesmal ging es um die Existenz des Staates selbst. Die Rivalität unter den Siegermächten verhalf dem westdeutschen Teilstaat zu einem unerwartet raschen Wiederaufstieg. Im Petersberger Abkommen vom November 1949 gestanden die Westmächte der soeben aus der Taufe gehobenen Bundesrepublik die Befugnis zu, konsularische Vertretungen im Ausland zu errichten. Der Deutschland-Vertrag, im Mai 1952 unterzeichnet und 1954 in modifizierter Fassung ratifiziert, brachte ihr, mit gewissen Einschränkungen, die volle Souveränität. 1954 zog das bis dahin an zwanzig verschiedenen Stellen in Bonn und Bad Godesberg untergebrachte Auswärtige Amt in das »Haus der tausend Fenster« (in Wahrheit sind es 1112) an der Koblenzer Straße um, wo es heute noch domiziliert. Nur der Name der Straße hat sich inzwischen geändert: Sie heißt jetzt Adenauerallee.

Mit dieser Umbenennung wurde jener Mann geehrt, der der Außenpolitik der Bundesrepublik, zeitweise das Amt des Bundeskanzlers und Außenministers in einer Hand vereinend, in ihrer Frühzeit seinen Stempel aufdrückte. Die historische Leistung Konrad Adenauers besteht darin, gegen massive Widerstände die Einbindung der Bundesrepublik in das atlantische Bündnis (1955) und den Gemeinsamen Markt (1957) durchgesetzt und damit der unseligen deutschen Schaukelpolitik zwischen Ost und West ein Ende bereitet zu haben. Anders als das Werk Bismarcks hat diese Grundorientierung unserer Außenpolitik den Sturz ihres Schöpfers überlebt; sie wird heute von einem breiten nationalen Konsensus getragen. Das gleiche läßt sich mittlerweile wohl auch von den seinerzeit heftig umstrittenen Ostverträgen der Jahre 1970 bis 1973 sagen, mit denen die Regierung Brandt/Scheel die Teilung Deutschlands zwar nicht aufhob, aber doch durch einen Modus vivendi erträglich machte, ohne den Anspruch auf Wiedervereinigung aufzugeben.

Im übrigen hat sich das Auswärtige Amt mit Erfolg bemüht, dem spartanischen Vorbild der Wilhelmstraße nachzueifern. In Größe und Ausstattung entsprechen die Büros etwa denen einer heruntergekommenen Ortskrankenkasse. Nur einige tropische Topfpflanzen in der Eingangshalle bringen etwas von dem Duft der großen, weiten Welt ins Haus. Räume für gesellschaftliche Veranstaltungen fehlen: Staatsempfänge finden in dem 22 Kilometer entfernten Schloß Brühl statt, das allerdings aus Gründen der Denkmalspflege nicht geheizt werden darf; von Besuchen im Winter wird ausländischen Staatsoberhäuptern deshalb abgeraten. Immerhin brauchen Staatsgäste nicht mehr mit gemietetem Hotelbesteck zu essen: Die Bundesregierung hat sich vor kurzem ein eigenes Tafelsilber zugelegt. Damit hat sie ihre monarchischen Vorgänger zumindest in einem Punkt übertroffen: Da es im Berliner Schloß keine Badezimmer gab, mußten sich die Preußenkönige im Bedarfsfall eine Wanne aus dem »Grand Hôtel de Rome« kommen lassen.

Das Foreign Office

Wie die preußische hat sich auch die britische Außenpolitik aus einem dualistischen System entwickelt: Seit dem 16. Jahrhundert finden wir – entsprechend der religiösen Spaltung Europas – ein »Northern« und ein »Southern Department«, die jeweils von einem Staatssekretär geleitet werden. Das erste war für Deutschland, Holland, Skandinavien,

Polen und Rußland zuständig, das zweite für Frankreich, die Iberische Halbinsel, Italien und die Türkei. Obwohl im Prinzip gleichberechtigt, lag der ständige Machtkampf zwischen beiden sozusagen in der Natur der Dinge. Als sich Spanien 1717 anschickte, die Fesseln des Friedens von Utrecht abzustreifen, konnten sich die Staatssekretäre über den einzuschlagenden Kurs nicht einigen: Der Southern Secretary Stanhope war für ein Bündnis mit Frankreich, der Northern Secretary Townshend dagegen. Stanhope setzte sich durch; Townshend wurde entlassen. Derartige Konflikte wiederholten sich noch öfter. Erst 1782, nach der Niederlage im amerikanischen Unabhängigkeitskrieg, wurden die auswärtigen Geschäfte in den Händen eines einzigen Staatssekretärs vereint: Aus dem Northern Department wurde das Foreign Office. Sein erster Leiter, Charles James Fox, trat allerdings nach drei Monaten wieder zurück, da nicht er, sondern der Chef des Kolonialamts, Shelburne, mit den Friedensverhandlungen betraut wurde.

Auffallend ist der hohe Anteil von Exzentrikern und Psychopathen unter den britischen Außenministern im 18. und 19. Jahrhundert: Der ältere Pitt, dem England seine koloniale Weltgeltung verdankt, war manisch-depressiv veranlagt; im Alter litt er zunehmend an Geistesstörungen. Die beiden überragenden Gestalten des napoleonischen Zeitalters, Castlereagh und Canning, gerieten 1809 wegen des zunächst unglücklich verlaufenden spanischen Feldzugs so hart aneinander, daß es zu einem Zweikampf kam, bei dem Canning verwundet wurde; beide mußten sich für einige Zeit aus dem politischen Leben zurückziehen. Castlereagh, der Großbritannien auf dem Wiener Kongreß vertrat, wurde schließlich ein Opfer seines Verfolgungswahns und schnitt sich mit einem Rasiermesser die Kehle durch.

Es war Canning, der durch die Anerkennung der nationalen und liberalen Bestrebungen in Italien, Griechenland und Lateinamerika die konservative Interventionspolitik der Heiligen Allianz erfolgreich aus den Angeln hob. Sein Nachfolger Palmerston, der die britische Außenpolitik zwischen 1830 und 1865 nahezu ununterbrochen beherrschte, ging noch einen Schritt weiter: Hatte Canning im Vertrauen auf die Durchschlagskraft der revolutionären Bewegungen 1823 das Prinzip der Nichteinmischung verkündet, so schreckte »Old Pam« nicht davor zurück, diese Bewegungen zu finanzieren und durch Waffenlieferungen zu unterstützen. Nur ein Machtwort der Königin Victoria hinderte ihn daran, 1848 den ungarischen Rebellenführer Kossuth wie ein Staatsoberhaupt zu empfangen. In Deutschland lief damals über das taktlose Enfant terrible der europäischen Außenpolitik der Spottvers um: »Hat der Teufel einen Sohn, ist es sicher Palmerston.« Als er nach dem Staatsstreich Louis Napoleons den französischen Botschafter spontan beglückwünscht, ist das Maß voll: Er muß zurücktreten, feiert aber vier Jahre später ein triumphales Comeback.

1786 hatte sich das Foreign Office gegenüber dem Premierminister in vier nebeneinanderliegenden Häusern an der Downing Street niedergelassen. (Ursprünglich hieß die Straße »Cockpit«, da hier sonntags Hahnenkämpfe stattfanden.) Im Laufe des 19. Jahrhunderts wurden die Häuser derart baufällig, daß Außenminister Malmesbury um ein Haar von einer einstürzenden Decke erschlagen worden wäre. 1863 wurde der ganze Komplex abgerissen. Gilbert Scott, Schöpfer des Hamburger Rathauses und zahlloser Kirchen, plante einen Neubau im gotischen Stil. Palmerston wünschte hingegen Renaissance und setzte sich natürlich durch. Spötter haben das Bauwerk – einen Palazzo mit theatralischer Fassade und verschwenderisch eingestreuten Porträtmedaillons – mit einem italienischen Provinzmuseum verglichen.

Als Ludwig XIV. 1667 seine Hand nach den spanischen Niederlanden ausstreckte, beendeten England und Holland sofort ihren Seekrieg. Am 23. Januar 1668 brachten der Ratspensionär Jan de Witt und der britische Resident in Brüssel, Sir William Temple, die berühmte Tripelallianz zustande, in der sich drei protestantische Mächte (England, Holland und Schweden) zugunsten einer katholischen (Spaniens) verbündeten. Es war die Geburtsstunde der Balance-of-power-Politik, an der Großbritannien bis in die jüngste Vergangenheit konsequent festgehalten hat. Auf einen kurzen Nenner gebracht, besagt sie, daß Großbritannien zwar auf die Hegemonie in Europa verzichtet, aber nicht zuläßt, daß eine Kontinentalmacht stärker wird als eine Koalition der übrigen Staaten unter Einschluß Englands. Dementsprechend hat Großbritannien immer wieder die Schwachen unterstützt und gegen die Starken – ob sie nun Ludwig XIV., Napoleon oder Hitler hießen – Bündnisse zusammengebracht. Sobald der Zweck des Bündnisses erreicht war, haben sich britische Regierungen allerdings nicht gescheut, die Partei zu wechseln und mit dem ehemaligen Kriegsgegner zu paktieren: Als sich im Spanischen Erbfolgekrieg nach einer Serie von Siegen des Prinzen Eugen und des Herzogs von Marlborough die Waagschale zugunsten des Kaisers neigt, streckt der damals für die Außenpolitik verantwortliche Viscount Bolingbroke – Theaterbesuchern aus der Komödie ›Das Glas Wasser‹ bekannt – mit der gleichen Kaltblütigkeit Friedensfühler nach Paris aus, mit der Außenminister Castlereagh 1815 im Bündnis mit dem soeben geschlagenen Frankreich die Ansprüche seiner Kriegsalliierten Preußen und Rußland in die Schranken verweist. Im April 1935 protestieren England, Frankreich und Italien in Stresa gegen die deutsche Wiederaufrüstung. Zwei Monate später präsentiert London der erstaunten Welt ein Flottenabkommen mit Hitler. Damals schreibt die ›Naval Review‹: »England hat keine dauernden Feinde, sondern nur dauernde Interessen.«

Die kühle Wahrnehmung des eigenen Vorteils und die Bereitschaft, ohne ideologische Scheuklappen die Front zu wechseln, haben Großbritannien nicht selten den Vorwurf der Unaufrichtigkeit und des Opportunismus eingetragen: Das Schmähwort vom »perfiden Albion« hat hier seinen Ursprung. Aus dem gleichen Motiv, nämlich im entscheidenden Augenblick das Zünglein an der Waage zu spielen, haben britische Regierungen stets abgewartet und lieber in einer »splendid isolation« verharrt, als sich langfristig gebunden. »Es ist in England nicht Brauch«, schrieb Palmerston an den britischen Gesandten am Zarenhof, »Verpflichtungen für Fälle einzugehen, die noch nicht akut sind.« An diesem Grundsatz hat sich bis zum Zweiten Weltkrieg nichts geändert.

Ein lehrreiches Beispiel ist die britische Reaktion auf das wirtschaftliche Erstarken des Bismarck-Reichs, sein Ausgreifen im Orient und die immer bedrohlicher werdende kaiserliche Flottenpolitik. Am 1. Januar 1907 legt der Leiter der Politischen Abteilung des Foreign Office, Sir Eyre Crowe, seinem Minister, Sir Edward Grey, ein Memorandum vor, in dem er zu der Schlußfolgerung gelangt, »daß Deutschland danach strebt, auf der politischen Weltbühne eine viel größere und beherrschendere Rolle zu spielen, als es bei den gegenwärtigen Machtverhältnissen sich zugewiesen findet«. Seine Empfehlung für die britische Politik läßt an

Deutlichkeit nichts zu wünschen übrig: »Die Vereinigung der größten Land- mit der größten Seemacht zwingt die Welt, sich zur Beseitigung eines solchen Alptraums zusammenzuschließen.« Crowes Memorandum verfehlt seinen Eindruck nicht; Englands Annäherung an Frankreich und Rußland ist die Folge. Und doch ist die mit beiden Staaten geknüpfte Entente kein formelles Kriegsbündnis; getreu der britischen Tradition hat sich Grey gehütet, automatische Beistandsverpflichtungen zu übernehmen. Noch 1912 kann der britische Kriegsminister Haldane der Reichsregierung guten Gewissens ein Neutralitätsabkommen anbieten, das allerdings nicht zustande kommt.

Der Erste Weltkrieg hat für das Foreign Office katastrophale Auswirkungen gehabt. Premierminister Lloyd George empfand gegenüber Berufsdiplomaten eine unüberwindliche Antipathie. Statt auf den Außenminister stützte er sich auf ein aus Journalisten und anderen freischaffenden Künstlern zusammengesetztes Privatkabinett, »the Downing Street kindergarten« genannt, für das er sogar im Park seines Amtssitzes eine Hütte errichten ließ. Der britischen Delegation bei den Friedensverhandlungen in Versailles gehörten über vierhundert Personen an; davon stammten nicht einmal zwei Dutzend aus dem Foreign Office. Die Folgen dieser Amateurdiplomatie ließen nicht lange auf sich warten: In Versailles wurde Lloyd George von Clemenceau glatt an die Wand gespielt. In der hochpolitischen Frage der britisch-amerikanischen Garantie für Frankreich im Falle eines deutschen Angriffs wurde Außenminister Balfour nicht einmal konsultiert. Seinem Nachfolger Curzon erging es nicht besser: Während er versuchte, die kriegslustigen Griechen von einem Angriff auf die Türkei abzuhalten, wurden sie von Lloyd George im Gegenteil dazu ermuntert. Da Lloyd George das Aktenstudium nicht liebte, begannen internationale Verhandlungen regelmäßig ohne ausreichende Vorbereitung; da er andererseits der Öffentlichkeit stets Erfolge vorweisen wollte, wurden Fehlschläge in publizistisch verwertbare Scheinresultate umfrisiert. Über die Kriegsreparationen fanden nicht weniger als zwölf große Konferenzen statt; nach der zwölften war das Problem ebenso ungelöst wie nach der ersten.

Kluge Beobachter haben festgestellt, das Foreign Office habe sich von dieser Demontage bis zum Zweiten Weltkrieg nicht mehr erholt. Wahr ist, daß Großbritannien der aggressiven Außenpolitik Hitlers nur matte Beschwichtigungsgesten entgegenzusetzen wußte. Erst nachdem nicht mehr zu übersehen war, daß jedes Zugeständnis den Appetit des Diktators weiter reizte, warf London das Ruder herum: Um sich nicht noch einmal dem 1914 erhobenen Vorwurf auszusetzen, man habe Deutschland über seine Absichten im unklaren gelassen, wurde der britisch-polnische Beistandsvertrag vom 25. April 1939 der Reichsregierung sofort zur Kenntnis gebracht. Es war Hitlers verhängnisvoller Irrtum, daß er an die Entschlossenheit Englands, diesen Vertrag zu honorieren, nicht glauben wollte.

»Wenn wir uns verbluten sollen«, hatte Wilhelm II. am Vorabend des Ersten Weltkriegs tief enttäuscht am Rand eines Berichtes aus Petersburg vermerkt, »dann soll England wenigstens Indien verlieren.« Wie sich herausstellte, reichte ein Krieg nicht aus, um den Wunsch des Kaisers zu erfüllen. Erst nach 1945 brach das Empire auseinander. Das zentrale Problem der britischen Nachkriegspolitik bestand darin, den Verlust des Commonwealth zu verarbeiten. Die Antwort war Englands Hinwendung zum Kontinent. Angesichts des gewaltigen sowjetischen Übergewichts in Europa zeigte sich England erstmals auch bereit, dauerhafte Bindungen einzugehen: Der Beitritt zur NATO (1949) und – nach langem Zögern – zur Europäischen Wirtschaftsgemeinschaft (1973) markieren die entscheidenden Wendepunkte und die Abkehr von einer tief im politischen Unterbewußtsein verankerten Tradition. 1968, genau dreihundert Jahre nach der Tripelallianz, hörte das Commonwealth Office auf, als selbständige Behörde zu existieren und wurde ins Foreign Office eingegliedet.

Das State Department

Der Aufstand der dreizehn nordamerikanischen Kolonien gegen das britische Mutterland wäre ohne die Hilfe dritter Staaten erfolglos geblieben. Es war das im Siebenjährigen Krieg gedemütigte Frankreich, das den Rebellen zunächst diskret, nach dem Sieg bei Saratoga offen seine Unterstützung zukommen ließ. Das Hauptverdienst am Zustandekommen dieser lebenswichtigen Allianz gebührt dem Buchdrucker, Schriftsteller und Naturforscher Benjamin Franklin, der 1776 nach Paris kam und dort neun Jahre lang die amerikanischen Interessen vertrat. Seine ländliche Kleidung, seine treuherzigen Umgangsformen und sein derber Humor machten den Siebzigjährigen im Handumdrehen zum Star der Versailler Hofgesellschaft: In ihren Augen war er die lebendige Verkörperung des »guten Wilden«, den Jean-Jacques Rousseau seinen Landsleuten zur Nachahmung empfohlen hatte. Nach dem Vorbild seiner Bibermütze türmten adlige Damen ihre Haare zu einer lockigen Masse auf; Herren trugen sein Porträt auf Brusttüchern und Tabaksdosen; die exklusive Académie française ernannte ihn zu ihrem Mitglied.

Ein regelrechtes Außenministerium hatten die Vereinigten Staaten damals noch gar nicht: Franklin empfing seine Weisungen von einem improvisierten »Committee of Secret Correspondence«. Da die Kurierschiffe häufig von den Engländern gekapert und durchsucht wurden, fertigte man von jedem Schriftstück vorsichtshalber drei Kopien an. Die besonders delikaten Verhandlungen über Waffenlieferungen wurden überdies mit einer Geheimtinte aufgezeichnet, die erst ein Säurebad sichtbar machte. Um nach außen hin nicht in Erscheinung zu treten, hatte die französische Regierung mit der Abwicklung der Waffengeschäfte einen Schriftsteller betraut, dessen Komödie ›Der Barbier von Sevilla‹ damals Pariser Tagesgespräch war: Pierre Caron de Beaumarchais.

1781 wurde das Committee of Secret Correspondence in ein »Department of Foreign Affairs« umgewandelt. Dem ersten Leiter, Robert R. Livingston, gestattete der Kongreß, »einen oder, falls für die Führung der Geschäfte unumgänglich, auch zwei Beamte einzustellen«. 1789, nach dem Inkrafttreten der Bundesverfassung und der Wahl George Washingtons zum Präsidenten, entstand das »State Department«. Das Wort »foreign« fiel unter den Tisch, da die sparsamen Abgeordneten die Errichtung eines Innenministeriums abgelehnt hatten, das State Department also auch innenpolitische Aufgaben übernehmen mußte. Erster »Secretary of State« wurde Thomas Jefferson.

War das Bündnis mit Frankreich die erste diplomatische Meisterleistung des jungen Staates gewesen, so folgte 1803 die zweite: Der Kauf der französischen Kolonie Louisiana für 60 Millionen Francs (15 Millionen Dollar) verdoppelte das Territorium und war der erste Schritt zur kontinentalen Ausdehnung der USA.

Auf den Unabhängigkeitskampf der spanischen und portugiesischen Kolonien in Südamerika und Absichten des Zaren, sich in Kalifornien festzusetzen, reagierte Präsident James Monroe am 2. Dezember 1823 mit einer Erklärung vor dem Kongreß, die als »Monroe-Doktrin« in die Geschichte eingegangen ist: Den europäischen Mächten wurde ein unmißverständliches »Hände weg von Amerika!« zugerufen. Verfasser der Erklärung war John Quincy Adams; in einer Welt von außenpolitischen Amateuren war er der erste amerikanische Berufsdiplomat. Eine brillantere Karriere als die seine ist schwer vorstellbar: Mit siebenundzwanzig Jahren Resident in den Niederlanden, danach Gesandter in Berlin, Petersburg und London, wurde er 1817 Secretary of State und 1825 als Nachfolger Monroes zum Präsidenten gewählt.

Die Monroe-Doktrin trägt einen Januskopf: Einerseits warnt sie die europäischen Mächte davor, sich in Amerika einzumischen; zugleich verkündet sie aber auch die amerikanische Enthaltsamkeit in europäischen Angelegenheiten. So wenig zimperlich die USA ihre territoriale Ausdehnung betrieben, so skrupellos sie gegenüber Lateinamerika die Vormundschaft beanspruchten und im Falle des Ungehorsams mit dem »big stick« drohten – im Verhältnis zu Europa galt der von Monroe proklamierte Isolationismus bis zum Ersten Weltkrieg als verbindliche Richtschnur. Es ist bezeichnend, daß der Kongreß in den dreißiger und vierziger Jahren des 19. Jahrhunderts mehrere Anläufe unternahm, die Zahl der ständigen Gesandtschaften auf drei (in London, Paris und Petersburg) zu begrenzen; die übrigen Posten sollten von mehrfach akkreditierten »roving ministers« wahrgenommen werden. Eine gewisse Vorliebe für Sonderbotschafter und »shuttle diplomacy« ist im State Department noch heute unverkennbar.

Im diplomatischen Korps der europäischen Hauptstädte spielte der amerikanische Vertreter meist eine marginale, manchmal auch exotische Rolle. Nicht selten machte ihn seine Unkenntnis politischer und geographischer Gegebenheiten zur Zielscheibe gutmütigen Spottes. Schuld daran war vor allem die von Präsident Jackson 1829 offiziell eingeführte Ämterpatronage – das berüchtigte »spoils system«: Mit dem Wechsel des Präsidenten wechselte auch der gesamte administrative Unterbau. Nicht auf Sachverstand und Berufserfahrung kam es an, sondern auf Zahlungskraft und Parteiverbindungen. Ämterkauf und Korruption waren an der Tagesordnung. Erst der »Civil Service Act« vom 16. Januar 1883 machte die Vergabe öffentlicher Ämter von bestimmten Qualifikationen abhängig. Dieses sogenannte »merit system« setzte sich allmählich auch im State Department durch. Eine Verordnung des Jahres 1909 verlieh den Diplomaten Beamtenstatus, so daß sie nicht mehr bei jedem Regierungswechsel um ihre Stellung bangen mußten. Die Missionschefs waren hiervon allerdings ausgenommen. Für sie gelten bis heute besondere Regeln: Etwa 40 Prozent unter ihnen sind keine Berufsdiplomaten.

Der Erste Weltkrieg stellt die amerikanische Regierung vor eine gänzlich neue Situation. Präsident Wilson verfolgt zunächst den herkömmlichen Neutralitätskurs, den Washington bei innereuropäischen Konflikten stets beobachtet hat. Das zunehmende wirtschaftliche Engagement durch Materiallieferungen und Kredite an die Ententemächte zieht die USA jedoch immer tiefer in die Auseinandersetzung hinein. Nach Wiederaufnahme des unbeschränkten U-Boot-Krieges im Februar 1917 bricht Washington die diplomatischen Beziehungen zu Berlin ab. Ein vom britischen Geheimdienst abgefangenes, am 1. März 1917 veröffentlichtes deutsches Bündnisangebot an die mexikanische Regierung (bekanntgeworden als »Zimmermann-Telegramm«), das für den Fall des amerikanischen Kriegseintritts die Rückgabe von Kalifornien, Texas und der anderen verlorenen Provinzen an Mexiko in Aussicht stellt, führt zum entscheidenden Umschwung im Kongreß: Am 6. April erklären die Vereinigten Staaten dem Deutschen Reich den Krieg.

An den Friedensverhandlungen in Versailles nimmt Wilson persönlich teil. Aus Amerikas militärisch maßgebender Rolle politisch Kapital zu schlagen, mißrät ihm jedoch gründlich. Beherrschende Figur des Kongresses ist Clemenceau, der für die messianische Attitüde seines amerikanischen Widerparts nur Hohn übrig hat; Wilsons vierzehn Punkte kommentiert er mit der bissigen Bemerkung, Gott habe sich mit zehn Punkten begnügt. Die unangenehmste Überraschung erwartet Wilson nach seiner Rückkehr: Der Kongreß lehnt die Ratifizierung des Versailler Vertrages und den Eintritt in den – von Wilson selbst propagierten – Völkerbund ab. Die USA kehren zum Isolationismus der Vorkriegszeit zurück: »Die Außenpolitik der Vereinigten Staaten«, schreibt damals der einflußreiche Publizist George Harvey, der sein Land zeitweise als Botschafter in London vertrat, »besteht darin, keine Außenpolitik zu haben.«

Im Zweiten Weltkrieg wiederholt sich das Szenario des Ersten: Zunächst halten sich die USA aus dem Konflikt heraus, unterstützen jedoch die Westmächte durch Kredite und Lieferung von Kriegsmaterial. Der durch den japanischen Überfall auf Pearl Harbor provozierte Kriegseintritt erfolgt nicht zuletzt aus ideologischen Antrieben: Der Krieg wird nicht nur als politisch-militärische Angelegenheit verstanden, sondern als Kreuzzug gegen Nationalsozialismus und japanischen Imperialismus. Da Kompromisse mit dem Bösen selbstverständlich ausgeschlossen sind, setzt Präsident Roosevelt auf der Konferenz von Casablanca im Januar 1943 als Kriegsziel die »bedingungslose Kapitulation« der Achsenmächte durch – eine verhängnisvolle Formel, die aus dem amerikanischen Bürgerkrieg stammt. Ohne sie wäre der Krieg mit Sicherheit schon früher beendet und das Vordringen der Sowjetunion nach Mitteleuropa verhindert worden.

Bei Kriegsende sind die Vereinigten Staaten die stärkste Militär- und Wirtschaftsmacht der Erde. Eine Rückkehr zum Isolationismus wie 1919 wird nicht ernsthaft erwogen. Der rücksichtslosen Unterwerfung Osteuropas durch die Sowjets setzt das State Department die von seinem Planungschef, George F. Kennan, entworfene »Politik der Eindämmung« (policy of containment) entgegen. In einer Rede vor dem Kongreß am 12. März 1947 kündigt Präsident Truman an, Amerika werde »alle freien Völker unterstützen, die sich der Unterjochung durch bewaffnete Minderheiten oder durch Druck von außen widersetzen«. Nach dem kommunistischen Staatsstreich in Prag und der Berlin-Blockade werfen die USA sogar den geheiligten Grundsatz der Bündnisfreiheit (no entangling alliances) über Bord: Im Nordatlantikpakt vom 4. April 1949 verpflichten sie sich, einen Angriff auf Europa wie einen Angriff auf ihr eigenes Territorium zu beantworten.

Das Sendungsbewußtsein und die starke moralische Komponente, die die amerikanische Außenpolitik beherrschen, sind oft hervorgehoben worden: Zwischen Woodrow Wilson und John Foster Dulles, der das State Department von 1953 bis 1959 leitete, besteht insoweit kein nennenswerter Unterschied. Die Konfrontation mit Sowjetrußland trägt deutlich manichäische, um nicht zu sagen missionarische Züge. Die tiefverwurzelte Überzeugung von der sittlichen Überlegenheit ihres Systems verleiht den Vereinigten Staaten die Kraft, auch Rückschläge wie den verlorenen Vietnam-Krieg zu überwinden. Es ist vielleicht kein Zufall, daß der vorerst letzte Versuch zu einem pragmatischen Arrangement mit der Sowjetunion von einem Außenminister unternommen wurde, der nicht dem protestantischen Ostküsten-Establishment entstammte, sondern der als fünfzehnjähriger Emigrant aus Deutschland nach Amerika kam und aus seiner Bewunderung für die Kabinettsdiplomatie des 19. Jahrhunderts nie ein Hehl gemacht hat: Henry Kissinger.

Das MID

Die neuen Herren des Kreml, die durch die Oktoberrevolution ans Ruder gelangt waren, hatten mit der Diplomatie alten Stils wenig im Sinn. Nicht friedlicher Interessenausgleich war ihr Ziel, sondern die Weltrevolution. »Ich werde ein paar revolutionäre Erklärungen abgeben«, verkündete der erste »Volkskommissar« für auswärtige Angelegenheiten, Leo Trotzki, »und dann den Laden dichtmachen.« Getreu der marxistischen Heilserwartung vom Absterben des Staates, glaubten die bolschewistischen Führer, daß auch das Außenministerium bald überflüssig sein werde. »Die Diktatur des Proletariats«, erklärte Lenin, »kann auch von einer Putzfrau ausgeübt werden.«

Trotzki, so will es die Legende, habe am Tage seines Amtsantritts den gesamten Stab des Außenministeriums zusammengerufen und die Vertrauensfrage gestellt: »Wer gegen uns ist, soll sich rechts aufstellen; wer für uns ist, links.« Nach kurzem Besinnen seien alle Beamten nach rechts gegangen; nur eine Handvoll Bürodiener und nachgeordnete Kanzleikräfte hätten sich bereitgefunden, mit den neuen Machthabern zusammenzuarbeiten. Richtig ist, daß die Beamten des kaiserlichen Außenministeriums den Umsturz mit einem Streik beantworteten und Trotzki größte Mühe hatte, sich in seinem Hause durchzusetzen; erst Massenentlassungen brachen den Widerstand.* Auch die Botschaften und Konsulate weigerten sich mit wenigen Ausnahmen, die Anordnungen des »Volkskommissars« zu befolgen; noch jahrelang waren sie – mit stillschweigender Billigung der Gastländer – Zentren der antibolschewistischen Opposition.

Ungeachtet dieser Schwierigkeiten gelang Trotzki bereits nach wenigen Tagen ein spektakulärer Coup: Am 9. November 1917 veröffentlichte das »Narkomindel«, wie das Außenministerium jetzt hieß (Abkürzung für: Narodni Kommissariat Inostrannich Del), die Geheimverträge, die die zaristische Regierung mit ihren Kriegsalliierten geschlossen hatte. Sie entsprach damit einem auch im Westen weitverbreiteten Vorurteil gegenüber der Geheimdiplomatie, der ein guter Teil der Schuld am Ausbruch des Weltkriegs beigemessen wurde. Nicht zufällig war ihre Abschaffung der erste unter Wilsons vierzehn Punkten.

Es ist eine Ironie der Geschichte, daß die Sowjetunion binnen kürzester Zeit nicht nur in die Geheimniskrämerei der zaristischen Bürokratie zurückfiel, sondern sie sogar noch übertraf. Die Gewohnheit, auch die trivialsten Nebensächlichkeiten vor der Außenwelt abzuschirmen, hat eine neue, an Sterndeuterei grenzende Wissenschaft entstehen lassen, mit deren Hilfe sich westliche Beobachter ein Bild von den Vorgängen in Rußland zu verschaffen suchen: die Kremlologie.

Der erste amerikanische Botschafter in Moskau, William C. Bullitt, leistete sich 1936 den Scherz, einen Bericht ausschließlich aus Zitaten zusammenzustellen, die er den Depeschen seiner Vorgänger am Zarenhof entnommen hatte: Vom Öffnen der Post bis zur Bespitzelung durch Dienstboten – nichts davon hatte an Aktualität verloren. Eine der ersten Taten der neuen Herren des Kreml war die Säuberung des zaristischen Geheimdienstes, der »Ochrana«, und ihre Umwandlung in die ihnen ergebene «Tscheka«; unter dem

* Eine humoristische Variante zu den Vorgängen während der Oktoberrevolution spielte sich am 7. April 1919 in München ab, als Gustav Landauer seine kurzlebige Räterepublik ausrief. Zum »Volksbeauftragten des Auswärtigen« wurde Franz Lipp ernannt, ein Redakteur des ›Stuttgarter Beobachters‹, der bereits zweimal im Irrenhaus gesessen hatte. In einem Grußtelegramm an den Kreml teilte er der sowjetischen Brudernation mit, das Proletariat Oberbayerns sei nunmehr »glücklich vereint«. In einem zweiten Telegramm beschuldigte er seinen Amtsvorgänger, den Abortschlüssel des Palais Montgelas widerrechtlich mitgenommen zu haben.

Namen KGB beschäftigt sie heute über 400000 Mitarbeiter. Fachleute schätzen, daß von den sowjetischen Diplomaten gut ein Drittel im Dienste des KGB stehen. Als amerikanische Streitkräfte im Frühjahr 1983 den westindischen Zwergstaat Grenada – nach Größe und Einwohnerzahl dem Landkreis Limburg vergleichbar – vorübergehend besetzten, fanden sie dort eine sowjetische Botschaft mit 150 Bediensteten vor – das entspricht der Personalstärke der deutschen Botschaft in Paris. Ausweisungen sowjetischer Diplomaten wegen Spionage sind inzwischen fast zu einer Routineangelegenheit geworden. Die Öffentlichkeit nimmt von ihnen kaum noch Notiz, allenfalls bei Vorliegen besonders dramatischer Begleitumstände – wie 1971 bei dem Massenexodus von 105 Angehörigen der sowjetischen Botschaft und Handelsvertretung in London.

Die Verstrickung der sowjetischen Diplomatie in nachrichtendienstliche und konspirative Tätigkeiten hat freilich neben völkerpsychologischen auch ideologische Gründe. Sie entspringt dem Anspruch Moskaus, nicht nur die Interessen eines einzigen Staates zu vertreten, sondern die der Werktätigen aller Länder. Die Verbreitung des Kommunismus über den ganzen Erdball und die daraus mit naturgesetzlicher Notwendigkeit folgende Weltrevolution ist das ausdrücklich proklamierte Endziel der sowjetischen Außenpolitik. Zu diesem Zweck wurde dem Narkomindel sofort ein »Büro für internationale revolutionäre Propaganda« angegliedert, in dem der amerikanische Journalist John Reed – Verfasser des Buches ›Zehn Tage, die die Welt erschütterten‹ und neuerdings als Filmheld (›Reds‹) wiederauferstanden – eine prominente Rolle spielte.

Man fand in Moskau nichts dabei, mit dem diplomatischen Kurier Propagandaschriften und Waffen zu befördern. Am 5. November 1918 ließ ein Gepäckträger auf dem Schlesischen Bahnhof in Berlin einen Koffer des sowjetischen Vertreters, Adolf Joffe, fallen. Der Koffer öffnete sich; über den Bahnsteig ergossen sich kiloweise kommunistische Broschüren. Am 6. November, dem ersten Jahrestag der Revolution, bezeichnete Lenin die sowjetische Vertretung in Berlin öffentlich als »revolutionären Bazillenträger«. Die Reichsregierung brach daraufhin die diplomatischen Beziehungen zu Moskau ab. 1927 wurde der sowjetische Botschafter in Paris, Rakowski, wegen fortgesetzter Agitation zur Persona non grata erklärt. Der Tropfen, der das Faß zum Überlaufen brachte, war seine Unterschrift auf einem Manifest der französischen KP, das Soldaten im Falle eines Krieges mit Rußland zur Desertion aufrief. Im gleichen Jahr beging Joffe Selbstmord. Rakowski ist später – wie viele seiner Kollegen – in einem Arbeitslager gestorben. Die alte Erfahrung, daß die Revolution ihre Kinder verschlingt, hat sich auch an der sowjetischen Diplomatie bewahrheitet.

Im März 1919 entstand ein zweiter Propagandaapparat, der das Narkomindel bald überflügelte: die Kommunistische Internationale, kurz »Komintern« genannt. Bis zu ihrer Auflösung im Jahre 1943 unterhielt sie Beziehungen nicht zu ausländischen Regierungen, sondern zu den kommunistischen Parteien in aller Welt. Hinter der Fiktion der Trennung arbeiteten beide, Narkomindel und Komintern, für dieselbe Sache.

Für die hochgesteckten Ziele das richtige Personal zu finden, war freilich nicht immer ganz einfach. Die trinkfreudigen, weltanschaulich wenig gefestigten Genossen Iwanow, Buljanow und Kupalski, die wir aus dem Film ›Ninotschka‹ kennen, fanden in der freien Natur nur zu oft ihre zweifelhafte Entsprechung. Ein gewisser erdverbundener Grobianismus konnte hingegen nicht schaden; er gehörte sozusagen zum guten Stil der neuen proletarischen Diplomatie. Der brüllende, mit einem Schuh auf den Tisch hämmernde Chruschtschow in der UNO-Vollversammlung gab von diesem Stil eine überzeugende Probe. Heute legt das sowjetische Außenministerium allerdings Wert darauf, daß sich seine Vertreter den Spielregeln der zum Untergang verurteilten kapitalistischen Gesellschaft anpassen. Ein 1977 in Moskau erschienenes Handbuch über ›Diplomatisches Protokoll und diplomatische Praxis‹ gibt ihnen den dringenden Rat, das Messer nicht zum Munde zu führen und bei offiziellen Diners keine zweite Portion Suppe zu verlangen.

Das wichtigste Problem, vor dem Trotzki bei seiner Amtsübernahme stand, war die rasche Beendigung des Krieges mit den Mittelmächten, um Kräfte für die innerrussischen Auseinandersetzungen freizubekommen. Am 3. März 1918 wurde der Friedensvertrag in Brest-Litowsk unterzeichnet. Er trägt bereits die Unterschrift von Trotzkis Nachfolger, der das Außenministerium bis 1930 leiten sollte: Georgi Wassiljewitsch Tschitscherin. Tschitscherin entstammte einer alten Diplomatenfamilie: Sein Großvater, Graf Stackelberg, war zaristischer Botschafter in Wien und Paris gewesen. Er selbst hatte den auswärtigen Dienst 1904 quittieren müssen – angeblich wegen seiner sozialistischen Neigungen, in Wahrheit wegen einer homosexuellen Affäre. Seitdem hatte er abwechselnd in England, Frankreich und Deutschland gelebt; die Sprachen dieser drei Länder beherrschte er perfekt. Gebildet, liebenswürdig und hochmusikalisch, war Tschitscherin innerhalb der bolschewistischen Führungsclique eine sonderbare Ausnahmeerscheinung. Um so größere Anerkennung, ja Bewunderung fand er beim diplomatischen Korps. Nur an seine unorthodoxen Bürostunden konnte man sich schwer gewöhnen: Da er an Schlaflosigkeit litt, pflegte er um 5 Uhr nachmittags im Ministerium zu erscheinen und die Nacht durchzuarbeiten. Den Missionschefs blieb nichts anderes übrig, als sich wohl oder übel seinem Tagesrhythmus anzupassen: Audienzen um Mitternacht waren keine Seltenheit.

Tschitscherins außenpolitisches Credo war ein enges Bündnis mit Deutschland; die Verträge von Rapallo (1922) und Berlin (1926) sind sein Werk. Im deutschen Botschafter Graf Brockdorff-Rantzau fand er einen kongenialen Gesprächspartner, der manch schrulligen Charakterzug mit ihm teilte. Tschitscherins Nachfolger Litwinow setzte hingegen, besonders nach dem Anbruch der nationalsozialistischen Ära, auf die Westmächte. Das Zögern Englands und Frankreichs, gegenüber Hitlers aggressiver Politik mit der Sowjetunion zusammenzugehen, führte einen erneuten Kurswechsel herbei. Litwinow wurde durch Wjatscheslaw Molotow ersetzt, der am 23. August 1939 mit Ribbentrop die vierte Teilung Polens besiegelte. Eine Woche später begann der Zweite Weltkrieg.

Der Krieg brachte Rußland den größten Machtzuwachs seiner Geschichte, stürzte es aber zugleich in ein ideologisches Dilemma: Das unverändert proklamierte Ziel der Völkerbefreiung ließ sich mit der rücksichtslosen Unterdrückungspolitik im eigenen Lager nur schwer in Einklang bringen. Je mehr die Sowjetunion in das Fahrwasser des zaristischen Imperialismus und Panslawismus geriet, um so unglaubwürdiger wurde ihr Anspruch, die internationale Arbeiterklasse zu vertreten. Den dialektischen Ausweg aus dieser Zwickmühle hatte bereits Stalin gewiesen, als er noch Volkskommissar für die nationalen Minderheiten war: Das proletarische Gesamtinteresse, hielt er den mit Gewalt in den sowjetischen Staatsverband einverleibten Armeniern und Georgiern entgegen, gehe dem Selbstbestimmungsrecht vor. Leonid Breschnew dehnte das Dogma auf die ganze kommunistische Staatenwelt aus; mit dieser sogenannten »Breschnew-Doktrin« wurde 1968 der Einmarsch sowjetischer Truppen in die Tschechoslowakei nachträglich gerechtfertigt. Nicht jedem wollte dieser dialektische Rösselsprung einleuchten: Jugoslawien und China verzichteten dankend auf die ihnen von Moskau angebotene »brüderliche Hilfe« und sagten sich vom Ostblock los.

Widersprüchlich ist auch das Verhältnis der Sowjetunion zum Westen. Einerseits legt sie größten Wert auf die völkerrechtliche Sicherung ihrer territorialen Kriegsbeute: Ein ganzes Vertragsnetz von Potsdam (1945) bis Helsinki (1975) soll den Status quo ein für allemal festschreiben. Andererseits nimmt sie für sich selbst das Recht in Anspruch, ihren Machtbereich überall da auszudehnen, wo ihr die Gelegenheit günstig erscheint. Die Theorie, die diesen Widerspruch überdecken soll, ist die der »friedlichen Koexistenz«: Sie läuft darauf hinaus, daß dem Westen zwar die Einmischung in Osteuropa untersagt wird, nicht jedoch dem Osten die Einmischung in Westeuropa – von den Staaten der Dritten Welt ganz zu schweigen. Die massive Einschüchterungskampagne gegen die Nachrüstung der NATO lieferte für diese doppelte Moral ein anschauliches Beispiel.

Daß derartige Widersprüche auch in der sowjetischen Diplomatie ihre Spuren hinterlassen mußten, liegt auf der Hand. Die meisten Beamten gehen der intellektuellen Zerreißprobe dadurch aus dem Wege, daß sie sich auf einen routinemäßigen »Dienst nach Vorschrift« beschränken – was ihnen um so leichterfällt, als sie im Ausland ohnehin kein Vertrauen gewinnen können und sich das Interesse ihrer Vorgesetzten an objektiver Berichterstattung in engen Grenzen hält. 1946 wurden die Volkskommissariate nach westlichem Vorbild in Ministerien umgewandelt; das Narkomindel heißt seitdem »MID« (Ministerstwo Inostrannich Del). Die konservative Wende der sowjetischen Außenpolitik war damit auch äußerlich sichtbar vollzogen. Gewiß blieb die Weltrevolution weiterhin das eschatologische Fernziel. Im eigenen Hause hielt man sich jedoch lieber an das Hergebrachte: Andrej Gromyko, von 1957 bis 1985 im Amt, war der dienstälteste Außenminister der Gegenwart.

Die Berufsbezeichnung »Diplomat« stammt aus dem 18. Jahrhundert. Üblich wird sie erst im 19., als der Karrierediplomat den Gelegenheitsdiplomaten überall ablöst. Einer der frühesten und zugleich glänzendsten Vertreter der neuen Zunft ist der erste Earl of Malmesbury: 1771 Gesandter in Berlin, 1777 in Petersburg, 1784 in den Niederlanden, genießt er in ganz Europa als scharfsinniger Kenner der internationalen Szene ein geradezu märchenhaftes Ansehen. Seine kühl abwägenden Berichte über Friedrich den Großen und Katharina II. sind noch heute lesenswert.

Am 23. April 1800 führt Talleyrand im französischen auswärtigen Dienst eine siebenstufige Rangordnung ein. Sie beginnt mit dem Aspiranten und endet mit dem Botschafter. Zugleich verfügt er, daß fortan nur derjenige in eine höhere Rangklasse befördert werden darf, der die vorangehenden durchlaufen hat. Dieses System wird – mit unterschiedlichen Varianten – nach und nach von allen europäischen Staaten übernommen, zu Beginn des 20. Jahrhunderts auch von Amerika. Der »höhere auswärtige Dienst« der Bundesrepublik Deutschland kennt neun Rangstufen: Attaché – Legationssekretär – Legationsrat – Legationsrat 1. Klasse – Vortragender Legationsrat (im Ausland: Botschaftsrat) – Vortragender Legationsrat 1. Klasse (im Ausland: Botschaftsrat 1. Klasse) – Ministerialdirigent – Ministerialdirektor – Staatssekretär. »Botschafter« ist ein reiner Funktionstitel, der jedem Chef einer diplomatischen Vertretung verliehen wird; über den Dienstrang seines Trägers sagt er nichts aus: Zwischen dem Botschafter in Washington und dem Botschafter in Ouagadougou besteht ein ebenso großer Unterschied wie zwischen dem Chefredakteur der ›Neuen Zürcher Zeitung‹ und dem Chefredakteur der ›Einbecker Morgenpost‹.

Nach welchen Gesichtspunkten werden nun aber die Diplomaten ausgewählt und befördert? Bis tief ins 19. Jahrhundert hinein herrschte in dieser Beziehung ein hohes Maß an Willkür und Unsicherheit. Worauf es ankam, war das Wohlwollen des Monarchen – oder auch das seiner Mätresse: Choiseul und Bernis verdankten ihre Karriere der Gunst der

Madame Pompadour. Der Nepotismus blühte: Die Granvella und Brienne, die Nesselrode und Metternich, die Bernstorff und die Bülow bildeten regelrechte Diplomaten-Dynastien, wobei nicht selten der Sohn dem Vater im Amt folgte. Im allgemeinen interessierte sich der Souverän nur für die Missionschefs; ihre Mitarbeiter konnten sie frei auswählen, mußten sie allerdings auch aus eigener Tasche bezahlen. Um zu sparen, griffen sie vielfach auf eigene Verwandte oder wohlhabende junge Leute zurück, die ein Entree in die Gesellschaft und eine angenehme Beschäftigung suchten, bis sich etwas Solideres fand.

Manchmal war die Betrauung mit einer Auslandsmission freilich auch das Gegenteil eines Gunstbeweises: Der um seinen Einfluß bangende russische Großkanzler Bestuschew versuchte 1747, der Kaiserin Elisabeth einen neuen Liebhaber zuzuspielen. Seine Wahl fiel auf einen bildhübschen Gardeoffizier, den achtundzwanzigjährigen Grafen Nikita Iwanowitsch Panin. Der junge Mann wurde zur Wache am Schlafzimmer der Zarin abkommandiert; im passenden Augenblick sollte er sich bemerkbar machen und seine Eroberung vollziehen. Statt dessen schlief er, übermüdet vom langen Warten, ein. Nach diesem Fiasko war seines Bleibens am Hof nicht länger; er wurde schleunigst als Gesandter nach Kopenhagen abgeschoben. Seiner Laufbahn hat dieser ungewöhnliche Einstieg übrigens nicht geschadet: 1763 ernannte ihn Katharina II. zu ihrem Außenminister. Verbannungen dieser Art hat es bis in unsere Tage gegeben: Nach der Entstalinisierung fand sich der sowjetische Außenminister Molotow als Botschafter in der Mongolischen Volksrepublik wieder.

In der Frühzeit der Diplomatie bedienten sich die Souveräne für delikate Missionen gern geistlicher Sendboten. Geistliche konnten lesen und schreiben, waren diszipliniert und verschwiegen, verfügten über gute Verbindungen und stellten keine unbescheidenen Ansprüche. Besonders bekannt wurde der Kapuzinerpater Joseph, der eigentlich François le Clerc du Tremblay hieß und sich als »éminence grise« dem Kardinal Richelieu unentbehrlich machte. Am Sturze Wallensteins auf dem Reichstag zu Regensburg (1630) hatte er maßgeblichen Anteil. Nur Venedig konnte sein Mißtrauen gegenüber der doppelten Loyalität der Ordensbrüder nicht überwinden: Eine Verordnung aus dem

Jahr 1434 untersagte ausdrücklich ihren Einsatz in politischen Geschäften. »Siamo Veneziani, poi Christiani« – diesem Grundsatz ist die Lagunenrepublik bis zu ihrem Untergang treu geblieben.

Im Regelfall entstammten die Diplomaten jedoch nicht dem Klerus, sondern dem Adel; bis zum Ersten Weltkrieg bildete er das unerschöpfliche Reservoir aller Außenministerien Europas. Daß die alten Monarchien sich auf den Adel stützten, war begreiflich. Zum einen boten Diplomatie und Militär eine standesgemäße Entschädigung für den Verlust der politischen Macht: Wo man Ruhm nicht mehr durch Vergrößerung des eigenen Territoriums erringen konnte, suchte man ihn im Dienste seines Landesherrn. So vertraute Graf Lamberg, kaiserlicher Botschafter in Rom, 1702 seinem Tagebuch an, nunmehr sei »die Ehre unserer Familie in den Gedenkbüchern künftighin unauslöschlich und haben wir per sudorem vultus nostri glückliche und pompöse Grabschriften erworben«. Zum andern brachte ein adliger Diplomat die notwendige gesellschaftliche Gewandtheit mit und fand zu allen europäischen Höfen sofort Zutritt – selbst wenn er nicht immer so warmherzig willkommen geheißen wurde wie der mailändische Gesandte in Paris von Karl VIII.: Nach der Überreichung des Beglaubigungsschreibens führte der König den frisch Akkreditierten in die Frauengemächer, wo sich die beiden Herren zwei Stunden lang vergnügten.

Selbstverständlich gab es auch in früheren Jahrhunderten Diplomaten bürgerlicher, zuweilen ausgesprochen kleinbürgerlicher Herkunft: Arnaud d'Ossat, der die Verhandlungen mit der Kurie um die Absolution Heinrichs IV. zu einem erfolgreichen Abschluß brachte, war der Sohn eines Hufschmieds. Thuguts Vater war Donauflößer, der Vater Costantino Nigras, der als Vertrauensmann Cavours alle großen Posten der italienischen Diplomatie der Reihe nach bekleidete, war Kurpfuscher in einem Alpendorf. 1477 schickte Ludwig XI. seinen Barbier, Olivier Le Dain, nach Gent, um die Heirat der Prinzessin Maria von Burgund mit dem habsburgischen Thronfolger Maximilian zu hintertreiben. In seinen Memoiren beschreibt Commynes nicht ohne Schadenfreude den Fehlschlag dieser Mission: Nachdem man dem unwillkommenen Boten angedroht hat, ihn in die Schelde zu werfen, sucht Le Dain sein Heil in der Flucht.

Einer der Vorgänger Ludwigs XI., Karl V., hatte den Hundertjährigen Krieg wieder aufgenommen, indem er den Engländern die Kriegserklärung durch seinen Koch zustellen ließ. Dies war als Beleidigung gemeint und wurde auch so aufgefaßt.

Auf dem Friedenskongreß von Münster und Osnabrück wurden die meisten Delegationen von Aristokraten geleitet. Ihre Berater und Sachverständigen waren hingegen durchweg »geringer Extraktion«. Kaiserlicher Prinzipalkommissar war Graf Maximilian Trauttmannsdorff, sein Adlatus der Hofrat Isaak Volmar, Sohn des Stadtschreibers von Weinsberg. An der Spitze der schwedischen Delegation stand der Sohn des Reichskanzlers, Graf Johan Oxenstierna; mit seinem Vertreter Salvius lag er in ständigem Streit. Für das Verhältnis der beiden Schweden galt, was der kaiserliche Botschafter in Venedig, Graf Portia, an einen Kollegen schrieb: »Wann der Gesandte ein schlechter Held ist und nur dazu da, Figur zu machen, wird um so mehr drauf gesehen, ihm einen staatsverständigen Secretarium mitzugeben, der sodann in der Uhr das Rad und der Gesandte der Zeiger ist.«

Im Bismarck-Reich waren die höheren Beamten des deutschen auswärtigen Dienstes zu 70 Prozent adelig; heute sind es 7 Prozent. Damit liegt der Anteil des Adels – wie auch in anderen europäischen Ländern – immer noch erheblich über dem Bevölkerungsdurchschnitt. Ist hier also eine »ehrenwerte Gesellschaft« am Werk, die dem eigenen Clan ebenso diskret wie zielbewußt in den Sattel hilft? Solche Vermutungen spuken tatsächlich in den Köpfen mancher Leute, die sich auch sonst der Politik am liebsten über die Hintertreppe nähern. Die Wahrheit ist, daß hier Familientraditionen fortwirken, die – nicht anders als bei Bergleuten und Apothekern – den Nachwuchs ermuntern, in die Fußstapfen der Ahnen zu treten und dem republikanischen Souverän die gleiche Ehre zu erweisen wie jene dessen gekrönten Vorgängern.

Unwiderstehliche Anziehungskraft übte die Wilhelmstraße nicht zuletzt auf frisch Geadelte aus: Wie der neugebakkene Baron Faninal seine Tochter ohne Zögern dem ungehobelten Grafen Ochs von Lerchenau an den Hals wirft, so sahen auch die Keßler und Hoesch, die Speck und die Schoen in der feudalen Adresse die Konsekration ihrer Standeserhöhung. Hermann (»Specki«) Speck von Sternburg, 1903 bis 1908 deutscher Botschafter in Washington, stammte von einem sächsischen Schafhirten ab, der eine qualitativ hochstehende Wollsorte entwickelt hatte und dafür vom Zaren nobilitiert worden war. Wilhelm von Schoen, 1907 bis 1910 Staatssekretär im Auswärtigen Amt, war der Sohn eines geadelten Lederfabrikanten; bevor er seinen steilen Aufstieg begann, hatte er sich rechtzeitig taufen lassen. Der einzige Glaubensjude im kaiserlichen AA, Albert von Goldschmidt-Rothschild, beendete seine Karriere als Legationsrat 1. Klasse an der Botschaft in London.

Die zuletzt genannten Herren hatten bei aller persönlichen Verschiedenheit eines miteinander gemein: Sie waren ohne Ausnahme sehr wohlhabend. In der Tat gehörte bis zum Ersten Weltkrieg ein substantielles Privatvermögen überall zu den unerläßlichen Vorbedingungen für den Eintritt in den auswärtigen Dienst. Das Gehalt allein hätte für die vom Diplomaten erwartete Lebensführung bei weitem nicht ausgereicht. In Österreich mußten die Beamten der Staatskanzlei ursprünglich sogar eine Aufnahmegebühr, die sogenannte Arrha, entrichten; erst 1772 wurde dieser Brauch abgeschafft. Das Foreign Office verlangte bis 1919 von Bewerbern ein Jahreseinkommen von mindestens 400 Pfund. Im Auswärtigen Amt waren bis 1908 persönliche Einkünfte von 12000 Mark nachzuweisen. (Zum Vergleich: Ein Facharbeiter verdiente damals rund 1000 Mark im Jahr.) Wer soviel Geld nicht besaß, mußte sich mit der konsularischen Laufbahn begnügen, hatte aber die Chance, bei Bewährung – wie die späteren Botschafter in Moskau, Nadolny und Graf von der Schulenburg – in den diplomatischen Dienst übernommen zu werden.

So kleinlich die Außenämter in Geldfragen waren, so großzügig erwiesen sie sich in der Frage der Staatsangehörigkeit. Die Vorstellung, daß man nur seinem eigenen Lande dienen könne, war früheren Jahrhunderten fremd. Ohne Skrupel ernannte der Große Kurfürst den Holländer Abraham de Wicquefort zum brandenburgischen Gesandten in Paris, den Genfer Ezechiel Spanheim zum Gesandten in London. Friedrich der Große ließ sich in London durch den italienischen Grafen Lusi vertreten, in Paris durch den schottischen Grafen Keith, der in seiner Heimat zum Tode verurteilt worden war. Der Stuttgarter Dichter Georg Rudolf Weckherlin brachte es in London zum »Secretary for foreign tongues«; in dieser Eigenschaft war er für das Entwerfen diplomatischer Noten und das Entziffern eingehender Depeschen zuständig. Der Schorndorfer Pfarrerssohn Karl Friedrich Reinhard stieg zur rechten Hand Talleyrands auf und war sogar ein paar Monate lang französischer Außenminister; 1816 bis 1829 vertrat er Frankreich beim Deutschen Bundestag.

Umgekehrt trat der korsische Graf Pozzo di Borgo 1803 in russische Dienste, wo er sich hauptsächlich dem Kampf gegen seinen verhaßten Landsmann widmete; vergebens forderte Napoleon seine Auslieferung. Der russischen Delegation auf dem Wiener Kongreß gehörten der griechische Graf Kapodistrias und der deutsche Graf Nesselrode an; von 1816 bis 1856 leitete Nesselrode die russische Außenpolitik. Bis ganz zum Schluß versorgte sich das Zarenreich vorzugsweise mit deutschstämmigen Diplomaten aus dem Baltikum. Der letzte zaristische Botschafter in London, Graf Benckendorff, konnte so wenig Russisch, daß ihm gestattet wurde, seine Berichte auf französisch abzufassen.

Ein derartiger völkerübergreifender Internationalismus war nur in einer oligarchischen Gesellschaft denkbar, deren Führungsschicht durch ein ganzes Netz verwandtschaftlicher Beziehungen miteinander versippt war und sich als eine einzige große Familie verstand. Diese Gesellschaft ist heute von der Bühne abgetreten. Ein letzter Nachfahre war der langjährige Vertreter Saudi-Arabiens bei den Vereinten Nationen, der wegen seiner endlosen Reden und originellen Anträge gefürchtete Libanese Jamil Baroody: Vor einer besonders heiklen Abstimmung sperrten ihn Unbekannte »versehentlich« auf der Herrentoilette ein – so lange, bis die Abstimmung vorüber war.

Geld und vornehme Abkunft waren allerdings auch in den frühen Zeiten der Diplomatie allein nicht ausreichend. Darüber, welche zusätzlichen Eigenschaften der perfekte Diplomat aufzuweisen hatte, gibt es eine unübersehbare Literatur. Auffallend ist, wie viele Autoren Wert auf ein angenehmes Äußeres legen. In seinem Standardwerk ›L'Ambassadeur et ses fonctions‹ (1682) empfiehlt Wicquefort »un grand extérieur et une belle apparence«. Die Mutter Katharinas II. gab Friedrich dem Großen den Rat, anstelle des ältlichen preußischen Gesandten »einen hübschen jungen Mann mit frischen

Farben« nach Petersburg zu schicken. In seinem politischen Testament von 1752 empfahl Friedrich für den Zarenhof einen Vertreter, »der das Talent hat zu verführen«; in London hielt er hingegen einen »liebenswürdigen Wüstling« (un agréable débauché) für passend.

Eine sichere Garantie für diplomatische Erfolge ist gutes Aussehen freilich nie gewesen. Im Gegenteil: Wie unter Schauspielern finden sich die sogenannten »schönen Mittel« häufig bei Talenten minderen Ranges, die sich in Gesellschaft höchst dekorativ ausnehmen, ohne ihre Umgebung durch unangebrachten Scharfsinn zu verwirren. Daß sich andererseits Ebenmaß und Geist nicht zwangsläufig ausschließen, hat die glanzvolle Karriere des Grafen Andrássy bewiesen: Bis heute ist der k.u.k. »Minister des schönen Äußeren« am Ballhausplatz unvergessen.

Neben den körperlichen Qualitäten des Diplomaten beschäftigt sich die ältere Literatur vor allem mit seinen intellektuellen Fähigkeiten. Im ›Gesetzbuch des Manu‹, einer wahrscheinlich in vorchristlicher Zeit entstandenen Sammlung indischer Weistümer und Lebensregeln, wird besonderer Wert auf Redekunst und gutes Gedächtnis gelegt:

> Sieben Gaben muß ein Gesandter haben.
> Er sei aus edlem Geschlecht entsprossen,
> beredt, geschickt und zur Tat entschlossen.
> Muß freundliche Worte zu reden verstehen,
> genau berichten, was er gesehen,
> und ein gutes Gedächtnis haben.
> Das sind die sieben Gaben.

Ein italienischer Autor, Ottaviano Maggi, stellt in seinem Buch ›De legato‹ (1596) an den Diplomaten keine geringeren Anforderungen als an einen Universalgelehrten: Er müsse ein geschulter Philosoph, Theologe, Jurist, Historiker und Geograph sein, dazu bewandert in Mathematik und Astronomie, Musik und Poesie; schließlich müsse er Latein, Griechisch, Spanisch, Französisch, Deutsch und Türkisch in Wort und Schrift beherrschen.

Die Praxis hat sich dies anspruchsvolle Berufsbild nicht zu eigen gemacht: Die diplomatischen Missionen eines Leibniz und Humboldt blieben Randerscheinungen. Bismarck war gegen Gelehrsamkeit sogar ausgesprochen allergisch; er hielt die Diplomatie für eine Kunst und keine Wissenschaft und damit im Grunde für unerlernbar. Talleyrand pflegte ironisch zu sagen: »Für einen Diplomaten genügt es nicht, nichts zu wissen; es gehört dazu auch ein gewisser Anstand.«

Seit dem 18. Jahrhundert stehen nicht mehr die geistigen, sondern die charakterlichen Eigenschaften im Mittelpunkt der Diskussion. Das maßgebende Handbuch der Epoche stammt von einem der Räte Ludwigs XIV., François de Callières: ›De la manière de négocier avec les souverains‹ (1716). In vielen Punkten ist es noch heute aktuell. Nicht nur auf den Kopf komme es an, schreibt Callières, sondern ebenso auf das Herz. Vom guten »négociateur« fordert er gesunden Menschenverstand, Fleiß, Geduld, Entschiedenheit, Diskretion, Aufrichtigkeit und ungezwungene Höflichkeit. In einem Brief an seinen Freund, Lord Camden, dessen Neffe in den auswärtigen Dienst einzutreten gedenkt, rät der Earl of Malmesbury dem jungen Mann, vor allem aufmerksam zuzuhören: »The first and best advice I can give a young man on entering this career, is to listen, not to talk.«

Talleyrand – der wissen mußte, wovon er sprach – empfahl in erster Linie Gleichmut: »Diplomaten regen sich nicht auf; sie machen Notizen.« Weniger überzeugt war er vom Wert des Fleißes. Sein unerschütterlicher Grundsatz lautete: »Surtout pas de zèle« – nur kein Übereifer. Metternich sah dagegen in der Menschenkenntnis die wichtigste Voraussetzung für den erfolgreichen Diplomaten: »Unter den Laufbahnen, welche das Staatenleben denjenigen eröffnet, die sich in dessen Triebwerk einmischen wollen, ist es die diplomatische, welche gleichzeitig die Kenntnis des Menschen in Anspruch nimmt und die Mittel, diese Kenntnis zu erlangen, darbietet.«

In seinem amüsanten Essay ›Diplomacy‹ (1939) zählt Harold Nicolson, in den zwanziger Jahren Botschaftsrat in Teheran und Berlin, folgende Kardinaltugenden auf: Wahrheitsliebe, Genauigkeit, Ruhe, Gelassenheit, Geduld, Bescheidenheit, Loyalität. Dann fügt er hinzu: »Aber, mag der Leser einwerfen, Sie haben Intelligenz, Wissen, Urteilskraft, Gastfreundschaft, Charme, Fleiß, Mut und sogar Takt vergessen. Ich habe diese Eigenschaften keineswegs vergessen. Ich habe sie als selbstverständlich vorausgesetzt.« Die schlimmsten Diplomaten sind nach Nicolson Missionare, Fanatiker und Juristen.

Auch in der deutschen Öffentlichkeit wird das »Juristenmonopol« im Auswärtigen Amt gern attackiert. Wie so oft klammert sich hier ein Vorurteil an längst überholten Sachverhalten fest: Von einem Monopol der Juristen kann seit vielen Jahren nicht mehr die Rede sein. Volkswirte, Historiker, Germanisten, ja sogar Mediziner und Theologen sind in der deutschen Diplomatie an exponierter Stelle tätig. Allerdings bringt es unser Bildungssystem nun einmal mit sich, daß das juristische Studium die beste Grundlage für den Staatsdienst bietet. Wer also die diplomatische Laufbahn anstrebt, ist gut beraten, diese Disziplin zu wählen. Einen Teil seiner erlernten Weisheit wird er freilich – insofern hat Nicolson schon recht – später über Bord werfen müssen: Die Weltgeschichte ist kein Amtsgericht und der Diplomat nicht der irdische Arm der himmlischen Gerechtigkeit. Der Grundsatz »Fiat justitia, pereat mundus« hat in der Außenpolitik keinen Platz.

Ein zweites weitverbreitetes Vorurteil sieht in den Diplomaten glattzüngige Ohrenbläser, die dem jeweiligen Machthaber schamlos nach dem Munde reden und nach spätestens zehn Dienstjahren ein so dickes Fell entwickeln, daß sie ohne Rückgrat aufrecht stehen können. Auch diese Karikatur hat mit der Wahrheit nichts zu tun. Gewiß gibt es wie in jedem anderen Beruf auch im auswärtigen Dienst Leisetreter und Opportunisten. Ein berüchtigtes Beispiel für diesen wenig erfreulichen Typus war der spätere Reichskanzler Bernhard von Bülow: Durch seine beflissene Ermutigung der kaiserlichen Kraftmeierei hat der »Aal« – wie er im Kollegenkreis allgemein hieß – zur Isolierung Deutschlands nicht wenig beigetragen. Daß es damals auch andere Charaktere gab, zeigen die Berichte der Botschafter in London, Wolff-Metternich und Lichnowsky, die unbekümmert um die Zornesausbrüche Wilhelms II. nicht müde wurden, vor den Folgen der deutschen Flottenpolitik zu warnen.

Auch Hitler mußte zu seinem Ärger erleben, daß das Auswärtige Amt keineswegs nur aus Jasagern bestand. Am Tag der Machtergreifung bat der deutsche Botschafter in Washington, von Prittwitz, telegrafisch um seinen Abschied. Als der Botschafter in Moskau, Nadolny, ihm riet, sich mit Rußland zu verständigen, schrie Hitler: »Mit den Schweinen paktiere ich nicht!« Worauf Nadolny kühl erwiderte: »Ich bin Sohn eines Landwirts und halte Schweine für nützliche Tiere.« Am 25. August 1939 warnte der französische Botschafter Coulondre Hitler vor dem Krieg: »In einer so kritischen Lage wie der heutigen, Herr Reichskanzler, sind Mißverständnisse das allergefährlichste. Ich gebe Ihnen mein Ehrenwort als Offizier, daß die französische Armee auf seiten Polens kämpfen wird, wenn dieses Land angegriffen werden sollte.« Hitler hat dieser Warnung ebensowenig Glauben geschenkt wie den beschwörenden Berichten der deutschen Botschafter in London und Paris.

Ende 1912 bat Reichskanzler von Bethmann Hollweg den Fürsten Lichnowsky um Rat, ob er den General Graf Wedel zum Botschafter in Rom ernennen solle. Lichnowsky bejahte die Frage: »Seine Intelligenz reicht für die Stelle aus. Worauf es vor allem ankommt, ist Takt, gutes Auftreten und angenehme Umgangsformen. Diese Eigenschaften besitzt er. Er hat eine vorzeigbare Frau, spielt gut Bridge, hat genug Geld; überdies ist er ein bon enfant und wird mit jedermann gut auskommen.« Gesellschaftlicher Schliff und angenehme Umgangsformen sind auch in unserem demokratischen Zeitalter keineswegs überflüssig geworden. Für einen Diplomaten in London ist es kein Fehler, etwas von Pferden zu verstehen; in Paris wird sich ein Vegetarier mit Recht deplaciert vorkommen. In den dunklen und kalten Ländern Nord- und Osteuropas kommt es wiederum auf andere Qualitäten an. Bereits 1713 ernannte Friedrich Wilhelm I. den Grafen Schlippenbach zum preußischen Gesandten in Petersburg mit der Begründung: »Den kahn der Car wohl leiden und kahn starg sauffen und bleibet doch bey Verstahnt.« In den klimatisch benachteiligten Ländern der Dritten Welt empfiehlt sich dagegen stabile Gesundheit. Das AA verlangt denn auch von allen Bewerbern Tropentauglichkeit.

Bemühungen, die Diplomaten systematisch auszubilden, finden wir seit dem 18. Jahrhundert. Den Anfang machte die päpstliche »Accadèmia dei nobili ecclesiastici«, die 1701 von Klemens XI. gegründet wurde und noch heute denselben Zweck erfüllt wie damals. Ein Versuch des französischen Außenministers Torcy, dem vatikanischen Beispiel nachzueifern, mißlang: Die 1712 von ihm ins Leben gerufene »Académie politique« ging nach acht Jahren wieder ein. Verbittert klagte Torcy: »Die heutige Jugend ist eingebildet, undiszipliniert und kaum zu ernsten Studien geneigt.« 1747 entstand in Berlin ein »Séminaire des Ambassadeurs«, 1753 in Wien die »Orientalische Akademie«, wo vor allem die später in der Türkei tätigen »Sprachknaben« herangezogen wurden. Den größten Zulauf hatte die 1752 von Johann Daniel Schöpflin gegründete »Europäische Staatsschule« in Straßburg, zu deren Schülern Metternich, Goethe und Napoleon gehörten. Sie ist die Vorläuferin der »Ecole libre des Sciences politiques« in Paris, diese wiederum die Vorläuferin der »Ecole nationale d'Administration« (ENA), aus der sich die heutige französische Diplomatie rekrutiert.

In der zweiten Hälfte des 19. Jahrhunderts wurden von den meisten europäischen Außenministerien Aufnahmeprüfungen eingeführt. Entscheidend blieb aber weiterhin, daß der Bewerber aus einer guten (sprich: adligen) Familie stammte, über ein ausreichendes Einkommen verfügte, gewinnend auftrat und einigermaßen Französisch sprach. Königin Victoria legte zusätzlich Wert auf leserliche Handschrift. Bismarck, der von Prüfungen wenig hielt, pflegte die Kandidaten zum Essen einzuladen und ihnen bei dieser Gelegenheit auf den Zahn zu fühlen. Wie flexibel das Einstellungsverfahren damals gehandhabt wurde, können wir den Lebenserinnerungen des späteren Staatssekretärs Richard von Kühlmann entnehmen: Als er bei der Aufnahmeprüfung durchfiel, wandte er sich hilfesuchend an Reichskanzler Hohenlohe, der mit seinem Vater befreundet war. Hohenlohe lud den jungen Mann zum Essen ein, placierte ihn zu seiner Rechten und stellte ihn den anwesenden Diplomaten mit den Worten vor: »Dies ist Herr von Kühlmann, der auf meinen Wunsch in den auswärtigen Dienst eintritt.« Der erste Außenminister der Weimarer Republik und langjährige Botschafter in Moskau, Graf Brockdorff-Rantzau, war schwach im Französischen. Als der Prüfer die Befragung auf französisch fortsetzte, erwiderte der junge Brockdorff keck: »Heute, an Kaisers Geburtstag, wollen wir doch lieber deutsch sprechen.« Die verblüffte Examenskommission ließ ihn gewähren.

Was das Auswärtige Amt gegenwärtig von Bewerbern erwartet, findet der Leser im Anhang (Seite 191). Im wesentlichen sind es ein abgeschlossenes Hochschulstudium (gleich, welcher Art) sowie gute Kenntnisse im Englischen und Französischen, in Geschichte, Nationalökonomie, Staats- und Völkerrecht. Familie und Vermögen spielen keine Rolle mehr, wohl aber Charaktereigenschaften wie Umstellungs- und Kontaktfähigkeit, Teamgeist, Initiative und Entscheidungsfreude.

Ist es in unserer arbeitsteiligen Gesellschaft eigentlich noch sinnvoll, von einem einzigen Lebewesen so umfassende Qualitäten zu verlangen? Madame de Staël wurde einmal gefragt, ob sie einen Diener wisse, der gut gewachsen und gescheit sei, liebenswürdig und zuverlässig, dazu mehrere Sprachen spreche und ein Haus mit Umsicht zu führen verstehe. Ihre Antwort war: »Nein, und wenn ich einen wüßte, würde ich ihn heiraten.« Heute ist immer wieder die Ansicht zu hören, das Berufsbild des vielseitig verwendbaren Allround-Diplomaten sei überholt; gebraucht würden nicht oberflächliche Dilettanten, sondern Fachleute. In der Tat sind manche Regierungen dazu übergegangen, einzelne Bereiche – etwa die auswärtige Kulturpolitik oder die Pressearbeit – Spezialisten, also Professoren und Journalisten, anzuvertrauen. Ob sie damit besser fahren als das Auswärtige Amt mit seinen Generalisten, ist allerdings sehr die Frage. Der Verfasser erinnert sich an die Einladung einer asiatischen Regierung zur gemeinsamen Erdölsuche im südchinesischen Meer. Während die deutsche Botschaft darauf drängte, das Angebot anzunehmen, lehnten die Bonner Energie-Experten hochmütig ab: »Das brauchen wir nicht. Wir haben ja das billige Öl aus dem Nahen Osten.« Wenige Monate später brachte der Ölschock das internationale Preisgefüge zum Einsturz.

Natürlich hat es auch in der Vergangenheit immer diplomatische Spezialisten gegeben. Stratford Canning (später Viscount Stratford de Redcliffe) war zwischen 1808 und 1858 fünfmal britischer Vertreter in Konstantinopel; in orientalischen Fragen galt er als die führende Autorität Europas. Albrecht Graf Bernstorff vertrat von 1854 bis 1873 zuerst Preußen, dann den Norddeutschen Bund, schließlich das deutsche Reich in London. Dennoch gilt für den Diplomaten wie auch für den Wissenschaftler die alte Erfahrung, daß Einseitigkeit das Blickfeld verengt und nicht selten eine besondere Spezies von gelehrten Ignoranten hervorbringt, die von immer weniger und weniger immer mehr und mehr verstehen. Häufig führt auch der langjährige Aufenthalt in einem fremden Land dazu, daß man sich mit ihm zu identifizieren beginnt oder es im Gegenteil zunehmend verabscheut – emotionale Reaktionen, die einer abgewogenen Vertretung der Interessen des Entsendestaates jedenfalls nicht förderlich sind. Darum hat das Revirement, der schon von den Venezianern praktizierte regelmäßige Postentausch, seinen guten Sinn.

Wenn es aber, so könnte jemand folgern, auf Fachkenntnisse nicht ankommt, warum dann nicht auf Einstellungsvoraussetzungen ganz verzichten und die diplomatische Laufbahn ebenso wie die parlamentarische dem freien Spiel der politischen Kräfte überlassen? Besetzen nicht auch die Amerikaner ihre schönsten Posten mit Außenseitern? An Kandidaten mangelt es nicht, die nur zu gern in die Rolle eines Botschafters schlüpfen würden – überzeugt davon, sie ebenso glanzvoll auszufüllen wie Gregory Peck in ›Roman Holiday‹ oder Vittorio de Sica in ›Madame de ..‹.

Gerade das amerikanische Beispiel mahnt jedoch zur Vorsicht. Nicht zufällig wurde das einst unumschränkt herrschende »spoils system« immer weiter zurückgedrängt. Gewiß gab es unter den amerikanischen Amateur-Diplomaten eindrucksvolle Figuren wie Averell Harriman oder Adlai Stevenson; aber es gab auch eine erschreckende Zahl von Nullen und hanebüchenen Versagern. Auch die Erfahrungen, die die französische Diplomatie mit dem »Secret du Roi«, die britische mit dem »Downing Street kindergarten« und die deutsche mit dem »Büro Ribbentrop« machen mußte, sind kaum dazu angetan, diesen Vorbildern nachzueifern.

Das krasseste Beispiel eines untauglichen Außenseiters, der überdies nur die Befriedigung seiner höchstpersönlichen Eitelkeit im Auge hatte, dürfte der Dichter Chateaubriand gewesen sein. Im Mai 1803 zum Legationssekretär an der Botschaft Rom ernannt, kehrt er bereits im August nach Paris zurück: »Ich eigne mich«, erklärt er seinem verdutzten Minister, »nun einmal nicht für untergeordnete Posten.« Im Januar 1821 schickt ihn Ludwig XVIII. als Botschafter nach Berlin. Auch hier hält er es nur vier Monate aus. Als Botschafter in London bringt er es immerhin auf acht Monate. Im September 1828 kehrt er nach Rom zurück; nach knapp sechs Monaten hat er wieder die Lust verloren.

In seiner Aufbauphase war das Bonner Auswärtige Amt genötigt, in erheblichem Umfang auf Außenseiter zurückzugreifen. Auch damals waren die Ergebnisse nicht immer überzeugend: Von dem ersten Botschafter in Bern, einem Bürstenfabrikanten namens Holzapfel, erzählen sich die Eidgenossen noch heute haarsträubende Anekdoten. Selbst der vielgerühmte Wilhelm Hausenstein, der die Bundesrepublik als erster in Paris vertrat, war seiner Aufgabe nur sehr partiell gewachsen. Von den hochpolitischen Verhandlungen über das Saarstatut und die Europäische Verteidigungsgemeinschaft verstand er nichts und wurde auch nicht an ihnen beteiligt.

Heute ist das Auswärtige Amt zu den bewährten Grundsätzen des Berufsbeamtentums zurückgekehrt. Die »Seiteneinsteiger« beschränken sich auf wenige Ausnahmefälle. Wer im AA Karriere machen will, dem bleibt nichts anderes übrig, als sich der Aufnahmeprüfung zu stellen und die zweijährige theoretische und praktische Ausbildung zu absolvieren. Die »Ausbildungsstätte« auf dem Bonner Venusberg ist, nebenbei gesagt, das einzige Gegenstück zu den französischen »Grandes Ecoles«, das wir in Deutschland haben. Das AA folgt damit einer Linie, die bereits Gustav Stresemann vorgezeichnet hat. Als sich ein befreundeter Chefarzt bei ihm um einen Botschafterposten bewarb, antwortete er: »Das läßt sich machen. Aber nur unter der Bedingung, daß währenddessen einer meiner Botschafter dein Krankenhaus übernimmt.«

»Frauen sind doch die besseren Diplomaten«, behauptet ein alter Ufa-Film, in dem Marika Rökk die Spielbank von Bad Homburg vor der drohenden Schließung rettet. Sie singt ein kleines Lied (»Wenn ein junger Mann kommt, der fühlt, worauf's ankommt, weiß ich, was ich tu«), und schon streckt ihr Gegenspieler Willy Fritsch die Waffen.

Nicht so die Fachliteratur. Ein ungarisches Handbuch aus dem Jahre 1928 spricht Frauen die Eignung für diplomatische Aufgaben rundweg ab. Zwar seien bei ihnen manche Eigenschaften – wie Takt und Feingefühl – stärker ausgeprägt als beim Mann; dafür fehlten ihnen aber kaltblütiges Urteil, Objektivität und Gelassenheit. In dem dreibändigen ›Traité de diplomatie‹ (1931) von Raoul Genet wird den Frauen als Wirkungsstätte der Haushalt zugewiesen: »Dort mögen sie glänzen. Im öffentlichen Leben gewinnen sie nichts, können nur verlieren.«

Tatsächlich ist die Diplomatie bis heute ein Reservat der Männer geblieben. Zwar hat es immer auch weibliche Diplomaten gegeben, aber doch nur in verschwindend geringer Zahl. Berühmt geworden ist der »Damenfriede« von Cambrai, den Margarete von Österreich und Luise von Savoyen im Namen von Karl V. und Franz I. 1529 unterzeichneten. 1646 erhielt Renée du Bec, Witwe des Marschalls Guébriant, den Auftrag, die Prinzessin von Nevers zur Eheschließung nach Warschau zu geleiten. Die Mission erwies sich als schwierig, da sich der Verlobte, König Wladislaw IV., unterdessen eines anderen besonnen hatte und alle Hebel in Bewegung setzte, um die Anreise seiner Braut zu verhindern. Die resolute Marschallin überwand jedoch sämtliche Widerstände, und die Hochzeit fand wie vorgesehen statt.

Nach dem Siebenjährigen Krieg und der Wiederaufnahme diplomatischer Beziehungen zwischen Frankreich und England erschien an der französischen Botschaft in London ein Chevalier d'Eon, dessen seltsames Betragen ihn binnen kurzem zum Lieblingsthema des hauptstädtischen Klatsches machte. Trotz seiner männlichen Kleidung griff die Vermutung um sich, Eon sei in Wahrheit eine Frau. Wetten wurden abgeschlossen; zwischen zwei Spekulanten kam es sogar zu einem Prozeß, in dem das Gericht die These vom weiblichen Geschlecht des Streitobjekts für die wahrscheinlichere erklärte. Den Chevalier schien die Aufmerksamkeit, die er erregte, nicht zu stören. Im Gegenteil: Als er mit seinem Botschafter, dem Grafen Guerchy, aneinandergeriet und dieser seine Abberufung durchsetzte, weigerte er sich, ihr Folge zu leisten. Statt dessen veröffentlichte er ein Pamphlet, in dem er seinen Vorgesetzten scharf angriff.

Auch dieser neue Skandal brach ihm nicht das Genick: Mit stillschweigender Billigung Ludwigs XV. blieb Eon, als ob nichts geschehen wäre, weiterhin auf seinem Posten. Insgesamt hat er vierzehn Jahre in London zugebracht. Erst nach dem Tode Ludwigs XV. kehrte er nach Paris zurück, nachdem ihm Außenminister Vergennes ausdrücklich Straffreiheit zugesichert hatte. Allerdings mußte er sich verpflichten, künftig Frauenkleider zu tragen, da – wie Vergennes schrieb – »unsere Gesetze diese Art von Verkleidung nicht dulden«. Ob der Chevalier d'Eon tatsächlich eine Frau war oder nicht doch ein Mann oder gar ein Hermaphrodit – diese Frage ist bis heute ungelöst geblieben.

Seit dem Ersten Weltkrieg sind weibliche Diplomaten häufiger anzutreffen, vor allem in skandinavischen und lateinamerikanischen Ländern. Einer größeren Öffentlichkeit bekannt wurden die Schriftstellerinnen Alexandra Kollontai, die von 1930 bis 1945 die Sowjetunion in Stockholm vertrat, und Clare Boothe-Luce, 1953 bis 1956 amerikanische Botschafterin in Rom. Die langjährige amerikanische Chefdelegierte bei den Vereinten Nationen, Jeanne Kirkpatrick, gehörte fraglos zu den profiliertesten Erscheinungen des State Department.

Dennoch zögern die Außenministerien immer noch, Frauen in größerer Zahl einzustellen. Auch wenn es den Feministinnen nicht paßt: Das Geschäft des Regierens und Verwaltens ist weltweit Männersache geblieben; eine Indira Gandhi oder Margaret Thatcher sind nur Ausnahmen, die die Regel bestätigen. Für weibliche Diplomaten kommt ein doppeltes Problem hinzu: Zum einen sind sie nicht in allen Ländern einsetzbar, nämlich dort nicht, wo die Frau – wie in der arabischen Welt – eine gesellschaftlich untergeordnete Rolle spielt. Zum andern führt eine Heirat meist dazu, daß die Diplomatin den auswärtigen Dienst verläßt, da der Ehemann im allgemeinen nicht bereit ist, seinen Beruf aufzugeben und ihr von Botschaft zu Botschaft zu folgen. Nicht ohne Grund gilt die Ausbildungsstätte des Auswärtigen Amtes in Bonn als »teuerste Heiratsvermittlung der Bundesrepublik«. Der ersten deutschen Diplomatin, die es zur Botschafterin (in Colombo) brachte, gab ein boshafter Kollege den Rat: »Heiraten Sie doch einen Holzfäller, der wird überall gebraucht.« Die Dame zog es vor, unvermählt zu bleiben.

Ein ganz anderes Kapitel sind die Ehefrauen von Diplomaten; sie haben in der Geschichte der auswärtigen Beziehungen eine bedeutende Rolle gespielt. Freilich nicht von Anfang an: Eine venezianische Verordnung von 1268 untersagte den Gesandten, sich von ihren Frauen begleiten zu lassen, da sie Staatsgeheimnisse ausplaudern könnten. Zugleich wurde die Mitnahme eines Koches zur Pflicht gemacht: Die Gefahr der Vergiftung sei sonst zu groß.

Erst im 17. Jahrhundert wird es üblich, daß der Botschafter seine Gemahlin mitbringt. In Versailles wird für die »ambassadrice« sogar ein besonderes Zeremoniell eingeführt. Versuche, dieses Zeremoniell auch an anderen Höfen durchzusetzen, schlugen fehl. In Wien gab es deswegen manchen Ärger, so daß Kaiser Leopold I. 1669 seinen Vertreter in Madrid, Graf Pötting, anwies, dafür zu sorgen, daß der nächste spanische Botschafter Junggeselle sei, »dann mit die Weiber der Gesandten haben wir allhier nit Glück gehabt«.

Auch Bismarck hat, halb im Scherz, für die Diplomaten das Zölibat gefordert. Als der deutsche Botschafter in Wien, Lothar von Schweinitz, mit fünfzig heiratete und zehn Kinder in die Welt setzte, seufzte Bismarck, als Junggeselle habe Schweinitz ganz brauchbare Berichte geschrieben, aber jetzt merke man jedem Satz an, daß ein Kind auf seinen Knien sitze. Tatsächlich bestand der höhere Dienst des kaiserlichen AA zu einem Drittel aus Junggesellen, wobei Abneigung gegen das weibliche Geschlecht nicht einmal der Hauptgrund gewesen sein dürfte. Vielmehr war – wie auch anderswo in Europa – vor der Eheschließung das Plazet des Hofes einzuholen, der streng darauf achtete, daß keine Mesalliancen vorkamen. Als Graf Ludwig von Arco-Valley, Legationssekretär an der Botschaft Wien, 1873 eine Burgschauspielerin heiratete, mußte er den Dienst sofort quittieren. Zwei Jahre später ging die Ehe in die Brüche, und Arco wurde wieder in Gnaden aufgenommen. Eine der stärksten Begabungen des alten Auswärtigen Amts, Alfred von Kiderlen-Waechter, wegen seiner unüberhörbaren Stuttgarter Herkunft von den Kollegen liebevoll »Spätzle« genannt, lebte zwanzig Jahre lang mit einer nicht standesgemäßen »Haushälterin« zusammen – was seinen Aufstieg beträchtlich verlangsamte.

Welche unschätzbaren Dienste eine tüchtige Diplomatenfrau ihrem Mann erweisen kann, hat die Gattin des ersten Gesandten der Generalstaaten in Paris, van Aersen, überzeugend vorgeführt. Jedermann wußte, daß der liebeshungrige Heinrich IV. ein Verhältnis mit der schönen Holländerin hatte – auch der betrogene Ehemann. Er duldete es, da er auf diese Weise die Geheimnisse des französischen Hofes aus erster Hand erfuhr.

Die Fürstin Lieven, deren Mann von 1812 bis 1824 den Zaren in London vertrat, verstand es dagegen, Politik und Liebe säuberlich zu trennen. Während sie mit Metternich eine stürmische Romanze durchlebte, hintertrieb sie zielbewußt seine Orientpolitik: Das Petersburger Protokoll vom 4. April 1826, in dem Großbritannien und Rußland dem Freiheitskampf der Griechen ihre Unterstützung zusagten, war ihr Werk.

1859 wird Richard Metternich, der älteste Sohn des Staatskanzlers aus zweiter Ehe, österreichischer Botschafter in Paris. Seine Frau Pauline befreundet sich eng mit der Kaiserin Eugénie; bald gibt ihr Salon in der französischen Hauptstadt den Ton an. Nur in einem Punkt gelingt es der energischen Fürstin nicht, den Parisern ihren Geschmack aufzuzwingen: Zwar setzt sie beim Kaiser durch, daß Wagners ›Tannhäuser‹ von der Oper angenommen wird; die Uraufführung am 13. März 1861 geht jedoch in einem gnadenlosen Pfeifkonzert unter. Daß ein gesunder Mann auch nur für einen Augenblick erwägen könne, die Göttin der Liebe zu verlassen, ging über die Fassungskraft der Pariser hinaus.

Große Damen vom Schlage einer Dorothea Lieven oder Pauline Metternich sind heute selten geworden. Die moderne Diplomatenfrau läßt sich vom Glanz der langen Abendkleider und der kurzen Liebschaften nicht mehr ohne weiteres blenden. Vielfach hat sie eigene berufliche Interessen und verspürt zu Small talk und mondänem Zeitvertreib wenig Neigung. Ganz ausgestorben ist der Typ der Salonlöwin und Modediktatorin allerdings noch nicht: In der Ära de Gaulle, zu einer Zeit also, als es um die französisch-amerikanischen

Beziehungen nicht zum besten stand, gelang es Nicole Alphand, der Gattin des französischen Botschafters in Washington, die Wolken am politischen Horizont durch Charme und Chic zu vertreiben. Ihr Haus war unbestritten der gesellschaftliche Mittelpunkt Washingtons; 1960 wurde sie von der amerikanischen Presse zur bestangezogenen Frau des Jahres gewählt.

Besonderes Kopfzerbrechen bereitete – jedenfalls bis vor kurzem – die Heirat mit Ausländerinnen. Der berufliche Werdegang des Diplomaten erleichtert naturgemäß derartige Verbindungen; von den Außenministerien wurden sie dagegen nicht gern gesehen. Man befürchtete, im Ernstfall auf die Loyalität der Zugereisten nicht rechnen zu können. Als sich 1868 der spätere Botschafter in Konstantinopel und Madrid, von Radowitz, mit der Tochter des russischen Gesandten Ozerow verlobte, empfahl Bismarck seinem König zwar, die Eheschließung zu genehmigen; zugleich setzte er aber durch, daß künftige Fälle dieser Art als Entlassungsgesuch gewertet werden sollten. In anderen Ländern wurde ebenso verfahren.

Ausnahmen waren aber immer möglich. Selbst der Grundsatz, den Diplomaten keinesfalls in das Land seiner Gattin zu entsenden, wurde nicht streng durchgehalten: Bernhard von Bülow war mit einer Prinzessin Camporeale verheiratet, einer Stieftochter des italienischen Ministerpräsidenten Minghetti. Dessenungeachtet hat er das Deutsche Reich zweimal als Botschafter in Rom vertreten. Schon damals wurde die Gefahr eines möglichen Landesverrats geringer geachtet als die Vorteile, die der dienstlichen Stellung Bülows aus seinen familiären Beziehungen zum römischen Hochadel erwuchsen. Der Zufall will es, daß auch der derzeitige deutsche Botschafter in Rom mit einer Italienerin verheiratet ist, desgleichen der deutsche Botschafter in Washington mit einer Amerikanerin. Ob man allerdings einen mit einer Russin verheirateten Diplomaten ausgerechnet nach Moskau schicken würde, ist zweifelhaft.

Nun bedarf es zur Ausübung von Landesverrat, wie man weiß, nicht unbedingt des Segens der Kirche. An Warnungen vor den gefährlichen Reizen des schönen Geschlechts, die gerade dem Junggesellen zum Verhängnis werden können, hat es in der einschlägigen Literatur denn auch nicht gefehlt. Bereits Jean de Chokier, Kanonikus in Lüttich, empfiehlt dem Diplomaten in seinem ›Tractatus de legato‹ (1624) Zurückhaltung auf folgenden Gebieten: »Venus, Bacchus, Spott, Klatsch, witzige Einfälle«. Man kann nicht behaupten, daß die Betroffenen diesem Ratschlag sonderliche Beachtung geschenkt hätten: Gegen jedes dieser fünf Tabus haben sie immer wieder gesündigt. Auch wenn es nicht alle Diplomaten mit den erotischen Rekorden eines Lionne, Kaunitz oder Metternich aufnehmen können – daß sich ihr Liebesleben von dem, was zwischen Herne und Wanne-Eikkel zum guten Ton gehört, beträchtlich unterscheidet, kann nicht ernsthaft bestritten werden.

Talleyrand hielt sich an den Grundsatz: »Il faut faire marcher les femmes«– man muß die Frauen einsetzen. Seine wichtigste Spionin auf dem Wiener Kongreß war die Tänzerin Bigottini. Als der dreißigjährige Costantino Nigra 1858 nach Paris kam, um Napoleon III. zum Protektor für die italienische Einigung zu gewinnen, fand er bei der Kaiserin Eugénie lebhafte Sympathie. Cavour ermunterte seinen Residenten brieflich, nicht spröde zu sein: »Ihre Unterhaltung mit der Kaiserin hat mich entzückt. Eines ist klar: Sie will Sie verführen. Lassen Sie sie. Spielen Sie nur nicht den keuschen Joseph.« Wenn die Zeichen nicht trügen, hat Nigra seine Instruktion getreulich ausgeführt.

Heute sind es eigentlich nur noch die Russen, die dem Rezept Talleyrands folgen und die Frauen »einsetzen«. Für einen westlichen Diplomaten in Moskau ist es keineswegs ungewöhnlich, nachts durch den Anruf einer gutturalen weiblichen Stimme geweckt zu werden, die ihre wohltätigen Dienste anbietet. Auch in diesem Punkt erweist sich die Sowjetunion als ein Staat, der nicht vergessen hat, was er der großen Tradition der europäischen Diplomatie schuldig ist.

Die Aufnahme diplomatischer Beziehungen setzt voraus, daß sich Entsende- und Empfangsstaat gegenseitig anerkennen. Dies scheint banal, ist aber für das Verständnis der innerdeutschen Beziehungen von eminenter Tragweite: Da die Bundesrepublik die DDR zwar als Staat, nicht jedoch als Ausland anerkennt, haben beide keine Botschafter ausgetauscht, sondern »Ständige Vertreter«.

Umgekehrt folgt aus der gegenseitigen Anerkennung noch keineswegs die Notwendigkeit zur Aufnahme diplomatischer Beziehungen. China und Japan haben sich jahrhundertelang vor der Welt abgeschirmt; nur mit Waffengewalt konnten sie zur Hinnahme von Gesandtschaften bewogen werden. Von den gut 150 Staaten, die heute den Erdball bevölkern, unterhält kein einziger Botschaften in sämtlichen Hauptstädten. Die Bundesrepublik bringt es immerhin auf die stattliche Zahl von 123, zu denen noch zehn Vertretungen bei multilateralen Organisationen hinzukommen. Viele Entwicklungsländer begnügen sich mit einem oder, wenn es hochkommt, zwei Dutzend Vertretungen in denjenigen Staaten, die für sie politisch und wirtschaftlich von vorrangiger Bedeutung sind. Um auch in den übrigen Flagge zu zeigen, behelfen sie sich damit, ihre Botschafter in mehreren Hauptstädten zugleich zu akkreditieren. Diese Praxis ist nicht neu: Zur Zeit des Deutschen Bundes gab es einen preußischen Gesandten in Weimar, der für nicht weniger als elf Staaten zuständig war, nämlich Anhalt-Bernburg, Anhalt-Köthen, Anhalt-Dessau, Reuß ältere Linie, Reuß jüngere Linie, Sachsen-Coburg, Sachsen-Hildburghausen, Sachsen-Meiningen, Sachsen-Weimar, Schwarzburg-Rudolstadt, Schwarzburg-Sondershausen.

Vor der Ernennung eines neuen Botschafters holt der Entsendestaat beim Empfangsstaat das Agrément ein, das heißt er fragt an, ob der in Aussicht genommene Kandidat Persona grata ist oder ob Bedenken gegen ihn bestehen. Dies Verfahren hat sich im 19. Jahrhundert eingebürgert; seit 1961 ist es in der Wiener Übereinkunft über diplomatische Beziehungen zwingend vorgeschrieben. Das 18. Jahrhundert kannte es noch nicht. Der Kurfürst von Köln, Clemens August, mußte es also zähneknirschend hinnehmen, daß sein gestürzter Minister Plettenberg als kaiserlicher Gesandter an seinen Hof zurückkehrte. Im Jahre 1820 weigerte sich Viktor Emanuel I. von Sardinien, den preußischen Gesandten von Martens zu empfangen, da dessen Schwiegervater im Konvent für den Tod Ludwigs XVI. gestimmt hatte. 1832 wies Zar Nikolaus I. den britischen Botschafter Stratford Canning zurück: Offenbar befürchtete er, daß Canning nach seinem langen Aufenthalt in Konstantinopel für die russische Politik nicht das rechte Verständnis aufbringen werde. Palmerston nahm die Zurückweisung so übel, daß er den Posten drei Jahre lang unbesetzt ließ.

Heftig reagierte auch Bismarck, als Papst Pius IX. dem deutschen Botschafter Kardinal Hohenlohe das Agrément verweigerte. Seine Antwort war die berühmte Canossa-Rede vom 14. Mai 1872, die die ohnehin gespannten Beziehungen zur Kurie weiter vergiftete. Als Begründung hatte der Papst angegeben, die Stellung eines Kardinals vertrage sich nicht mit der eines weltlichen Botschafters, schon gar nicht beim Vatikan. Das wahre Motiv für die Zurückweisung dürfte aber Hohenlohes Stimme gegen das Unfehlbarkeitsdogma gewesen sein. Der Vatikan selbst pflegte bis zum Ersten Weltkrieg für seine Nuntien kein Agrément einzuholen, sondern eine Liste mit drei Kandidaten – die sogenannte »terna« – vorzulegen, aus der der Empfangsstaat den ihm genehmsten auswählen konnte.

Die sittenstrenge Königin Victoria wünschte an ihrem Hof keine geschiedenen Diplomaten. Als Bismarck daher den Grafen Hatzfeld zum Botschafter in London ernannte, verweigerte sie ihm das Agrément. Ohne Zögern heiratete Hatzfeld seine frühere Frau zum zweitenmal und konnte nun ohne Schwierigkeiten sein Amt antreten.

Was für Botschafter das Agrément, ist für den Leiter einer konsularischen Vertretung das Exequatur (Betonung auf a). Im November 1830 trifft Stendhal als französischer Konsul in Triest ein. Bereits fünf Monate später muß er die Stadt wieder verlassen, da Metternich den notorischen Sympathisanten der italienischen Freiheitsbewegung auf österreichischem Boden nicht dulden will. Stendhal muß sich mit dem schlechter dotierten und entsetzlich langweiligen Konsulat in Civitavecchia begnügen.

Die Ankunft eines neuen Gesandten war, wie wir gesehen

haben, in früheren Zeiten ein prunkvolles Zeremoniell, das nicht selten in eine allgemeine Volksbelustigung ausartete. In Persien war es bis in die zwanziger Jahre Brauch, ihn bereits an der Grenze zu begrüßen und festlich zu bewirten. Noch heute werden Missionschefs in London zu ihrem Antrittsbesuch im Buckingham-Palast von der königlichen Karosse abgeholt. Dem deutschen Botschafter von Hase passierte es, daß dabei die Pferde durchgingen und die Deichsel brach; er selbst kam mit dem Schrecken davon. Königin Elisabeth begrüßte ihn mit den Worten: »Ich höre, meine deutschen Pferde haben sich schlecht benommen.«

Mit unvorhergesehenen Zwischenfällen mußte vor allem an der Pforte und am Zarenhof gerechnet werden. Als der kaiserliche Botschafter Schmidt von Schwarzenhorn 1651 bei seinem Antrittsbesuch nur eine leichte Verbeugung machte, packte ihn der Großwesir bei den Haaren und zwang ihn, den Ärmel des Sultans zu küssen. Auch in Petersburg verstand man sich darauf, dem Neuankömmling sogleich einen klaren Begriff von den Machtverhältnissen zu vermitteln: Als sich ein Gesandter vor Peter dem Großen wieder bedeckte, ließ ihm der Zar den Hut auf den Kopf nageln.

Bei der ersten Audienz überreicht der neue Missionschef dem Staatsoberhaupt sein Beglaubigungsschreiben. Diese Sitte ist uns bereits von den Merowingern überliefert. In einem Beglaubigungsschreiben Eduards II. aus dem Jahre 1309 heißt es einfach, der Papst möge seinen Gesandten anhören, als ob er persönlich zu ihm spreche. Seit dem späten Mittelalter folgen die Schreiben einem mehr oder weniger feststehenden Muster, wobei in Monarchien die Aufzählung der beiderseitigen Titel nicht selten mehr Platz einnimmt als die Akkreditierung selbst. Das Beglaubigungsschreiben für einen Botschafter des Zaren begann mit einem regelrechten Brillantfeuerwerk:

»Wir, Alexander III., von Gottes Gnaden Kaiser und Selbstherrscher aller Reußen, von Moskau, Kiew, Wladimir, Nowgorod, Zar von Kasan, Zar von Astrachan, Zar von Polen, Zar von Sibirien, Zar des Taurischen Chersones, Zar von Georgien, Herr von Pskow, Großherzog von Smolensk, von Litauen, Wolhynien, Podolien und Finnland; Herzog von Estland, Livland, Kurland und Semgallen, von Samogitien, Bialystok, Karelien, Twer, Jugotien, Perm, Wjatka,

Bulgarien; Herr und Großherzog von Czarnikau, Rjasan, Polozk, Rostow, Jaroslaw, Belosersk, Udmurutien, Obdorien, Witebsk, Mstislaw; Herrscher der ganzen nördlichen Gegend; Herr von Iberien, Kartalinien, Armenien und der Kabardei; Erbprinz und Souverän der Tscherkessen und anderer Bergfürsten; Herr von Turkestan, Thronfolger von Norwegen, Herzog von Schleswig-Holstein, von Stormarn, Dithmarschen und Oldenburg usw. usw.«

Ebenso formalisiert wie der Wortlaut der Beglaubigungsschreiben ist auch die Zeremonie ihrer Überreichung. Bis vor wenigen Jahren war es überall Usus, bei dieser Gelegenheit Ansprachen zu wechseln, die sich allerdings auf allgemeine Freundschaftsbekundungen zu beschränken hatten; beim ersten Zusammentreffen bereits von politischen Geschäften zu reden, wäre ein grober Verstoß gegen den guten Ton gewesen. Am Hof von Versailles standen sich König und Botschafter bedeckten Hauptes gegenüber; wenn in den Reden der Name der Souveräne fiel, zogen beide den Hut.

Komplikationen konnten entstehen, wenn der Herrscher noch minderjährig war. Als der französische Gesandte La Chétardie 1740 dem drei Monate alten Zaren Iwan VI. sein Beglaubigungsschreiben überreichte und gerade zu seiner Ansprache ansetzte, drehte ihm der Säugling gelangweilt den Rücken. Der Gesandte ließ sich nicht aus der Ruhe bringen: »Möge Seine Majestät auch in Zukunft allen Schmeichlern sein Ohr verschließen.« Sprach's und setzte seine Rede fort.

Schon frühere Generationen empfanden das umständliche Ritual zuweilen als lästig. Der Doge Andrea Vendramin mußte bei seinem Amtsantritt schwören, keine weitschweifigen Reden ausländischer Botschafter zuzulassen. Angesichts der enormen Zahl diplomatischer Vertretungen und des überfüllten Terminkalenders unserer Politiker wird heute in einer Reihe von Hauptstädten auf Begrüßungsansprachen ganz verzichtet. Dies abgekürzte Verfahren macht es möglich, mehrere Botschafter hintereinander zu empfangen.

In Bonn ist es üblich, daß der Bundespräsident den neuen Missionschef nach Überreichung des Beglaubigungsschreibens einlädt, zu einem »informellen Gespräch« auf einem Sofa Platz zu nehmen. Hierbei geschah es dem Bundespräsidenten Lübke, daß er den Botschafter von Lesotho mit seinem am gleichen Vormittag akkreditierten Kollegen von Togo verwechselte und ihm heftige Vorwürfe wegen der Ermordung seines Staatsoberhauptes machte; gemeint war der in Deutschland hochgeschätzte togolesische Staatspräsident Olympio. Der Botschafter verwahrte sich indigniert gegen diese Unterstellung und wies darauf hin, Staatsoberhaupt seiner Heimat sei die Königin von England. Darauf Lübke, rot vor Zorn: »Sie wollen mich wohl für dumm verkaufen!« Der Botschafter sah ein, daß er mit weiteren Beteuerungen der Unschuld sein Entree in Bonn endgültig verderben würde. So murmelte er, es werde nicht wieder vorkommen, und empfahl sich.

Ein Regierungswechsel im Entsende- oder Empfangsstaat hat auf die Beglaubigung des Botschafters grundsätzlich keinen Einfluß; er bleibt weiterhin im Amt. Schwieriger ist es nach Staatsstreichen, Revolutionen und sonstigen unvorhergesehenen Veränderungen. Der 1792 vom Konvent ernannte französische Gesandte in London, Chauvelin, dessen Beglaubigungsschreiben noch die Unterschrift Ludwigs XVI. trug, wurde nach der Hinrichtung des Königs des Landes verwiesen. Nach der Oktoberrevolution weigerten sich die Regierungen Frankreichs, Großbritanniens und der USA, die bolschewistischen »Polpreds« zu empfangen; statt dessen hielten sie an den Gesandten der Kerenski-Regierung fest. Die Annexion der baltischen Staaten durch die Sowjetunion ist von den USA bis heute nicht anerkannt worden: Noch heute amtieren in Washington ein litauischer und ein estnischer Gesandter.

Wo die Grenze zwischen Revolution und legalem Machtwechsel verläuft, ist freilich nicht immer leicht zu bestimmen. Nach dem Zusammenbruch des Kaiserreichs erhielten die im befreundeten und neutralen Ausland akkreditierten deutschen Missionschefs neue Beglaubigungsschreiben, die vom Reichspräsidenten Ebert unterzeichnet waren. Anders nach dem Tode Hindenburgs, als Hitler unter Verstoß gegen die – formell nie außer Kraft gesetzte – Weimarer Verfassung das Amt des Reichspräsidenten usurpierte. Bei einem feierlichen Empfang des diplomatischen Korps am 12. September 1934 nahm der selbsternannte »Führer und Reichskanzler« aus dem Munde des Doyens die Erklärung entgegen, daß jeder Missionschef »dieselbe Bezeugung der Ehrerbietung und gleiche Versicherung der gegenseitigen Zusammenarbeit, die er bereits aus Anlaß der Übergabe seines Beglaubigungsschreibens ausgesprochen hat, heute erneuert«. Damit war die Sache erledigt. In manchen südamerikanischen Staaten gehört der Offiziersputsch schon so zum politischen Alltag, daß die meisten Regierungen nicht zögern, ihn als quasi verfassungskonform hinzunehmen und zur Tagesordnung überzugehen.

Als Napoleon III. sich 1852 zum Kaiser proklamierte, versah er sämtliche französische Missionschefs mit neuen Beglaubigungsschreiben und verlangte das gleiche von den in Paris akkreditierten. Nicht ganz so glatt verlief die internationale Durchsetzung des Titels »Kaiser von Äthiopien«, mit dem sich 1936 der italienische König schmückte. Mussolini lehnte die Zulassung neuer Missionschefs ab, in deren Beglaubigungsschreiben der Kaisertitel nicht erwähnt war. Da Frankreich die Eroberung Abessiniens nicht anerkennen wollte, ließ es den Botschafterposten am Quirinal zwei Jahre lang unbesetzt. Flexibler zeigten sich die USA: Als Adressaten des Beglaubigungsschreibens benannten sie »Viktor Emanuel III., König von Italien etc. etc.« und kamen mit dieser Kriegslist durch.

Wie man sieht, ist das Beglaubigungsschreiben nicht nur ein harmloses Stück Papier rein zeremoniellen Charakters; gelegentlich enthält es politischen Zündstoff. Dies gilt auch für die Vereinten Nationen: Da Mitgliedstaaten nur auf Empfehlung des Sicherheitsrats ausgeschlossen werden können (wo mit einem Veto der Westmächte zu rechnen wäre), ist die Generalversammlung seit Mitte der siebziger Jahre dazu übergegangen, das Beglaubigungsschreiben des südafrikanischen Botschafters vor jeder Sitzungsperiode zurückzuweisen und ihn so an der Teilnahme zu hindern. Dies Verfahren ist zwar satzungswidrig, erreicht aber den angestrebten Zweck.

Das Ende einer diplomatischen Mission kann aus verschiedenen Gründen eintreten: Versetzung, Pensionierung, Tod, Abbruch der diplomatischen Beziehungen, Erklärung zur Persona non grata. In Deutschland liegt die Altersgrenze für Beamte bekanntlich bei 65 Jahren. Frühere Generationen waren großzügiger. Pensioniert wurde nur auf Antrag; im übrigen ließ man die Diplomaten wie alte Hofhunde »ausdienen«. Costantino Nigra war sogar davon überzeugt, daß ein Diplomat erst mit 75 Jahren genügend Erfahrung gesammelt habe, um seinem Land wirklich nützlich zu sein. Tatsächlich wurde Talleyrand mit 76 zum Botschafter in London ernannt. Graf Münster, lange Jahre kaiserlicher Botschafter in London und Paris, nahm erst mit 79 seinen Abschied. Heute sind es eigentlich nur noch die USA, die sich den Luxus leisten, die Weisheit des Alters voll auszuschöpfen: Im April 1984 feierte der amerikanische Botschafter in Bonn, Burns, seinen 80. Geburtstag.

Der Abbruch der diplomatischen Beziehungen kann mit einer Kriegserklärung verbunden sein, muß es aber nicht: Als die Bundesrepublik 1965 ihre Botschaft in Tel Aviv eröffnete, brachen nicht weniger als zehn arabische Staaten die Beziehungen zu Bonn ab. Zwei Jahre später, unmittelbar nach dem Sechstagekrieg brachen sämtliche Ostblockstaaten (außer Rumänien) die Beziehungen zu Israel ab. Beide Parteien benennen in diesen Fällen sogenannte Schutzmächte – dritte Länder, die die Wahrnehmung ihrer Interessen übernehmen. Nicht selten bleibt ein Teil des eigenen Stabes zurück, der unter der Flagge der Schutzmacht genauso weiterarbeitet wie vorher. Will eine Regierung den Abbruch der Beziehungen vermeiden, so hat sie die Möglichkeit, ihren Botschafter »zur Berichterstattung« zurückzurufen und beliebig lange von seinem Dienstort fernzuhalten. Es ist dies eine starke Form der Mißbilligung, die die diplomatischen Beziehungen gleichwohl intakt läßt.

Häufig kommt es vor, daß der Grund zur Mißbilligung nicht im Verhalten einer Regierung zu suchen ist, sondern in der Person des Botschafters oder eines anderen Angehörigen der Vertretung. In diesen Fällen kann – wie wir im nächsten Kapitel sehen werden – der Diplomat zwar nicht direkt belangt werden; wohl aber kann ihn der Empfangsstaat zur Persona non grata erklären und zum Verlassen des Landes auffordern.

Der klassische Vorwurf, mit dem ein solcher Schritt begründet zu werden pflegt, ist »Einmischung in innere Angelegenheiten«. Wo die legitime Wahrung außenpolitischer Interessen aufhört und die Einmischung in die Angelegenheiten des Empfangsstaats anfängt, ist allerdings nicht immer einfach zu entscheiden. Sind zum Beispiel Gespräche mit der politischen Opposition erlaubt oder verboten? Darf ein Botschafter »Dissidenten« zum Abendessen einladen oder nicht? Die Antwort hängt ganz davon ab, ob wir es mit einer Demokratie oder einer Diktatur zu tun haben.

Zur Zeit der Religionskriege galt es als selbstverständlich, daß der Gesandte zu seinen Glaubensgenossen besonders engen Kontakt hielt.* Der Vertreter Königin Elisabeths in Paris, Sir Francis Walsingham, unterstützte mit der gleichen Selbstverständlichkeit die Hugenotten, mit der sein spanischer Kollege, Bernardino de Mendoza, für die Freilassung der Maria Stuart eintrat. Als freilich 1584 ein gewisser Francis Throckmorton – Schillers Mortimer – verhaftet wurde und unter der Folter gestand, im Einvernehmen mit dem Spanier ein Attentat auf die »jungfräuliche Königin« vorbereitet zu haben, mußte Mendoza schleunigst das Land verlassen. 350 Jahre später widerfuhr dem deutschen Gesandten in Wien, Rieth, dasselbe Schicksal, nachdem ihm Beteiligung an der Ermordnung des österreichischen Bundeskanzlers Dollfuß nachgewiesen worden war.

Die Heilige Allianz hat sogar versucht, die Einmischung in innere Angelegenheiten dritter Staaten zum politischen Leitsatz zu erheben. In der berühmten Zirkularnote von Troppau vom 8. Dezember 1820 bekundeten Österreich, Rußland und Preußen ihre Entschlossenheit, Europa vor der »Geißel neuer Revolutionen« zu schützen. Daß man es ernst meinte, zeigte sich ein Jahr später: Österreichische Truppen rückten in Neapel ein und beseitigten die soeben verkündete liberale Verfassung. Wem käme hier nicht die »Breschnew-Doktrin« und der Einmarsch sowjetischer Truppen in Ost-Berlin, Budapest und Prag in den Sinn? Der einzige Unterschied zum Zarenreich liegt darin, daß das Interventionsrecht nicht mit der Abwendung der Weltrevolution begründet wird, sondern im Gegenteil mit deren möglichst rascher Herbeiführung. Für die Betroffenen bleibt das Ergebnis freilich das gleiche.

1848 erklärte die spanische Regierung den britischen Gesandten Henry Bulwer – Bruder des Romanschriftstellers (›Die letzten Tage von Pompeji‹) – zur Persona non grata. Er hatte in einer Note gegen die Willkürherrschaft des Mini-

* Israelische Diplomaten verfahren noch heute so. Der Generalsekretär des Außenministeriums in Jerusalem, Eytan, erklärte 1958, mit dem Titel eines »außerordentlichen und bevollmächtigten Botschafters« habe es im Falle Israels eine besondere Bewandtnis: Jeder israelische Missionschef sei bevollmächtigter Botschafter bei der Regierung des Empfangsstaates und zugleich außerordentlicher Botschafter bei dessen jüdischer Bevölkerung. Nicht alle Regierungen haben diese Selbsteinschätzung widerspruchslos hingenommen. Am 7. Mai 1964 wies das State Department Loyalitätsansprüche, »die auf der Religionszugehörigkeit amerikanischer Bürger beruhen«, unmißverständlich zurück.

sterpräsidenten Narváez Einspruch erhoben. Palmerston weigerte sich zunächst, Bulwer abzuberufen, mußte aber schließlich klein beigeben. 1888 wurde der britische Gesandte in Washington, Lord Sackville, ausgewiesen, nachdem er öffentlich für die Wiederwahl von Präsident Cleveland eingetreten war. Das gleiche geschah 1915 seinem österreichischen Kollegen Dumba: Da die Kurierverbindung nach Wien abgerissen war, hatte er einem amerikanischen Staatsangehörigen einen Brief anvertraut, in dem er seiner Regierung den Vorschlag machte, unter den Arbeitern der amerikanischen Rüstungsfabriken Streiks anzuzetteln.

Öfter, als man denken sollte, passiert es, daß ein Missionschef wegen Beleidigung von Regierungsmitgliedern zum Verlassen des Landes aufgefordert wird. So etwa der kaiserliche Gesandte in Bern, Graf Tattenbach. Er hatte die unbefriedigenden Auskünfte des Präsidenten der Eidgenossenschaft über eine Reise nach Paris mit der Bemerkung quittiert: »Alter Junge, ich glaube, du willst mich beschwindeln!« Erhebliches Aufsehen erregte 1917 die sogenannte »Luxburg-Affäre«: Der kaiserliche Gesandte in Buenos Aires, Graf Luxburg, hatte dem Auswärtigen Amt telegrafisch empfohlen, neutrale Schiffe zur Vermeidung völkerrechtlicher Komplikationen »spurlos« zu versenken; bei dieser Gelegenheit hatte er den argentinischen Außenminister Pueyrredón als »Esel von Ruf« bezeichnet. Die Amerikaner fingen das Telegramm ab, dechiffrierten und veröffentlichten es. Luxburg mußte Buenos Aires verlassen. Neben dem Zimmermann-Telegramm war die Luxburg-Affäre der wichtigste Anstoß für die Reform des Auswärtigen Amtes nach dem Ersten Weltkrieg.

In Bolivien hatte ein britischer Gesandter der Gemahlin des Staatspräsidenten in betrunkenem Zustand unziemliche Anträge gemacht. Er wurde ausgewiesen und obendrein gezwungen, die Reise auf dem Rücken eines Esels anzutreten. Königin Victoria war entschlossen, den Schimpf durch die Entsendung von Kriegsschiffen zu ahnden, mußte sich jedoch von Disraeli belehren lassen, daß Bolivien ein »landlocked country« sei. England begnügte sich damit, Bolivien dadurch zu bestrafen, daß es auf amtlichen Karten als weißer Fleck erschien – ein Bann, der erst Jahrzehnte später aufgehoben wurde.

Die regelmäßig wiederkehrende Ausweisung sowjetischer

und anderer Ostblock-Diplomaten wegen Spionage wurde schon erwähnt. Ein besonders originelles Beispiel sozialistischer Diplomatie verdanken wir dem nordkoreanischen Botschafter in Helsinki: Um zu verhindern, daß die nächste Sitzung der Interparlamentarischen Union in Seoul stattfinde, überwies er im April 1983 dem finnischen Reichstagspräsidenten Virolainen 5000 Dollar auf dessen Privatkonto. Das Geschenk verfehlte seine Wirkung; der Koreaner mußte Helsinki verlassen.

Ein gefährlicher Beruf

Erinnert sich der Leser noch an die biblische Trauergesandtschaft, die alsbald Anlaß hatte, sich selbst zu beweinen? König David hatte sie zu den Ammonitern geschickt, um sein Beileid zum Tode ihres verstorbenen Herrschers zum Ausdruck zu bringen. Dort hielt man sie aber für Spione, schor ihnen den Bart, schnitt ihnen die Kleider ab und verwies sie des Landes.

Auch außerhalb der Bibel ist die Versuchung, Gesandte bei politischen Spannungen als Geiseln zu mißbrauchen und schlechte Nachrichten am Überbringer zu ahnden, stets groß gewesen. In Istanbul wird noch heute ein »Turm der sieben Winde« gezeigt, in dem ausländische Schiffskapitäne, Kaufleute und Diplomaten Jahrhunderte hindurch eingekerkert wurden. Friedrich Barbarossa beschwerte sich, daß der byzantinische Kaiser Isaak II. seine Legaten nackt ins Gefängnis geworfen habe. Er erzwang ihre Freilassung, indem er auf seinem Kreuzzug durch Kleinasien alle Städte niederbrannte.

Da andererseits die Vogelfreiheit der Diplomaten das Ende der internationalen Beziehungen bedeutet hätte, finden wir bereits sehr früh Regeln über ihren Schutz. Marcus Terentius Varro, der größte gelehrte Schriftsteller des alten Rom, der als Gesandter des Pompejus im Seeräuberkrieg Gelegenheit hatte, einschlägige Erfahrungen zu sammeln, erklärt unmißverständlich: »Sacra sunt corpora legatorum.« Sogar der wilde Attila begnügte sich mit ernsten Vorhaltungen, als dem byzantinischen Gesandten die Absicht nachgewiesen werden konnte, ihn zu ermorden. Als bei Ludwig dem Heiligen eine Delegation des Mongolenfürsten Özbeg erschien und zum Zeichen der Unterwerfung Erde und Wasser verlangte, wurde ihr dies zwar verweigert. Trotz des unverschämten Ansinnens krümmte man den Mongolen aber kein Haar, sondern schickte sie mit allen guten Wünschen für die Reise zum Papst weiter. Im 18. Jahrhundert entwickelte sich dann der Begriff der »Exterritorialität« – eine juristische Konstruktion, die den Diplomaten zwar nicht von der Rechtsordnung des Empfangsstaats, wohl aber von dessen Gerichtsbarkeit und Zwangsgewalt ausnimmt.

Die Wiener Übereinkunft von 1961 garantiert die Unverletzlichkeit der Person des Diplomaten und seiner Familie, die der Botschaft und seiner Privatwohnung, seine zivil- und strafrechtliche Immunität und die Freiheit von Zöllen und direkten Steuern. Trotz dieser klaren Regelung, die im Völkerrecht, wie gesagt, seit Jahrhunderten verankert ist, hat es immer wieder Angriffe auf Leib und Leben des Diplomaten gegeben. Allen Privilegien zum Trotz bleibt der Beruf gefährlich.

1536 war Franz I. mit dem Großtürken eine gegen Karl V. gerichtete Allianz eingegangen, die den Abscheu der ganzen christlichen Welt hervorrief. Als sich Antoine Rincon 1541 aufmachte, um seinen Posten als erster französischer Gesandter an der Pforte anzutreten, wurde er auf der Reise durch Italien auf Betreiben des kaiserlichen Statthalters erschlagen. 1674 gab der Kriegsminister Ludwigs XIV., Louvois, Befehl, den Gesandten des Kaisers, Franz von Lisola, zwischen Lüttich und Köln abzufangen und umzubringen: Lisolas vielgelesenen Flugschriften war es zuzuschreiben, daß Wien und Berlin, London und Madrid ihre Händel begraben hatten, um die französischen Truppen aus den Niederlanden zu vertreiben. Nur ein Zufall verhinderte, daß der saubere Plan gelang. Der gewaltsame Tod des kaiserlichen Gesandten in Peking, Klemens von Ketteler, während des Boxer-Aufstands führte zum bewaffneten Eingreifen der europäischen Großmächte. Die Ermordung des Legationssekretärs vom Rath durch den jüdischen Emigranten Herschel Grynszpan in Paris lieferte Goebbels den ersehnten Vorwand für die »Kristallnacht«.

Als besonders heißes Pflaster hat sich in den letzten Jahren Beirut erwiesen: Im Juni 1976 wurde der amerikanische Botschafter Meloy entführt und umgebracht. Im September 1981 erlitt sein französischer Kollege Louis Delamare das gleiche Schicksal. Drei Monate später wurde die irakische Botschaft durch eine Bombenexplosion zerstört; dreißig Personen, darunter Botschafter Lafta, fanden den Tod. Am 18. April 1983 flog die amerikanische Botschaft in die Luft: fünfundsechzig Menschen starben in den Trümmern.

Ende der sechziger, Anfang der siebziger Jahre schreckte eine Serie von Entführungen die diplomatische Welt auf. Am 21. März 1969 wurde der deutsche Botschafter in Guatemala, Graf Spreti, von Terroristen verschleppt. Die guatemaltekische Regierung weigerte sich, auf die Forderung der Entführer, fünfundzwanzig politische Gefangene freizulassen, einzugehen. Am 5. April fand man den Leichnam Spretis mit einer Schußwunde in der Schläfe. Glimpflicher erging es dem deutschen Botschafter in Rio, von Holleben, und seinem britischen Kollegen in Montevideo, Jackson, die in den Jahren 1970 und 1971 ebenfalls Opfer von Entführungen wurden: Holleben wurde im Austausch gegen vierzig Häftlinge, Jackson ohne Gegenleistung wieder freigelassen.

Auch diese Übergriffe waren alles andere als neu. Während des Siebenjährigen Krieges schickte Friedrich der Große 4000 Mann in das neutrale Fürstentum Anhalt-Zerbst, um den französischen Gesandten de Fraigne gefangenzunehmen: In der Nähe der preußischen Festung Magdeburg wünschte der König keine feindlichen Beobachter. Der Fürst war bereit, sich den Preußen mit seinen schwachen Kräften entgegenzuwerfen, allein der großmütige Franzose wollte kein unnötiges Blutvergießen. Er ergab sich und wurde nach Magdeburg abgeführt. Die Fürstin-Mutter, die mit de Fraigne mehr als nur diplomatische Beziehungen unterhalten hatte, bestach die Wärter und verschaffte ihrem Geliebten Frauenkleider, in denen es ihm tatsächlich gelang, aus dem Gefängnis zu fliehen. Ganz Kavalier, eilte er nach Zerbst zurück, um sich seiner Gönnerin zu Füßen zu werfen. An der Grenze wurde er erkannt und nach Magdeburg zurückgebracht.

Ein Fall, der bis heute die Gemüter bewegt, ist der des schwedischen Diplomaten Raoul Wallenberg, der 1944 in Ungarn Tausenden von Juden das Leben rettete. Nach einem Besuch bei Marschall Malinowski, dem Eroberer Budapests, im Januar 1946 tauchte er nicht wieder auf. Glaubwürdige Zeugen wollen ihn noch in den siebziger Jahren in einem sowjetischen Straflager gesehen haben. Die sowjetische Regierung hat dies bestritten.

Auch die Unverletzlichkeit der Botschaft ist keineswegs immer respektiert worden. 1499 erschienen achthundert Jugendliche aus den besten Familien von Florenz vor dem Haus des mailändischen Orators, kippten dort eine Karre voll Kot aus und verunreinigten damit die Fassade. Am 14. Juli 1958, nach der Ermordung des irakischen Königs Faisal, sammelte sich eine erregte Menschenmenge vor der britischen Botschaft in Bagdad, stürmte das Gebäude und brannte es bis auf den Grund nieder. Als das gleiche wenige Jahre später mit der deutschen Botschaft in Bagdad passierte, suchte der britische Missionschef seinen verstörten Kollegen auf und tröstete ihn mit den Worten: »Von nun an seid ihr eine Großmacht!«

Der dramatischste Fall dieser Art ereignete sich am 4. November 1979 in Teheran. Um die Auslieferung des gestürzten Schahs zu erzwingen, stürmten sogenannte Studenten die amerikanische Botschaft und setzten das gesamte Personal fest. Um den Iran nicht in die bereits weit geöffneten Arme des Kreml zu treiben, verzichtete die amerikanische Regierung auf militärische Gegenmaßnahmen und beschränkte sich auf Wirtschaftssanktionen. Ein Befreiungsversuch im April 1980 mißlang kläglich. Erst im Januar 1981, nach dem Tode des Schahs, wurden die Geiseln freigelassen.

Von der Unverletzlichkeit der Botschaft ist das diplomatische Asyl wohl zu unterscheiden. Eine allgemeine völkerrechtliche Regel, wonach Botschaften politischen Flüchtlingen Schutz gewähren können, gibt es nicht. Als daher der holländische Abenteurer Johann Wilhelm van Ripperda, der es in Spanien zum Herzog und Außenminister gebracht hatte, 1726 in Ungnade fiel und mit wichtigen Papieren in die britische Botschaft flüchtete, drangen spanische Truppen in das Gebäude ein und nahmen ihn mit Waffengewalt fest. Nur in Lateinamerika hat sich angesichts der vielen Staatsstreiche ein Asylrecht der Botschaften herausgebildet, das in der Konvention von Havanna (1928) seine völkerrechtlich verbindliche Form fand. Aber auch andernorts ist das Asyl gelegentlich hingenommen worden: Nach der Niederschlagung des ungarischen Aufstands durch sowjetische Truppen im Herbst 1956 flüchtete Kardinal Mindszenty in die amerikanische Gesandtschaft in Budapest und blieb dort fünfzehn Jahre.

Am 10. August 1696 lud der portugiesische Gesandte am Kaiserhof, ein Fürst von Ligne, den Kammerherrn Graf Leopold von Hallweil zur Jagd im Wiener Wald ein. Abends kam er ohne seinen Gast zurück. Der Graf habe, so erklärte er, unterwegs Bekannte getroffen und sei mit ihnen nach Baden weitergefahren. Als Hallweil nach mehreren Tagen noch immer nicht aufgetaucht war, schöpften seine Verwandten Verdacht. Man durchsuchte den Wald mit Hunden und fand den Vermißten tot in einer Kiesgrube. Inzwischen war auch ruchbar geworden, daß der Portugiese bei Hallweil erhebliche Spielschulden hatte. Als das Volk sich vor der Gesandtschaft zusammenrottete und die Auslieferung des Mörders verlangte, floh Ligne, als Mönch verkleidet, durch eine Hintertür. In Schottwien wurde er von einem Landjäger aufgegriffen und verhaftet, aber auf Weisung des Kaisers wieder freigelassen. In Lissabon mußte er sich vor Gericht verantworten, das ihn aus Mangel an Beweisen freisprach.

Es erstaunt nicht, daß dieser Teil der diplomatischen Privilegien – die strafrechtliche Immunität – in der Öffentlichkeit auf geringes Verständnis stößt. Auch die Stadtväter von New York drohen in regelmäßigen Abständen damit, die Kraftfahrzeuge der falsch parkenden UNO-Diplomaten abschleppen zu lassen – eine Drohung, die sie allerdings aus wohlerwogenen Gründen niemals in die Tat umgesetzt haben, da die betroffenen Staaten mit Sicherheit Repressalien gegen amerikanische Diplomaten ergreifen würden. Die Furcht vor Repressalien leitete auch die Bundesregierung, als sie im Januar 1983 einem Verwandten des Ajatollah Chomeini, Sadegh Tabatabai, ein Strafverfahren ersparte: Tabatabai war auf dem Flughafen Düsseldorf mit einer nicht ganz unerheblichen Menge von Rauschgift verhaftet worden. Er berief sich darauf, mit einem Geheimauftrag der iranischen Regierung unterwegs zu sein und beanspruchte diplomatischen Status. Das Auswärtige Amt bestätigte die Angaben, so daß Tabatabai freigelassen werden mußte.

Noch unvergessen sind die Ereignisse, die sich im April 1984 vor dem libyschen »Volksbüro« in London zutrugen. Als dort Emigranten gegen den Staatschef Gaddafi demonstrierten, fielen aus dem Botschaftsgebäude Schüsse; mehrere Demonstranten wurden verletzt, eine Polizistin kam ums Leben. Die britische Regierung verlangte zunächst die Auslieferung des Schützen und brach, als diese verweigert wurde, die Beziehungen zu Libyen ab. Im gleichen Augenblick, in dem sich das Flugzeug mit den Angehörigen des »Volksbüros« in die Lüfte erhob, setzte auch die Maschine mit den britischen Diplomaten in Tripolis zum Heimflug an.

Auch die zivilrechtliche Immunität der Diplomaten ist im Prinzip seit Jahrhunderten anerkannt. Eine venezianische Verordnung aus dem Jahre 1339 setzte fest, daß ausländische Gesandte wegen privater Schulden nicht vor Gericht gezogen werden dürften. Im Haag wurde die Abfahrt eines Gesandten durch einen Trommler bekanntgemacht, damit seine Gläubiger Gelegenheit hatten, ihre Außenstände einzutreiben. Um die Zahlung selbst kümmerte sich die niederländische Regierung nicht. Im Jahre 1708 wurde der russische Botschafter in London, Matwejew, wegen unbeglichener Rechnungen bei einigen Kaufleuten verhaftet. Obwohl er auf Befehl der Königin sofort wieder auf freien Fuß gesetzt wurde und der Northern Secretary sich bei ihm entschuldigte, reiste Matwejew beleidigt ab. Der Zwischenfall konnte erst beigelegt werden, nachdem der britische Gesandte in Petersburg dem Zaren vor versammeltem diplomatischen Korps das Bedauern seiner Regierung ausgesprochen hatte.

Heute gehört es zu den weniger angenehmen Pflichten der Protokoll-Abteilungen in den Außenämtern, ungeduldigen Gläubigern beim Inkasso beizustehen und säumige Diplomaten zur Glattstellung ihrer Verbindlichkeiten anzuhalten. Ihrer Durchschlagskraft sind dabei allerdings enge Grenzen gesetzt. Bei hartgesottenen Rückfalltätern bleibt als schärfstes Mittel nur die Erklärung zur Persona non grata.

Glücklicherweise bieten sich manchmal andere Druckmittel. Als die Botschaft der Zentralafrikanischen Republik in Bonn monatelang ihre Wasserrechnung nicht bezahlte, stellten die Stadtwerke den weiteren Zufluß kurzerhand ab – bis auf jeweils 15 Minuten am Vormittag: Die Diplomaten sollten jedenfalls Gelegenheit haben, zur Entgegennahme der Protestnoten im Auswärtigen Amt gewaschen zu erscheinen.

Glanz und Elend der Gipfeldiplomatie

Das Wiener Übereinkommen von 1961 hat den Versuch gemacht, nicht nur die Rechte, sondern auch die Pflichten der Diplomaten zu definieren. Artikel 3 des Abkommens lautet:

Aufgabe einer diplomatischen Mission ist es unter anderem,
a) den Entsendestaat im Empfangsstaat zu vertreten,
b) die Interessen des Entsendestaats und seiner Angehörigen im Empfangsstaat innerhalb der völkerrechtlich zulässigen Grenzen zu schützen,
c) mit der Regierung des Empfangsstaats zu verhandeln,
d) sich mit allen rechtmäßigen Mitteln über Verhältnisse und Entwicklungen im Empfangsstaat zu unterrichten und darüber an die Regierung des Entsendestaats zu berichten,
e) freundschaftliche Beziehungen zwischen Entsendestaat und Empfangsstaat zu fördern und ihre wirtschaftlichen, kulturellen und wissenschaftlichen Beziehungen auszubauen.

Die Vertretung des Souveräns im Ausland gehört zu den ältesten Aufgaben der Diplomatie. Sie umfaßt seit jeher Geschäfte höchst unterschiedlicher Art: Im Jahre 1193 erschienen Nuntien des Kaisers in London, um das Lösegeld – 150 000 Silbermark – für den auf der Burg Trifels gefangengehaltenen König Richard Löwenherz entgegenzunehmen. Anderthalb Jahrhunderte später schickte die Signoria eine diplomatische Mission zum Herzog von Modena, die sich dafür entschuldigte, daß er beim Verlassen Venedigs mit Pfeilen beschossen worden war. Einen ganz ähnlichen Auftrag hatte der »Sühneprinz« Tschun, der 1901 nach Berlin reiste und feierlich für die Ermordung des deutschen Gesandten von Ketteler während des Boxer-Aufstands um Vergebung bat. Noch unangenehmer war die Aufgabe einer venezianischen Delegation, die 1510 mit dem Papst verhandelte: Zwar gelang es ihr, den Kirchenstaat aus der Liga von Cambrai herauszulösen, die den Untergang der Lagunenrepublik beschlossen hatte. Dafür mußten die Herren jedoch stellvertretend für den Dogen Pönitenz und Absolution entgegennehmen, indem sie auf die nackten Schultern gegeißelt wurden.

Vor Erfindung der Fotografie pflegten königliche Brautwerber Emissäre an den Hof der Auserwählten zu schicken, um sich davon zu überzeugen, daß das übersandte Bildnis auch den Tatsachen entsprach. Ein mit einem derartigen Auftrag betrauter Geistlicher berichtete erfreut nach Hause: »In tantum, in quantum oculo religioso inspicere licet, habet.« Zu deutsch: Alles da! Auch Eheschließungen wurden häufig »per procurationem«, das heißt durch einen diplomatischen Stellvertreter vollzogen. Im Jahre 1489 wurde die dreizehnjährige Anna von Bretagne dem deutschen Kronprinzen Maximilian angetraut, indem dessen Gesandter, Wolfgang von Pollheim, in Gegenwart des ganzen bretonischen Hofes sein Bein bis zu den Knien entblößte und in das Bett der schlafenden Prinzessin hineinschob.

Aus dieser Vertretungsfunktion und ihrer Abhängigkeit von Weisungen hat man oft den voreiligen Schluß gezogen, Diplomaten seien an der Gestaltung der Außenpolitik selbst nicht beteiligt, sondern lediglich deren nachgeordnete Vollzugsorgane. Sogar Bismarck, der es eigentlich besser wissen mußte, konnte sich in Augenblicken des Zorns dazu hinreißen lassen, die Angehörigen des auswärtigen Dienstes als »dekorierte Statisten und Briefträger« zu verunglimpfen. Dennoch ist dies nur ein Teil der Wahrheit. In der Praxis gehört nur ein sehr kleiner Ausschnitt der zwischenstaatlichen Beziehungen zur erhabenen Sphäre der »großen Politik«, für die sich der Außenminister oder gar der Regierungschef die Entscheidung vorbehält. Und selbst in diesem Bereich stützt er sich in aller Regel auf die Berichterstattung der Botschaften und das Votum des Ministeriums. Die weit überwiegende Zahl der außenpolitischen Aktionen wird auf Beamtenebene abgewickelt, ohne daß der Minister überhaupt von ihnen erfährt. Die häufig gestellte Frage, wie sich ein Diplomat zu verhalten habe, der mit der Ausführung einer von ihm mißbilligten politischen Grundsatzentscheidung beauftragt sei, geht daher an der Wirklichkeit vorbei: Solche Fälle kommen weitaus seltener vor, als der Laie sich dies vorstellt.

Gewiß hat die Verbesserung der Verkehrs- und Nachrichtenverbindungen den Charakter der diplomatischen Beziehungen grundlegend verändert. Daß ein Benjamin Franklin oder Stratford Canning praktisch ohne Kontakt mit seinem Außenministerium hochpolitische Entscheidungen trifft, wäre heute nicht mehr denkbar. Trotzdem ist die pessimistische Voraussage des französischen Diplomaten und Ibsen-Übersetzers Maurice de Prozor nicht eingetroffen. In seinem 1892 erschienenen Roman ›Die diplomatische Bohème‹ läßt er einen Botschafter sinnieren: »Mit dem Telefon, der Möglichkeit, direkt miteinander zu sprechen, den persönlichen Begegnungen der Staatsmänner wird es bald keine Diplomaten mehr geben, sondern nur noch ein paar Konsuln und Generäle mit Sonderaufträgen. Wir sind eine aussterbende Rasse ...« Von einer derartigen Entwicklung kann keine Rede sein. Im Gegenteil: Überall in der Welt sind die diplomatischen Vertretungen nach Zahl und Umfang sprunghaft angestiegen. Dies ist keineswegs ein Beweis für die Richtigkeit des »Parkinsonschen Gesetzes«, sondern ganz einfach die Folge davon, daß sich die internationalen Beziehungen ungeheuer verdichtet haben und nicht mehr nur die großen Fragen von Krieg und Frieden, von Allianzen und dynastischen Verbindungen umfassen, sondern alle Lebensbereiche von den Industrienormen bis zur Umweltverschmutzung, von der Sprachförderung bis zum Austausch von Wissenschaftlern.

Nicht zu leugnen ist, daß die Gipfeldiplomatie, also die persönlichen Begegnungen zwischen den verantwortlichen Politikern, in den letzten Jahrzehnten erheblich zugenommen hat. John Foster Dulles hat mit seiner »infinite capacity for taking planes« bei vielen Außenministern gelehrige Schüler gefunden. Konrad Adenauer hat im Laufe seiner vierzehnjährigen Amtszeit 78 Auslandsreisen unternommen, darunter 29 nach Frankreich, 11 in die USA, 8 nach England und 5 zum Vatikan. Hans-Dietrich Genscher hatte ihn bereits nach zwei Dienstjahren überflügelt; inzwischen dürfte er es auf gut 500 Auslandsreisen gebracht haben. Daß Friedrich der Große und Maria Theresia sich trotz vierzig gemeinsamer Regierungsjahre nie getroffen haben, kann einen Staatsmann unserer Tage nur mit Fassungslosigkeit erfüllen.

Den Botschaften hat die Reiselust der Regierenden zusätzliche organisatorische Aufgaben eingebracht, wie sie sich zuvor nur bei Staatsbesuchen stellten. Sie reichen von der Zimmerreservierung bis zum Anmieten von Bussen für die den hohen Gast begleitende Journalistenschar, von der Abholung am Flugplatz bis zur Anfertigung dickleibiger Gesprächsmappen, die oft genug ungelesen in den Archiven verschwinden.

Neu ist das Phänomen der Gipfeldiplomatie freilich nicht. Der Bußgang Heinrichs IV. nach Canossa, die Begegnungen Napoleons mit Metternich, Stresemanns mit Briand bis hin zu den Konferenzen von München und Jalta – sie alle sind Beispiele für den Versuch, schwerwiegende außenpolitische Probleme unter Überspringung des normalen diplomatischen Instanzenzuges zu lösen. »Die Leute, die ich, abgesehen von den Franzosen, am wenigsten ausstehen kann«, erklärte Wilhelm II. dem italienischen Botschafter, »sind Diplomaten und Parlamentarier.« Zum Direktor der politischen Abteilung des Auswärtigen Amtes, von Stumm, sagte er: »Ihr Diplomaten seid Scheißkerle, und die ganze Wilhelmstraße stinkt.« Auch wenn sich die heutigen Politiker in der Regel höflicher ausdrücken – im Grunde ihres Herzens sind sie alle felsenfest davon überzeugt, einen besseren Einblick in die internationalen Beziehungen zu haben als die Berufsdiplomaten.

Von den Betroffenen werden diese Vorbehalte auf das herzlichste erwidert. Die meisten Diplomaten stehen der Gipfeldiplomatie mit kaum verhohlener Skepsis gegenüber. Schon Philippe de Commynes warnt in seinen Memoiren vor dem »congressus principum«. Als abschreckendes Beispiel zitiert er die Begegnung Ludwigs XI. mit Heinrich IV. von Kastilien am 28. April 1463 in St. Jean de Luz. Der Spanier trat mit großem Pomp auf; das Boot, mit dem er über den Grenzfluß setzte, trug ein Segel aus Goldstoff. »Die Franzosen sagten, er habe das Tuch aus einer Kirche gestohlen; seine Kleidung mißfiel ihnen, und sie machten sich darüber lustig. Unser König war wie üblich sehr nachlässig gekleidet; er trug einen schäbigen Hut mit einem Medaillon aus Blei. Darüber mokierten sich nun wieder die Spanier und sagten, er tue das aus Geiz. Schließlich trennte sich die Versammlung unter Spott und Sticheleien. Seitdem mochten sich die beiden Könige nicht mehr.«

Zehn Jahre später endete eine Begegnung zwischen Kaiser Friedrich III. und Karl dem Kühnen in Trier ebenfalls mit einer schweren Verstimmung. Zwar einigten sich die beiden Herrscher über die Eheschließung ihrer Kinder Maximilian und Maria. Dem Kaiser ging jedoch die Anmaßung und Prachtentfaltung des Burgunders so auf die Nerven, daß er, ohne ihm Lebewohl zu sagen, abreiste. Um sich zu rächen, überfiel Karl die Stadt Neuß, mußte allerdings nach elfmonatiger Belagerung unverrichteterdinge abziehen.

Daß persönliche Animositäten zwischen Staatsoberhäuptern und Regierungschefs das politische Klima vergiften können, hat die Geschichte häufig genug bewiesen. Die beiderseitige Abneigung, die Wilhelm II. und Eduard VII. einander trotz ihrer nahen Verwandtschaft entgegenbrachten, hat sich auf die deutsch-britischen Beziehungen verhängnisvoll ausgewirkt. Nicht gerade hilfreich für die Arbeit der diplomatischen Missionen waren auch die privaten Spannungen zwischen Bundeskanzler Adenauer und dem amerikanischen Präsidenten Kennedy oder ihren Nachfolgern Schmidt und Carter.

Harold Nicolson macht gegen die Gipfeldiplomatie außer den persönlichen noch andere Gründe geltend: »Solche Besuche erwecken in der Öffentlichkeit Erwartungen, führen zu Mißverständnissen und schaffen Verwirrung. Die Zeit, die diesen Besuchern zur Verfügung steht, reicht nicht immer zu geduldiger und ruhiger Beratung. Die Ehrungen, die einem Minister in einer ausländischen Hauptstadt erwiesen werden, sind körperlich ermüdend, machen ihn eitel und trüben sein Urteil. Sein Wunsch, den Gastgeber nicht zu beleidigen, kann ihn daran hindern, unliebsame Fragen zur Sprache zu bringen, oder ihn veranlassen, bei Meinungsverschiedenheiten ungenau zu sein, was höchst unangenehme Folgen haben kann.«

Sogar Henry Kissinger, der Großmeister der »shuttle diplomacy«, nahm nach seinem Sturz kein Blatt vor den Mund: »Ach, die ›heads of State‹! Sie sind solche ›egomaniacs‹ – bei einem Gipfeltreffen nur von dem Gedanken besessen, mit welchem Ergebnis sie vors Fernsehen treten können. Das sind doch Parteipolitiker. Um so notwendiger sind Diplomaten, die frei sind von Parteieinflüssen.«

In der Tat ist der innenpolitische Erfolgszwang kein guter Ratgeber, sondern eine schwere Hypothek, die auf der Gipfeldiplomatie lastet. Nicht jeder Minister besitzt die Standfestigkeit, mit leeren Händen vor seine Wähler zu treten. Auch die Anwesenheit der Presse ist geduldigen Verhandlungen alles andere als zuträglich; sie verstärkt im Gegenteil die

Neigung, unreife Früchte zu pflücken und sich mit Scheinerfolgen zufriedenzugeben.

Insofern sind die westlichen Demokratien gegenüber der Sowjetunion und ihren Satelliten im Nachteil: Die Machthaber dort brauchen innenpolitische Rücksichten nicht oder doch nur in einem sehr viel geringeren Ausmaß zu nehmen. Deswegen war es – ganz unabhängig vom Inhalt der Ostverträge – ein taktischer Fehler, mit der Einleitung der Verhandlungen einen hochprofilierten Berufspolitiker (Egon Bahr) zu beauftragen und die deutsche Botschaft in Moskau von vornherein aus dem Spiel zu lassen. Wie sich zeigte, wurden Korrekturen des Verhandlungsergebnisses dadurch erheblich erschwert. Einen Botschafter hätte die Bundesregierung dagegen ohne Gesichtsverlust desavouieren können.

Bei der hektischen Gipfeldiplomatie innerhalb des westlichen Bündnisses liegt die Gefahr nicht so sehr darin, daß die Politiker vorzeitig Trümpfe aus der Hand geben. Bedenklich erscheint eher die Erstarrung zum Selbstzweck und zur leeren Routine. So wertvoll es ist, daß sich die verantwortlichen Staatsmänner persönlich kennenlernen – auf die Dauer ist der nicht abreißende Reigen ergebnisloser Konferenzen dem europäischen Gedanken nicht bekömmlich und hat ja bereits in der Öffentlichkeit zu einer gewissen Gleichgültigkeit geführt. Auch die Entscheidungsfreude der Beamten wird durch das ständige Eingreifen der Minister nicht gerade gefördert.

Dennoch wäre es töricht zu leugnen, daß die Gipfeldiplomatie auch ihre positive Seite hat. Commynes selbst bringt einen eindrucksvollen Beleg für ein erfolgreiches Spitzengespräch: Es ist die Begegnung Ludwigs XI. mit dem englischen König Eduard IV. auf der Brücke von Picquigny, die dem Hundertjährigen Krieg ein Ende machte. Nur dem persönlichen Vertrauensverhältnis zwischen den beiden Gastwirtssöhnen Stresemann und Briand war die Auflockerung der festgefahrenen deutsch-französischen Beziehungen zu danken, die im Locarno-Pakt ihren sichtbaren Ausdruck fand. Die Vieraugengespräche des britischen Premierministers Heath mit dem französischen Staatspräsidenten Pompidou am 19. und 20. Mai 1971 schließlich beseitigten dic Pariser Vorbehalte gegen den Eintritt Großbritanniens in die Europäische Gemeinschaft zum 1. Januar 1973.

Alle diese Begegnungen waren auf den üblichen diplomatischen Kanälen sorgfältig vorbereitet worden, so daß sich die persönliche Überzeugungskraft der beiden Kontrahenten in einem genau abgesteckten Rahmen entfalten konnte. Fehlt es an dieser Vorbereitung, dann ist die Gefahr groß, daß das Treffen ausgeht wie das Hornberger Schießen oder wie die Zusammenkunft von Kaiser und Zar am 25. Juli 1905 in Björkö: Die Regierungen beider Länder schoben das von den Monarchen im Alleingang ausgehandelte Abkommen als bedeutungslos beiseite.

In der englischen und französischen Fassung des Wiener Übereinkommens wird der Begriff »vertreten« durch »represent« beziehungsweise »représenter« wiedergegeben. Die beiden Worte umschreiben klarer, als es das Deutsche tut, einen zweiten, umfassenderen Aspekt der Vertretungsfunktion des Diplomaten: die »Repräsentation«. Gerade dieser Aspekt – das Auftreten bei zeremoniellen und gesellschaftlichen Anlässen – ist es, der die Öffentlichkeit am stärksten fasziniert und dem Diplomaten den Ruf eingetragen hat, sein Leben zwischen Ordensverleihungen und Nationalfeiertagen, jedenfalls stets mit einem Cocktailglas in der Hand zuzubringen. Bei Staatsbesuchen unterläßt es die Presse niemals, ihre Leser darüber zu unterrichten, daß der hohe Gast getrüffelten Hasensterz oder Wachtelkremsuppe mit Lachsbällchen zu sich genommen habe.

Nun trifft es gewiß zu, daß Essen und Trinken im diplomatischen Alltag eine nicht unbedeutende Rolle spielen. Das Entzücken der Betroffenen über die nicht abreißenden Tafelfreuden hält sich jedoch in engen Grenzen. Allzu rasch machen sich die gesundheitlichen Nachteile dieser Lebensweise bemerkbar. Auch das Privileg, bei Déjeuners und Dîners immer wieder neue Menschen kennenzulernen, entpuppt sich bei näherem Hinsehen als zweischneidige Angelegenheit. Als der fromme Paul Claudel zum Botschafter in Tokio ernannt wurde, richtete er folgendes Stoßgebet an die Mutter Gottes: »Gib mir die Kraft, die Langeweile, die mich erwartet, mit Gleichmut zu ertragen und die dümmlichen Tischgespräche wie ein Kreuz auf mich zu nehmen.« Auch der frühere britische Botschafter in Kairo und Moskau, Humphrey Trevelyan, klagt in seinem humorvollen Buch ›Diplomatic Channels‹ (1973) über die Öde des äußerlich so glanzvollen gesellschaftlichen Lebens: »Abends muß der Diplomat einen offiziellen Empfang wahrnehmen und ein Dinner, vor dem er sich aus politischen oder persönlichen Gründen nicht drücken kann. Dabei hat er seine ganze Geduld und Menschenliebe aufzubieten, um das Gespräch mit einer Tischnachbarin nicht abreißen zu lassen, mit der ihn keinerlei gemeinsames Interesse verbindet.«

Es hat Diplomaten gegeben, denen das gesellschaftliche Drum und Dran so auf die Nerven fiel, daß sie sich ihm, soweit es eben ging, entzogen. Kaunitz und Holstein gehörten dazu. Im allgemeinen gilt jedoch Palmerstons Regel: »Dining is the life and soul of diplomacy.« Wie im geschäftlichen sind auch im politischen Leben Speise und Trank das Öl, mit dem das Getriebe nun einmal in Gang gehalten wird. Raoul Genet spricht in seinem ›Traité de Diplomatie‹ von der »angenehmen Stimmung, die sich am Ende eines Dîners ausbreitet und aus der eine völkerverbindende Zärtlichkeit emporkeimt«.

Auch das gemeinsame Rauchen gehört dazu. Schon die Indianer wußten um den krampflösenden, Eintracht stiftenden Wert der Friedenspfeife. Das entscheidende Gespräch zwischen Disraeli und Bismarck am 19. Juni 1878, das den festgefahrenen Berliner Kongreß wieder flottmachte, fand »over tobacco« statt. »Ich glaube«, telegrafierte der britische Premierminister an Königin Victoria, »daß ich damit meiner erschütterten Gesundheit den letzten Stoß versetzte, aber ich hielt es für absolut notwendig.«

Nicht ohne Herablassung hat man vom Wiener Kongreß gesagt, er tanze. Und doch hat er Europa eine Friedensordnung beschert, die allen Krisen zum Trotz vierzig Jahre lang vorhielt. Dagegen lehnte es Trotzki bei den Friedensverhandlungen in Brest-Litowsk ab, den »diplomatischen Zirkus« mitzumachen und den Frühstückseinladungen der Mittelmächte zu folgen – wodurch er sich selbst eines wertvollen Gesprächsforums beraubte.

Nicht wenige Diplomaten sind große Feinschmecker. Manche haben sogar ihren Namen – als »Chateaubriand« oder »Bombe Nesselrode« – im goldenen Buch der Kochkunst hinterlassen. Häufig bedienen sie sich der Hilfe eines Küchenmeisters, um Gäste in ihr Haus zu locken und bei Tisch die rechte Atmosphäre zu erzeugen. Der berühmteste war Antonin Carême, den Talleyrand als »chef de bouche« zum Wiener Kongreß mitbrachte. Seine erlesenen Gerichte machten solchen Eindruck, daß ihn der britische Prinzregent abwarb; 1817 mußte er ihn an den Zaren weiterreichen. Lange hat es Carême allerdings in der Fremde nicht ausgehalten: Es war ihm dort zu kalt und düster. Er kehrte nach Paris zurück und beschloß seine Tage beim Bankier Rothschild, dessen Tafel sogar die des Königs in den Schatten stellte.

Auch Herbert Blankenhorn erregte in London mit seinem italienischen Koch Emilio den Neid der Kollegen. Die ›Daily Mail‹ schrieb damals, es gebe drei Einladungen, die man keinesfalls ausschlagen dürfe: bei der Königin, beim Erzbischof von Canterbury und beim deutschen Botschafter.

Daß Spirituosen nicht immer ohne Hintergedanken aufgetischt werden, ist ebenfalls eine alte diplomatische Erfahrung. Bereits 1675 berichtete der kaiserliche Resident in Mainz, Landsee, über den erzbischöflichen Kanzler Mertz, daß er »bei habendem Wein ziemlich herausgeht und gar nicht hinter halten kann«. Auf Adenauers historischer Moskau-Reise im September 1955 nahmen die Mitglieder der deutschen Delegation vor dem Essen jedesmal einen großen Löffel Olivenöl zu sich, um den zu erwartenden alkoholischen Exzessen gewachsen zu sein.

Nicht nur Gastfreundschaft bei Tisch gehört zu den Repräsentationspflichten des Diplomaten. Auch eine herrschaftliche Wohnung, tadellose Garderobe, Zugehörigkeit zu den maßgebenden Klubs – kurz: eine großzügige Lebensführung werden von ihm erwartet. Nur so hat er eine Chance, von der Führungsschicht des Empfangsstaats für voll genommen und als Gesprächspartner akzeptiert zu werden.

Um seinen besonderen Status zu unterstreichen, gab es früher sogar Diplomaten-Uniformen. Seit dem Zweiten Weltkrieg sind sie praktisch überall ausgestorben. Am zähesten haben sich die Russen gegen ihr Verschwinden gesträubt. Den letzten Versuch, die deutschen Diplomaten durch ein spezifisches Kostüm aus dem gemeinen Volk herauszuheben, hat Außenminister von Ribbentrop unternommen. Mit Hilfe seiner Frau und des Bühnenbildners Benno von Arent entwarf er einen dunkelblauen Anzug mit goldenen Knöpfen, silbernen Fangschnüren, Ärmelstreifen, Feldbinde und Dolch, der deutlich von der Admiralsuniform der alten Kriegsmarine inspiriert war, in dem unmilitärische Gestalten jedoch eher wie Hotelportiers oder Schrankenwärter wirkten. Bei offiziellen Empfängen konnte es vorkommen, daß Gäste den falschen Admiral für einen livrierten Diener hielten.

Eine standesgemäße Lebensführung ist freilich nicht umsonst zu haben. In Öffentlichkeit und Presse hat sich die Vorstellung festgesetzt, Diplomaten seien glänzend bezahlt und lebten dementsprechend in Saus und Braus. Das Gegenteil ist der Fall. Von einigen Ölstaaten abgesehen, hält sich die Besoldung der Diplomaten in überaus maßvollen Grenzen. Firmenvertreter und Fernsehkorrespondenten verdienen erheblich mehr. Ein bundesdeutscher Botschaftsrat steht sich nicht besser als ein ins Ausland versetzter Studiendirektor oder Facharbeiter.

Neu ist diese Situation nicht. Klagen über Geldsorgen und Schulden füllen seit den Zeiten Machiavellis diplomatische Berichte und Memoiren. Ein gesondertes Budget für den auswärtigen Dienst gibt es überhaupt erst seit dem 19. Jahrhundert. Bis dahin wurden die Diplomaten, soweit sie überhaupt etwas bekamen, aus der königlichen Privatschatulle besoldet. Am Wiener Hof zog man zu diesem Zweck die Kriegskasse und die sogenannten »Dotalgefälle« heran – Zinsen, die die Mitgift der Infantin Maria, Gemahlin Ferdinands III., abwarf. Bis zum Ersten Weltkrieg galt überall der Grundsatz, daß das Gehalt nur einen Zuschuß darstellte, daß also der Diplomat finanziell unabhängig und in der Lage war, seinen Lebensunterhalt aus eigenen Mitteln zu bestreiten. Der deutsche Botschafter in London verdiente um 1910 jährlich 150000 Mark, in Paris 120000 Mark, in Rom 100000 Mark. Dies klingt recht opulent, schrumpft aber auf bescheidene Proportionen zusammen, wenn man berücksichtigt, daß ein größerer Empfang leicht mit 10000 Mark zu Buche schlug.

Natürlich hat es immer vermögende Diplomaten gegeben, die den dienstlich erforderlichen Lebensstil ohne ängstlichen Blick auf ihr Bankguthaben verschmerzen konnten. Josef Wenzel Fürst Liechtenstein, 1737 bis 1741 kaiserlicher Botschafter in Versailles, ließ sich die Repräsentation bei Ludwig XV. zwei Millionen Gulden kosten; sein Gehalt belief sich auf 4000 Gulden im Jahr. Fürst Chlodwig zu Hohenlohe-Schillingsfürst, 1874 bis 1885 deutscher Botschafter in Paris, stand nach dem soeben zu Ende gegangenen Krieg vor der schweren Aufgabe, die am Nullpunkt angelangten Beziehungen wieder ins Lot zu bringen. Mit üppigen Festen gelang es ihm, das Eis zu brechen; schon nach kurzer Zeit war das Palais Beauharnais wieder ein Zentrum deutsch-französischer Begegnungen. Allerdings mußte er nach Ablauf seines ersten Amtsjahres feststellen, daß ihn der patriotische Einsatz um 168000 Mark erleichtert hatte.

Nur wenigen Glücklichen ist es vergönnt, Defizite in derartiger Höhe mit Nonchalance zu decken. Bevor der Abbé de Bernis 1751 als Botschafter nach Venedig ging, mußte er eine Anleihe von 80000 Pfund aufnehmen, um seinen gesellschaftlichen Verpflichtungen gewachsen zu sein. Die Venezianer selbst zeichneten sich in der Besoldung ihrer Botschafter durch besondere Knauserigkeit aus. Die Betrauung mit einer Auslandsmission galt daher als schwerer Schicksalsschlag, dem sich die Patrizier der Lagunenrepublik nicht selten durch Flucht entzogen.

Als Heinrich V. 1415 drei venezianische Schiffe kaperte, um sie für seine Landung in der Normandie zu verwenden, wollte die Signoria eine Protestgesandtschaft nach London schicken. Sie mußte ihre Absicht aufgeben, da sie niemanden fand, der bereit war, den Auftrag zu übernehmen. 1734 wies ein Sproß der alten Diplomatenfamilie Dietrichstein die ihm angebotene kaiserliche Gesandtschaft in Kopenhagen zurück, da »der Fürst, sein Herr Vater, der ein sehr geiziger Herr, aus Furcht, daß ihm diese seines Sohnes Verschickung gar zu kostbar fallen möchte, nicht darein willigen« wollte.

Weniger vorsichtige Diplomaten sahen sich häufig in schwere finanzielle Unpäßlichkeiten verstrickt. Roderigo Gondesalvi de Puebla, der erste spanische Gesandte in London, wäre um ein Haar im Schuldturm gelandet. Sein Amtsnachfolger, Diego Sarmiento de Acuña, Graf von Gondomar, klagte auf dem Totenbett, die sieben Londoner Jahre hätten ihn zum armen Mann gemacht.

Während der Friedensverhandlungen in Münster und Osnabrück richteten die kaiserlichen Gesandten ein gemeinsames Schreiben an ihren Souverän, in dem sie ihn flehentlich um Gehaltserhöhung baten: »Ob wir uns zwar billig entziehen, Euere Majestät so oft und vielfältig wegen unseres Unterhaltes anzulaufen, so dringet uns doch die äußere Not, worin wir stecken, indem so geraume Zeit schon ohne alle Lebensmittel gelassen worden, daß unser Flehen und Bitten kontinuieren müssen, zumalen es leider nunmehr mit uns so weit kommen, daß, wo nit in kurzem nötige Verhelfung erfolgen sollte, wir mit dem Unserigen ferners nit wissen auszukommen, dabei uns dann billig tief zu Herzen gehet, daß solche unsere Bedürftigkeit nit mehr kann verborgen bleiben, sondern von Tagen zu Tagen je länger je mehr herfür bricht und dero Feinden (welche ihr Mütl damit kühlen) dermaßen bekannt wird, daß wir derentwegen allerhand verkleinerliche Nachrede, so wir lieber stillschweigend vorbeigehen als melden wöllen, darüber leiden müssen.«

Manche Diplomaten versuchten, ihre kärglichen Bezüge durch Nebeneinnahmen aufzubessern. Sir Joseph Williamson, 1674 bis 1678 Staatssekretär, 1697 einer der drei britischen Bevollmächtigten bei den Friedensverhandlungen in Rijswijk, betätigte sich nebenher als Herausgeber der ›London Gazette‹. Graf Spiridione Lusi, Gesandter Friedrichs des Großen in London, beschwerte sich, er sei so schlecht gestellt, daß er sich nicht einmal Pferd und Wagen leisten könne. Friedrich fertigte ihn barsch ab: »Er braucht sich nicht zu genieren. Wenn Er im Mietwagen zu Hofe fährt, so sieht dessenohngeachtet mein Bruder Georg mich hinter Ihm stehen, an der Spitze von 200000 Preußen.« Als Lusi sich damit nicht zufriedengab, erlaubte ihm der König, neben der Gesandtschaft einen Ölhandel zu betreiben, der tatsächlich hübsche Gewinne abwarf.

Gelegentlich kam es auch vor, daß Diplomaten in die Hände von Wucherern fielen. Daß der deutsche Botschafter in London, Hatzfeld, mit dem Berliner Bankhaus Bleichröder in mehr als bedenklicher Verbindung stand, war in der Wilhelmstraße offenes Geheimnis: Bleichröder hatte ihm 400000 Mark geliehen. Weniger feinfühlige Kollegen verzichteten gänzlich auf den Anschein eines Kreditgeschäfts und nahmen die »Handsalbe« – auch »Realdankbarkeit« genannt – ohne überflüssige Verbrämung entgegen. Einem Ausgabenverzeichnis, das der Herzog von Richelieu, 1725 bis 1729 französischer Gesandter in Wien, seinem Minister vorlegte, können wir die Tarife entnehmen, zu denen man am Hofe Karls VI. Freundschaften erkaufte:

»Seit dem 8. Juli 1725 bis zum Jahresende 1726:
1. einem Sekretär, um über die Kuriere und anderes unterrichtet zu werden, jährlich 200 Gulden
2. dem Herrn Rotterstein, Ingenieur, für Festungspläne und andere Auskünfte 400 Gulden
3. dem Baron von Pettekum 900 Gulden
4. verschiedenen Emissären, um über die Demarchen des Herrn Ripperda informiert zu werden, 400 Gulden
5. den beiden Chiffreuren Reidsmann und Swal als halbjährliche Pension 400 Gulden

6. denselben für die Chiffren der kaiserlichen Gesandten im Ausland 300 Gulden
7. dem Sekretär der Kriegskanzlei, um über die Bewegungen und Stärke der Truppen auf dem laufenden zu sein, 300 Gulden
8. verschiedene Geschenke an die Kaiserin und ihre Günstlinge 600 Gulden
9. den Türhütern des Kaisers, um über die geheimen Audienzen unterrichtet zu werden, jährlich 150 Gulden.«

Unübertroffener Meister im Einkassieren von Schmiergeldern war Talleyrand. Nachdem er bei Napoleon in Ungnade gefallen war, suchte er den österreichischen Gesandten Metternich auf und erklärte ihm unverblümt: »Ich bin jetzt frei, und unsere Interessen sind dieselben.« Er bot Österreich seine Dienste an und verlangte dafür »einige hunderttausend Francs«. Das gleiche Angebot unterbreitete er dem Zaren: In einem Brief vom 15. September 1810 forderte er anderthalb Millionen Francs und gab auch den Zahlungsweg an – das Bankhaus Bethmann in Frankfurt. Beide Regierungen zögerten nicht, zuzugreifen und sich die wertvolle Nachrichtenquelle zu erschließen. In den österreichischen Akten figuriert Talleyrand als »X«, in den russischen als »Henry«. Während des Wiener Kongresses ließ er sich vom König von Sachsen, der um den Fortbestand seines Landes bangte, fünf Millionen Francs zahlen; der Großherzog von Baden, der sich in ähnlicher Lage befand, kam mit einer Million davon. Auf der Londoner Konferenz von 1831, wo es um die Errichtung Belgiens ging, nahm er von den Holländern 15000 Pfund gegen das Versprechen, auf eine günstige Grenzziehung hinzuwirken. Vorsichtshalber gab Außenminister Verstolk dem niederländischen Gesandten in London die Weisung: »Da Talleyrand ein Gauner ist, darf die Summe keinesfalls im voraus gezahlt werden.«

In seinen ›Gedanken und Erinnerungen‹ schildert Bismarck einen Versuch der österreichischen Regierung, ihn als Agenten zu gewinnen: »Ich wurde am 29. Januar 1859 zum Gesandten in Petersburg ernannt, verließ Frankfurt aber erst am 4. März und verweilte bis zum 23. desselben Monats in Berlin. Während dieser Zeit hatte ich Gelegenheit, von der Verwendung des österreichischen geheimen Fonds, dem ich bis dahin nur in der Presse begegnet war, einen praktischen

Eindruck zu gewinnen. Im Hotel Royal, wo ich logierte, erhielt ich den Besuch eines Herrn Levinstein. Nachdem er sich durch Vorzeigung eines eigenhändigen Einführungsschreibens des Grafen Buol (Karl Ferdinand Graf Buol-Schauenstein war von 1852 bis 1859 österreichischer Außenminister, d. A.) legitimiert hatte, machte er mir den Vorschlag zur Beteiligung an einem Finanzgeschäft, welches mir ›jährlich 20000 Taler mit Sicherheit abwerfen‹ würde. Auf meine Erwiderung, daß ich keine Kapitalien anzulegen hätte, erfolgte die Antwort, daß Geldeinschüsse zu dem Geschäft nicht erforderlich seien, sondern daß meine Einlage darin bestehen würde, daß ich mit der preußischen auch die österreichische Politik am russischen Hofe befürwortete, weil die fraglichen Geschäfte nur gelingen könnten, wenn die Beziehungen zwischen Österreich und Rußland günstig wären. Mir war daran gelegen, irgendwelches schriftliches Zeugnis über dieses Anerbieten in die Hand zu bekommen, um durch dasselbe dem Regenten den Beweis zu liefern, wie gerechtfertigt mein Mißtrauen gegen die Politik des Grafen Buol war. Ich hielt deshalb dem Levinstein vor, daß ich bei einem so bedenklichen Geschäft doch eine stärkere Sicherheit haben müßte als seine mündliche Äußerung. Er wollte sich nicht dazu verstehen, mir eine schriftliche Zusage zu beschaffen, erhöhte aber sein Anerbieten auf 30000 Taler jährlich. Nachdem ich mich überzeugt hatte, daß ich schriftliches Beweismaterial nicht erlangen würde, ersuchte ich Levinstein, mich zu verlassen, und schickte mich zum Ausgehen an. Er folgte mir auf der Treppe unter beweglichen Redensarten über das Thema: ›Sehen Sie sich vor, es ist nicht angenehm, die kaiserliche Regierung zum Feinde zu haben.‹ Erst als ich ihn auf die Steilheit der Treppe und auf meine körperliche Überlegenheit aufmerksam machte, stieg er vor mir schnell die Treppe hinab und verließ mich.«

Nicht immer ist Bismarck in Gelddingen so keusch gewesen, wie er es hier darstellt. Nach seiner Entlassung scheute er sich nicht, den verbleibenden Rest des Welfenfonds – immerhin 231000 Mark – in die eigene Tasche zu stecken.

Bei den Vereinten Nationen hält sich hartnäckig das Gerücht, einige der afrikanischen Botschafter seien, um finanziell einigermaßen über die Runden zu kommen, in ihrer dienstfreien Zeit als Taxichauffeure tätig. Ob dies nun zutrifft oder nicht – feststeht, daß die Sparwelle der letzten

Jahre bei gleichzeitigem Anstieg der Lebenshaltungskosten viele Diplomaten in eine prekäre Lage gebracht hat. In der Haushaltsdebatte der französischen Nationalversammlung im November 1983 sprach der ehemalige Justizminister Alain Peyrefitte von einer drohenden »clochardisation« des auswärtigen Dienstes.

Im allgemeinen finden die Diplomaten unter den Politikern jedoch wenig Verteidiger. Eine gute Portion Mißgunst und handfeste Vorurteile haben sie – im Gegensatz etwa zu den Landwirten – zu den Stiefkindern der Parlamente werden lassen. Nur so ist es zu erklären, daß zum Beispiel der Repräsentationsfonds der deutschen Botschafter trotz weltweiter Inflation zwölf Jahre lang »eingefroren« wurde. Erst 1987 wurde er in bescheidenem Umfang angehoben. Daß die Werbung nicht nur bei Kraftfahrzeugen und Sekt, sondern auch in der Außenpolitik eine wichtige Rolle spielt, müssen manche Leute noch lernen.

»Die Augen der Republik« nannten die Venezianer ihre beiden Festungen Koroni und Methoni auf der Südseite des Peloponnes, von denen aus der Schiffsverkehr zwischen Türkei und Adria bequem überwacht werden konnte. Mit gleichem Recht könnte man die Diplomaten so bezeichnen. Auch sie sollen Augen und Ohren offenhalten und über das, was sie gehört und gesehen haben, berichten.

Dabei stellen sich – je nach dem Charakter des Landes, in dem sie akkreditiert sind – unterschiedliche Probleme. In einem demokratischen Staat mit freier Presse fragt es sich, ob neben Tageszeitungen, Wochen- und Monatsblättern, Nachrichtenagenturen und Auslandskorrespondenten an einer gesonderten diplomatischen Berichterstattung überhaupt noch Bedarf besteht. Tatsächlich hat der Bundesrechnungshof vor kurzem ein Gutachten abgegeben, demzufolge die deutsche Botschaft in Washington ein Viertel ihres Personals einsparen könnte, wenn sie ihre Berichterstattung den Vertretern der Presse überließe.

Wer so denkt, verrät, daß er den Unterschied zwischen diplomatischer und journalistischer Arbeitsweise nicht begriffen hat. Eine Zeitung, die ihre Meldungen im Stil diplomatischer Berichte abfaßt, würde in kürzester Zeit eingehen. Umgekehrt würde ein Botschafter, der sein Ministerium nach Art einer Nachrichtenagentur mit vermischten Tagesneuigkeiten überschüttet, sehr rasch seines Amtes enthoben werden.

Während der Journalist für ein breites Publikum schreibt, das vom Gegenstand seiner Artikel häufig nur sehr nebelhafte Vorstellungen besitzt, so daß er sich genötigt sieht, dick aufzutragen und die spröde Materie durch effektvolle Zutaten zu würzen, wendet sich der Diplomat an Fachkollegen, denen es nicht auf eine aus dem Zusammenhang gerissene »unerhörte Begebenheit« ankommt, sondern auf die kontinuierliche und umfassende Unterrichtung über alle politisch relevanten Aspekte des Empfangsstaats. Gerade in Ländern mit reichlich sprudelnden Nachrichtenquellen bedarf es einer ordnenden Hand, die das Wesentliche vom Unwesentlichen scheidet und die Stoffmassen analytisch aufbereitet. So viel Zeit hat der von Redaktions- und Sendeterminen gejagte Journalist in aller Regel nicht. Im Verhältnis zum Diplomaten geht es ihm wie Fritz Reuters »Entspekter« Bräsig, der seinem Amtskollegen Hawermann neidlos eingesteht: »In der Fixigkeit war ich dir über, aber in der Richtigkeit warst du mir über.«

Da der Diplomat überdies mit Regierungskreisen in fortlaufendem und engem Kontakt steht, hat er zu vertraulichen Informationen gewöhnlich leichter Zugang als selbst der findigste Journalist. Schließlich darf man nicht vergessen, daß ständige Korrespondenten im Ausland ein Luxus sind, den sich nur wenige Zeitungen leisten können; in zahlreichen Hauptstädten gibt es keinen einzigen. Die grotesk verzerrte Darstellung des Vietnam-Kriegs in den westlichen Medien erklärt sich – abgesehen von ideologischen Voreingenommenheiten – nicht zuletzt aus dieser Tatsache. Kaum ein Berichterstatter war nämlich in Saigon ansässig. Die meisten wohnten in Hongkong, Singapur oder einem anderen Ort mit gehobener Lebensqualität. Von dort unternahmen die Herren gelegentlich Spritztouren an den Kriegsschauplatz. Diese Touren endeten unweigerlich auf der Terrasse des legendenumwobenen Hotels »Continental«, wo genügend Tatarennachrichten feilgeboten wurden, um auch die sensationshungrigste Redaktion zufriedenzustellen.

Gewiß, es gab auch Diplomaten, die mit ähnlich dubiosen Methoden arbeiteten. Metternich erzählt aus seiner Dresdner Zeit, der britische Gesandte Elliot sei ein besonders eifriger Berichterstatter gewesen. Auf Metternichs Frage, wie er es anstelle, das Foreign Office zweimal in der Woche mit Nachrichten zu versorgen, erwiderte er lachend: »Gelangt etwas, das für meine Regierung von Interesse sein könnte, zu meiner Kenntnis, so melde ich es. Erfahre ich nichts, so erfinde ich meine Nachrichten und widerrufe sie durch den folgenden Kurier.«

Eine ernstere Gefahr liegt darin, sich allzusehr auf amtliche Quellen zu verlassen und das, was außerhalb der »diplomatischen Sphäre« angesiedelt ist, zu vernachlässigen. Ein wirklichkeitsnahes Bild kann so niemals zustande kommen. Als leuchtendes Vorbild für eine alle Lebensbereiche umfassende Neugierde hat Herbert Blankenhorn den französischen Botschafter André François Poncet gepriesen: »Er ist eine der bestinformierten Persönlichkeiten in Bonn, weil er sich wie kein anderer für jeden Aspekt des deutschen Lebens – sei er politisch, wirtschaftlich, künstlerisch oder wissenschaftlich – interessiert. Ein wirklich guter Diplomat muß etwas von der Begabung eines Künstlers haben, der sich ganz in die Mentalität der Menschen aller Schichten des Landes, in dem er sich aufhält, versetzen kann, der jeden Vorgang im Land aus einer Gesamtschau der Eigenschaften, Leistungen, Fehler und Irrtümer, Leidenschaften und Ressentiments nachzuempfinden und zu erklären vermag. François-Poncet hat nicht nur jedes wichtige deutsche Buch gelesen, sich um jeden kulturellen Vorgang von Bedeutung, jede neue politische Strömung gekümmert – man möchte ihn einen besseren Kenner deutscher Verhältnisse nennen als manche Deutschen selbst. Er ist in seiner Art eine eigene Erscheinung, weil er nicht – wie so viele seiner Kollegen – in den Fehler verfällt, im Lande, in dem sie akkreditiert sind, sich nur auf die offiziellen Schichten und Gruppen zu verlassen und die andern – in der Opposition, in den Gewerkschaften, in den Universitäten – zu vernachlässigen. All dies findet bei Poncet seine Ergänzung in einer guten Kenntnis des eigenen Landes, seiner Geschichte und Literatur, seiner Liebhabereien, der menschlichen Qualitäten und Schwächen. Nur so ist er in der Lage, das, was er über Deutschland zu berichten hat, auf die Psychologie der Adressaten seiner Berichte in der Heimat abzustimmen, um damit an der Bildung des außenpolitischen Willens der eigenen Regierung mitzuwirken.«

In totalitären Ländern mit gleichgeschalteter Presse ist die Situation völlig anders. Hier liegt das Problem nicht in der Kanalisierung eines alles verschlingenden Nachrichtenstroms, sondern im Gegenteil darin, die wenigen vorhandenen Rinnsale bis auf den letzten Tropfen nutzbar zu machen. Nicht jeder Diplomat widersteht der Versuchung, seine vorgesetzte Behörde mangels gesicherter Fakten mit Gerüchten und Spekulationen zu füttern. Der Könner entwickelt statt dessen einen sechsten Sinn dafür, in offiziellen Verlautbarungen zwischen den Zeilen zu lesen, und mit detektivischem Gespür aus einer unübersehbaren Fülle vereinzelter Mosaiksteine ein politisches Gesamtbild zusammenzutragen. In kommunistischen Ländern erweist sich die Provinzpresse häufig als wertvolle Informationsquelle.

In der diplomatischen Frühzeit, als es nicht einmal eine

gelenkte Parteipresse gab, war der Diplomat auf Methoden der Nachrichtenbeschaffung angewiesen, die sich von denen eines Kundschafters nicht wesentlich unterschieden. Wicquefort nennt ihn denn auch ohne falsche Scham einen »ehrenhaften Spion«. Als Zuträger wurden mit Vorliebe Bediente, Dolmetscher und Beichtväter eingesetzt. Voller Bewunderung berichtete ein französischer Agent 1709 aus Rom: »Der deutsche Botschafter hat alle Kräfte der Kirche in der Hand. Die Kardinäle, Prälaten, Priester, Mönche, der Adel und das Volk – alle spionieren für ihn.« Kein anderer als Casanova bot dem Abbé de Bernis in Venedig geheime Dokumente aus der Wiener Staatskanzlei an. Gegen ein Vierteljahresgehalt von tausend Pfund beschaffte er unter anderem den Vertrag zwischen dem Kaiser und dem Herzog von Modena, in dem es um die militärische Sicherung der Alpenpässe ging.

Die betroffenen Staaten, die sich solcherart zur Zielscheibe diplomatischer Wißbegier gemacht sahen, wehrten sich dagegen, so gut sie konnten. Man stellte den Gesandten »Ehrenbegleiter« zur Seite, um ihren Umgang mit der einheimischen Bevölkerung wo nicht gänzlich zu verhindern, so doch zu kontrollieren. In Venedig wurden, um jeden Annäherungsversuch von vornherein zu unterbinden, die Nachbarn der Gesandten gezwungen, ihr Haus zu verlassen und sich woanders anzusiedeln. Noch heute werden in Moskau die Angehörigen der Botschaften in geschlossenen Wohnblocks – nach Größe und Komfort Sozialwohnungen vergleichbar – untergebracht; am Eingang stationierte Milizionäre registrieren sorgfältig jeden Besucher. Reisen ins Landesinnere sind nur nach vorheriger Genehmigung des Außenministeriums zulässig. Schon nach kurzer Zeit wundert sich der Neuankömmling kaum noch, beim Besuch der Eremitage in einigem Abstand einen ernsten Herrn im Regenmantel zu erblicken, der sich lebhaft für Fragonard und Gainsborough zu interessieren scheint.

Die Sowjets gehen ganz naiv davon aus, daß andere Regierungen ebenso verfahren wie sie selbst, daß also in jeder Botschaft ein gutes Drittel des Personals Spionage betreibt. Darin täuschen sie sich. In den meisten westlichen Ländern sind diplomatischer und Nachrichtendienst säuberlich voneinander getrennt; man legt Wert darauf, daß die Linke nicht weiß, was die Rechte tut. Diese Regelung entspricht den

Vorschriften des Wiener Übereinkommens: Dort wird den Diplomaten jede Nachrichtenbeschaffung »mit rechtmäßigen Mitteln« gestattet. Intern gibt es natürlich zwischen Geheimdiensten und Außenministerien einen regelmäßigen Informationsaustausch. Die Romane John le Carrés, der unter seinem bürgerlichen Namen David Cornwell eine Zeitlang an der britischen Botschaft in Bonn tätig war, verraten, daß ihr Autor über Spionageabwehr und verwandte Themen nicht nur angelesene Kenntnisse besitzt.

Bereits die Venezianer unterschieden zwei Arten der diplomatischen Berichterstattung: Durch die »dispacci« (unser Wort »Depesche«) wurde die Signoria über aktuelle Tagesereignisse auf dem laufenden gehalten; die »relazioni« waren hingegen zusammenfassende Grundsatzberichte, in denen der Gesandte – meist nach Abschluß seiner Mission – ein umfassendes Bild von Land und Leuten entwarf. Diese Einteilung gilt im wesentlichen noch heute, auch wenn angesichts des sprunghaft angestiegenen Schriftverkehrs – im Bonner Auswärtigen Amt gehen jährlich 240000 Telegramme ein – unsere Geduld mit enzyklopädischen Abhandlungen entschieden nachgelassen hat.

Die älteste noch erhaltene Relation stammt aus dem Jahre 1492. Der venezianische Botschafter am französischen Hof, Zaccaria Contarini, entwirft darin ein niederschmetterndes Porträt von Karl VIII.: »Seine Majestät der König von Frankreich ist 22 Jahre alt, klein und mißgestaltet. Er hat ein häßliches Gesicht, große, kurzsichtige Augen, eine viel zu große Adlernase und wulstige Lippen, die meistens offenstehen. Mit den Händen vollführt er fahrige Bewegungen; seine Redeweise ist schleppend. Nach meinem Eindruck, der natürlich ganz falsch sein kann, ist er körperlich und geistig zurückgeblieben.«

Die Signoria legte Wert auf häufige Berichterstattung. Antonio Giustiniani, venezianischer Botschafter in Rom, verfaßte zwischen dem 1. Mai 1503 und dem 30. April 1504 472 Berichte, also mehr als einen pro Tag. Einem Orator, der 1496 nach Neapel geschickt wurde, um dort das Tauziehen um die Thronfolge des kinderlosen Königs Ferdinand zu beobachten, trug die Signoria auf, nicht täglich, sondern stündlich von sich hören zu lassen. Im 17. und 18. Jahrhundert war wöchentliche Berichterstattung üblich, soweit die Kurierverbindungen dies erlaubten. Philipp Graf Kinsky,

Gesandter Karls VI. in London, legte in den ersten dreieinhalb Monaten wegen angeblichen Mangels an Stoff nur neun Berichte vor und wurde deshalb vom Prinzen Eugen streng getadelt.

Im allgemeinen weht der Wind indes aus der entgegengesetzten Richtung. In begreiflicher Überschätzung ihres Postens legen die meisten Missionschefs einen ausgeprägten Mitteilungsdrang an den Tag. Dies gilt vor allem für die Chargés d'Affaires, die die Abwesenheit des Botschafters gern dazu nutzen, um ihr sonst unter dem Scheffel stehendes Licht hell erstrahlen zu lassen. Bismarck sprach verächtlich von der »Tintendiarrhöe der Geschäftsträger«. Als der junge Hatzfeld, Legationssekretär in den Niederlanden, die Aufmerksamkeit des Reichskanzlers durch umfangreiche, feinsinnig stilisierte Berichte auf sich zu lenken suchte, erhielt er von Lothar Bucher, Bismarcks rechter Hand, ein väterlich gehaltenes Privatschreiben: »Seine Exzellenz lasse meinen fleißigen und sorgfältigen Arbeiten volle Anerkennung zuteil werden, stelle mir aber, da die im Haag vorliegenden Fragen nicht gerade sehr interessant werden könnten, freundlich anheim, mich nicht mit so ausführlicher Bearbeitung derselben zu bemühen.«

Auch Graf Berchem, 1883 bis 1886 deutscher Gesandter in Stockholm, überschwemmte das Auswärtige Amt mit wortreichen Berichten. Als er schließlich nicht einmal mehr vor Landschaftsbeschreibungen zurückschreckte, knurrte Bismarck: »Berchem scheint zu glauben, daß er Schweden entdeckt hat.« Daß es sich hier keineswegs um eine ausschließlich deutsche Unart handelt, verrät die Bemerkung des britischen Außenministers Bevin zu den Chiffrierbeamten einer Botschaft: »Ich fühle mit Ihnen. Sie müssen die Berichte Ihres Botschafters verschlüsseln. Ich muß sie lesen.«

Wie Anwälte und Pastoren haben auch die Diplomaten ihren eigenen Stil entwickelt. Vom journalistischen unterscheidet er sich dadurch, daß er Nachrichten nicht durch auftrumpfende Wortwahl interessant zu machen sucht, sondern sie im Gegenteil durch eine unerschöpfliche Fülle einschränkender Floskeln relativiert und abschwächt. Nicht Übertreibung, sondern Understatement ist die Parole. »Vor allem bemühe ich mich«, schreibt bereits Metternich, »um klaren Ausdruck, ruhigen und leidenschaftslosen Vortrag. Jeder Exzeß ist schädlich. Deshalb kann ich Superlative nicht leiden; sie verfälschen den Inhalt. Aus dem gleichen Grund versage ich mir auch blumige Redensarten.«

Nicht immer werden diese goldenen Regeln beachtet. Im Quai d'Orsay war lange ein geistreicher Impressionismus Mode, bei dem die elegante Verpackung eine weitaus wichtigere Rolle spielte als der mitgeteilte Inhalt. Ein britischer Botschafter legte seinen ganzen Stolz darein, jeden seiner Berichte mit einem lateinischen Klassiker zu schmücken; seine Mitarbeiter waren auf ständiger Jagd nach passenden Zitaten. Bernhard Ernst von Bülow, 1873 bis 1879 Staatssekretär des Auswärtigen Amtes und Vater des späteren Reichskanzlers, hätte sich niemals erlaubt, von Monarchen ohne die ihnen zukommenden Titel zu sprechen. Kritische Bemerkungen über gekrönte Häupter hielt er für höchst unpassend; allenfalls hätte er sich dazu verstanden, »gewisse Irrtümer Seiner Majestät des Kaisers Nero« oder »bedauerliche Mißgriffe Seiner Majestät des Königs Herodes« einzuräumen. Was von Stilübungen dieser Art zu halten ist, hat der britische Außenminister Halifax in einer berühmten »minute« unmißverständlich klargemacht. Dort heißt es, Berichte »should be written in plain English, not in imitation of the style of Gibbon«.

Besonders vor zwei Fehlern muß der Diplomat sich hüten. Er muß der Versuchung widerstehen, seiner Regierung nur das zu berichten, was sie zu hören wünscht: Ein Botschafter, der seinem Minister ständig nach dem Munde redet, ist als Ratgeber unbrauchbar. Zum andern muß er zu den inneren Verhältnissen des Gastlandes ausreichend Distanz halten und auch dann klaren Kopf bewahren, wenn sie zur Parteinahme herausfordern. Als der deutsche Generalkonsul in Sofia, von Thielmann, sich 1886 im Streit zwischen der bulgarischen Regierung und dem Zaren allzu stark exponierte, erhielt er von Bismarck einen scharfen Verweis: »Der Herr Reichskanzler bittet Herrn von Thielmann zu antworten, der Bericht mache ihm im ganzen den Eindruck, als ob der Verfasser unter der Last der ehrenvollen, aber in der Politik unanwendbaren Tradition unserer Landsleute stände, ein gemütliches Interesse daran zu nehmen, daß es in dem Lande, bei dem er akkreditiert wäre, nach Recht und Billigkeit herginge. Seine Durchlaucht mache den kaiserlichen Generalkonsul darauf aufmerksam, daß ein staatliches Interesse des Deutschen Reiches daran nicht vorhanden wäre, sondern daß wir die Aufgabe hätten, uns frei zu halten von jedem Schritt, der uns aus der Linie der ausschließlich deutschen Interessen herausschieben könnte. Die Zukunft der Bulgaren könnte für uns ein menschliches, das Land Bulgarien aber kein politisches Interesse haben ...«

Das Gegenstück zu den Berichten bilden die Erlasse und Weisungen des Außenministeriums, auch Instruktionen, in älterer Zeit Reskripte genannt. Auch sie finden wir bereits sehr früh in Venedig: Das älteste erhaltene Dokument, eine Instruktion des Dogen Enrico Dandolo an den Gesandten in Konstantinopel, datiert aus dem Jahre 1198. Da es bis ins 18. Jahrhundert hinein weder Berufsdiplomaten noch Botschaftsarchive gab, mußte jeder Missionschef in seine Aufgaben neu eingewiesen werden. Die Instruktionen zeichneten sich demgemäß durch ungewöhnliche Breite aus. Der österreichische Vertreter bei den Friedensverhandlungen in Aachen (1748), Johann Christoph von Bartenstein, erhielt eine Weisung von 21 Folioseiten mit 104 Anlagen. Leopold I. pflegte wichtige Reskripte selbst zu schreiben; da er eine unleserliche Handschrift hatte, führte dies nicht selten zu peinlichen Rückfragen.

Heutzutage verzichten fast alle auswärtigen Ämter darauf, ihre Botschafter mit Grundsatzinstruktionen zu versehen, und begnügen sich mit Weisungen für den konkreten Einzelfall. Bedauern wird dies nur der Historiker, da auf diese Weise eine Geschichtsquelle von hohem Reiz versiegt ist. Ausgestorben sind auch die sogenannten »ostensiblen Instruktionen« – fingierte Erlasse, die für die Augen des Verhandlungspartners bestimmt waren, um ihm die äußerste Grenze möglicher Konzessionen vorzuspiegeln oder ihn sonst in die Irre zu führen. Dabei konnte es vorkommen, daß sich der Fallensteller in der eigenen Schlinge verfing. Bismarck berichtet von einem solchen Versehen seines österreichischen Kollegen am Frankfurter Bundestag: »Ich überzeugte mich aus dem Inhalt, daß er sich vergriffen und mir ein Schriftstück gegeben hatte, das zwar die fragliche Sache betraf, aber nur für ihn bestimmt und offenbar von einem zweiten ostensiblen begleitet war. Als er wieder eingetreten war, gab ich ihm die Depesche zurück mit der Äußerung, er habe sich versehen, ich würde vergessen, was ich gelesen hätte. Ich habe in der Tat vollkommenes Schweigen über sein Versehen beobachtet und in Berichten oder Gesprächen von dem Inhalt des geheimen Schriftstücks keinen auch nur indirekten Gebrauch gemacht. Seitdem behielt er Vertrauen zu mir.«

Mit der Erfindung der Telegrafie wurde ein Problem gelöst, das den Gesandten früherer Zeiten schweres Kopfzerbrechen bereitet hatte – das der möglichst raschen Übermittlung ihrer Berichte. Davon konnte Entscheidendes abhängen. Am 16. Juni 1812, zwei Tage vor der amerikanischen Kriegserklärung, kündigte Lord Castlereagh dem amerikanischen Geschäftsträger Jonathan Russell an, Großbritannien werde die »Order-in-Council« über die Zwangsrekrutierung ausländischer Seeleute in die Royal Navy widerrufen. Damit war der wichtigste Streitpunkt zwischen London und Washington erledigt. Russells Bericht über seine Unterredung mit Castlereagh erreichte das State Department jedoch erst Wochen später, als die Feindseligkeiten längst im Gange waren. Ähnliches geschah 1914 in den hektischen Tagen vor Ausbruch des Ersten Weltkriegs: Die überaus konziliante serbische Antwort (vom 25. Juli) auf das österreichische Ultimatum (vom 23. Juli) wurde von Wien nicht telegrafisch nach Berlin weitergegeben, sondern mit dem gewöhnlichen Kurier. Wilhelm II. bekam sie erst drei Tage später (am 28. Juli) zu sehen. Sein Kommentar »Damit fällt jeder Kriegsgrund fort« und seine Weisung, nunmehr auf Wien mäßigend einzuwirken, kamen zu spät: Am gleichen Tag erklärte Österreich Serbien den Krieg.

Ein anderes Problem, das unverändert fortbesteht, ist das der Vertraulichkeit der diplomatischen Korrespondenz. Zwar schützt das Völkerrecht seit Jahrhunderten die Unverletzlichkeit des diplomatischen Kuriergepäcks, der Valise. Seit ebenso langer Zeit lassen die Regierungen jedoch nichts unversucht, um Einsicht in den Schriftwechsel der bei ihnen akkreditierten Botschafter zu gewinnen. Dabei schreckte man in den alten Tagen der Diplomatie weder vor Diebstahl noch vor Totschlag zurück. Der Beruf des Kuriers war damals eine lebensgefährliche Angelegenheit; nicht selten glichen seine Reisen einem Abenteuerroman. In ganz Europa berühmt wurde Oberst Townley, der 1849 von Belgrad nach Konstantinopel ritt und dem Sultan die Zusicherung Palmerstons überbrachte, er könne auf den Schutz Großbritanniens rechnen, wenn er die Auslieferung der ungarischen Rebellen verweigere.

Natürlich gab es auch elegantere Methoden, hinter die Geheimnisse des politischen Gegners zu kommen. Als Kaunitz Staatskanzler wurde, interessierte er sich aus naheliegenden Gründen vor allem für die Erlasse Friedrichs des Großen an die preußische Gesandtschaft in Wien. Die Berliner Kuriere wurden durch ansehnliche Geldgeschenke bestochen. An der sächsisch-böhmischen Grenze überließen sie die Valise österreichischen Beamten, die sie in einen Reisewagen nahmen, dort öffneten und während der Fahrt kopierten. In Langenzersdorf, der letzten Poststation vor Wien, wurde die Valise dem Kurier wieder ausgehändigt. Eine Stunde später empfing der preußische Gesandte die Depesche in seinem Palais an der Wollzeile und gleichzeitig Kaunitz die Abschriften am Ballhausplatz. Was Kaunitz nicht wußte: Berlin war über die »Interzepte« sehr wohl im Bilde und füllte den Kurierbeutel gelegentlich mit »Spielmaterial«, um das Wiener Kabinett irrezuführen.

Um ihre diplomatische Korrespondenz gegen die Einsichtnahme durch Unbefugte zu sichern, haben Regierungen von altersher viel Phantasie aufgewandt. In Griechenland kam es vor, daß man geheime Mitteilungen Sklaven auf den geschorenen Kopf schrieb; der Bote wurde erst losgeschickt, nachdem die Haare nachgewachsen waren. Zur Übermittlung eiliger Nachrichten war diese Methode freilich weniger geeignet. Unsichtbare Tinten werden bereits von Herodot erwähnt; auch bei den streng vertraulichen Waffengeschäften, die Beaumarchais namens der französischen Regierung mit den nordamerikanischen Kolonien betrieb, fanden sie Verwendung. Die tschechische Delegation bei den Friedensverhandlungen in Versailles empfing ihre Instruktionen in Seidenknöpfe eingenäht. Bei anderer Gelegenheit wurden weniger appetitliche Behältnisse, etwa Körperöffnungen, als Versteck benutzt.

Am weitesten verbreitet ist jedoch bis heute das Verfahren geblieben, geheime Mitteilungen durch einen nur Eingeweihten verständlichen Buchstaben- oder Zahlencode zu verschlüsseln. Als besonders einfallsreich erwiesen sich die Spartaner. Sie erfanden die sogenannte Skytale – einen Stab, um den sie eine schmale Pergamentrolle wickelten, die dann quer beschriftet wurde. Der abgetrennte Streifen konnte vom Empfänger nur dann gelesen werden, wenn er einen Stab von gleicher Stärke besaß. Weniger kompliziert war die systematische Ersetzung jedes Buchstabens durch den ihm folgenden; nach ihrem Erfinder wird diese Methode »Cäsar« oder, wenn jeweils der übernächste Buchstabe eingesetzt wird, »Doppel-Cäsar« genannt. Im Mittelalter sehr beliebt war das »Benediktiner-Alphabet«, das nur die Vokale durch Konsonanten ersetzte. Der lasterhafte Theofilactus von Tusculum, der 1033 im Alter von fünfzehn Jahren Papst wurde, erscheint in der diplomatischen Korrespondenz der Kurie als »Thfpfklbctxs«.

Häufig vorkommende Worte wurden meist durch feststehende Decknamen wiedergegeben. Eines der ältesten Verzeichnisse dieser Art – »Nomenklator« genannt – stammt von Matteo Argenti, der von 1591 bis 1605 das päpstliche Chiffrenkabinett leitete. Herrschernamen werden in diesem Verzeichnis durch Mönchsorden ersetzt: Der unkundige Leser sollte den Eindruck erhalten, nicht einen politischen, sondern einen harmlosen Briefwechsel von Klosterbrüdern vor sich zu haben. Durch Bestechung verschaffte sich der Botschafter Leopolds I. in Madrid, Graf Pötting, Einblick in die Berichte seines französischen Kollegen Aubusson, doch glückte es ihm nicht, die mit N und V bezeichneten kaiserlichen Minister zu identifizieren, die angeblich mit Ludwig XIV. eine geheime Korrespondenz unterhielten; vergebens erbot sich der Kaiser, für ihre Entdeckung jeden geforderten Preis zu zahlen.

Um die Entschlüsselung weiter zu erschweren, streute man schon früh bedeutungslose Trugzeichen (Blender, vana signa, non-valeurs) in den Text ein. Nach einem anderen Verfahren, der sogenannten »Fensterchiffre«, wurde der unwesentliche Teil der Nachricht durch eine dem Empfänger getrennt übersandte Schablone abgedeckt. Wieder einen anderen Code benutzten die russischen Revolutionäre des 19. Jahrhunderts; als »Dekabristenwürfel« hat er unter Fachleuten eine gewisse Berühmtheit erlangt. In seinem 1563 erschienenen Standardwerk ›De furtivis literarum notis vulgo de ziferis‹ zählt der Physiker Giambattista della Porta nicht weniger als 180 verschiedene Geheimschrift-Systeme auf. Heute verwenden die fortschrittlichen Außenministerien Computer mit wechselnden Codes, die trotz ihrer Kompliziertheit die Ver- und Entschlüsselung in kürzester Zeit erlauben.

Mit der Erfindung des Geldschranks erschienen die

Schränker auf dem Plan, mit der Erfindung des Autos die Automarder, mit der Erfindung der Geheimschrift die »schwarzen Kabinette«. Ihre Aufgabe war es, den Code des politischen Gegners möglichst rasch zu knacken. Manche dieser Dechiffreure – der Venezianer Giovanni Soro, Richelieus Bürochef Rossignol oder der »Ziffernsekretär« Leopolds I., Johann Joseph Neuff – legten dabei bedeutenden Scharfsinn an den Tag. Als führend auf diesem Gebiet galt das zaristische Rußland; die Petersburger Spezialisten entschlüsselten sogar Texte in Sprachen, die sie selbst nicht verstanden. Bismarck erzählt, daß ihm ein russischer Gewährsmann ein Geheimnis anvertraute. Bei der Verabschiedung wandte er sich noch einmal um und sagte: »Meine erste Indiskretion nötigt mich zu einer zweiten. Sie werden die Sache natürlich nach Berlin melden. Benutzen Sie aber dazu nicht Ihre Chiffre Nr. so und so, die besitzen wir seit Jahren, und nach Lage der Dinge würde man bei uns auf mich als Quelle schließen. Außerdem werden Sie mir den Gefallen tun, die kompromittierte Chiffre nicht plötzlich fallenzulassen, sondern sie noch einige Monate zu unverfänglichen Telegrammen zu benutzen.«

Auch der umgekehrte Fall kam vor, daß nämlich derjenige, für den die Mitteilung bestimmt war, sie nicht enträtseln konnte. In der Schlußphase der Friedensverhandlungen von Münster und Osnabrück hing alles davon ab, daß der Kaiser das Verhandlungsergebnis billigte. Als Frist hatten Schweden und Franzosen den 5. Oktober 1647 gesetzt. Am 30. September traf die Antwort aus Wien ein, doch vermochte sie der kaiserliche Gesandte Volmar trotz aller Bemühungen nicht zu entziffern. Er brauche, ließ er die Verhandlungspartner wissen, drei Wochen, um den Schlüssel aus Wien anzufordern. Hierauf wollten sich weder die Franzosen noch die Schweden einlassen. Der savoyardische Gesandte schlug spöttisch vor, den Papst anzurufen, da dieser mit seinem Schlüssel bekanntlich alles binden und lösen könne. Nach mehreren Tagen qualvoller Spannung gelang es Volmar doch, die Instruktion zu deuten: Der Kaiser hatte zugestimmt.

Daß die Kenntnis der gegnerischen Chiffre von kapitaler Bedeutung sein kann, haben sowohl der Erste wie der Zweite Weltkrieg bewiesen. Im Oktober 1914 hatte die russische Marine auf dem Kreuzer »Magdeburg«, der in der Ostsee auf Grund gelaufen war, den Code der Reichsleitung sichergestellt und an die Alliierten weitergegeben. Mit Hilfe dieses Codes wurde in dem berühmten »room 40« der britischen Admiralität das fatale Bündnisangebot des Staatssekretärs Zimmermann an die mexikanische Regierung entschlüsselt. Das entzifferte Telegramm überreichte Außenminister Balfour persönlich dem amerikanischen Botschafter in London. Am 1. März 1917 erschien es – nach Freigabe durch Präsident Wilson – in der amerikanischen Presse. Am 6. April erklärten die Vereinigten Staaten Deutschland den Krieg.

Im Herbst 1940 gelang es den Amerikanern, den japanischen Code »Purple« zu entschlüsseln. Von da an konnten sie nicht nur die Berichte des japanischen Botschafters in Berlin, Oshima, über seine Gespräche mit Hitler lesen, sondern auch die Funksprüche der japanischen Kriegsmarine. Auf diese Weise war die zahlenmäßig unterlegene Navy in der unendlichen Weite des Pazifiks stets im richtigen Augenblick an der richtigen Stelle. In der Schlacht bei Midway konnte sie das Kriegsglück schließlich zu ihren Gunsten wenden.

Gelegentlich stand aber selbst »room 40« vor einem unlösbaren Problem. Nach Ausbruch des Ersten Weltkriegs war – entgegen den Bestimmungen des Völkerrechts – das Gepäck der abreisenden deutschen Diplomaten durchsucht worden. Dabei war man auf eine verdächtige Sammlung von Cocktailrezepten gestoßen. Das Büchlein wanderte in die Admiralität, wo es den Dechiffreuren jedoch nicht besser ging als den germanischen Recken, die sich um das Schwert in Hundings Wohnküche bemühen: »Die Stärksten zogen am Stahl – keinen Zoll entwich es dem Stamm.« Nach dem Krieg wurde das Buch dem Eigentümer mit dem Ausdruck des Bedauerns zurückgegeben. Er war darüber hocherfreut, da es sich um sein Lebenswerk handelte – eben eine Sammlung von Cocktailrezepten.

»Diplomatie«, schreibt Daniele Varè, vor dem Zweiten Weltkrieg italienischer Gesandter in Kopenhagen und Peking, bekanntgeworden als Autor humorvoller Bücher, »ist die Kunst, das zu bekommen, was man haben will – angewandt auf die Außenpolitik.« Fügt man noch die Worte »mit friedlichen Mitteln« hinzu, so kommt in der Tat eine Definition zustande, die den Kern trifft. Durch Verhandlungen ein außenpolitisches Ziel zu erreichen, ist die Krönung des diplomatischen Geschäfts und der Prüfstein für die Geschicklichkeit dessen, der es ausübt.

Dabei kommt es auf die prozedurale Seite manchmal ebenso an wie auf die Durchschlagskraft der Argumente. Ort und Zeit der Verhandlung, Teilnehmerkreis, Verhandlungssprache und Tagesordnung können den Gang der Ereignisse entscheidend beeinflussen.

Ein Vergleich zwischen den Friedensverhandlungen in Wien (1814/15) und Versailles (1919) oder zwischen den Konferenzen in Locarno (1925) und Kaesong (1951) macht dies sofort klar. Die sorglose, festliche Atmosphäre Wiens, das weitab lag von den Schlachtfeldern der napoleonischen Kriege, wurde von allen Beteiligten als wohltuend empfunden. Die nicht abreißende Kette von Empfängen und Bällen und die gastliche Aufnahme der Delegierten – jeder erhielt eine goldene Schnupftabaksdose zum Geschenk und hatte im kaiserlichen Marstall eine Kutsche zu seiner ständigen Verfügung – stiftete zwischen Siegern und Besiegten eine Art Kameraderie und den gemeinsamen Willen, auch schwierige Streitfragen einvernehmlich zu lösen.

Anders in Versailles: Noch wenige Wochen vor Beginn der Friedenskonferenz hatte die Stadt im Feuer deutscher Geschütze gelegen. Daß sich der blutigste Teil des Krieges auf französischem Boden abgespielt hatte, stand jedermann noch in lebhafter Erinnerung. Von Verständigung zwischen Siegern und Besiegten war keinen Augenblick die Rede. Die deutschen Vertreter wurden auf der Straße angepöbelt; von seiten der Gastgeber schlug ihnen der blanke Haß entgegen.

Auch in Kaesong, wo am 10. Juli 1951 die Verhandlungen über die Beendigung des Korea-Kriegs begannen, sahen sich

Südkoreaner und UNO-Delegierte allen möglichen Schikanen ausgesetzt. Die Stadt befand sich in der Hand rotchinesischer Truppen, die nichts unversucht ließen, um ihre Gegner einzuschüchtern und zu demütigen. Drei Monate später wurden die Verhandlungen abgebrochen und in die neutrale Zone nach Panmunjon verlegt. Erst dort kam die Waffenruhe zustande.

In Locarno bemühte sich dagegen die gesamte Bevölkerung, zum Gelingen der Konferenz beizutragen. Jedes Haus hatte geflaggt; über die Straßen waren Transparente mit dem Wort »Pace« gespannt; abends wurden Kerzen ins Fenster gestellt. Der entscheidende Durchbruch in der Frage der deutschen Ostgrenze wurde während einer Bootsfahrt auf dem Lago Maggiore erzielt. Am letzten Sitzungstag drängte sich vor dem Rathaus, wo die Verhandlungen stattfanden, eine erwartungsvolle Menge, die bis zum späten Nachmittag ausharrte. Als Stresemann, Briand und Chamberlain auf der Treppe erschienen, brandete jubelnder Beifall auf. Plötzlich trat Stille ein; den Delegierten wurde eine Gasse gebahnt; alle Männer nahmen den Hut ab. Der deutsche Dolmetscher Paul Schmidt nennt in seinem Erinnerungsbuch ›Statist auf diplomatischer Bühne‹ diese Szene »das Eindrucksvollste, was ich jemals in meiner langen Laufbahn erlebt habe«.

Daß die Schweiz so häufig zum Schauplatz internationaler Konferenzen gewählt wird, hängt natürlich mit ihrer Neutralität zusammen. Keiner der Kontrahenten vergibt sich etwas, wenn er Locarno, Genf oder Lausanne als Verhandlungsort akzeptiert. In früheren Zeiten konnte das Tauziehen um einen beiderseits genehmen Treffpunkt häufig nur dadurch beendet werden, daß man an der Grenze zusammenkam. So wurde der sogenannte Pyrenäen-Friede (1659) zwischen Spanien und Frankreich auf der Fasaneninsel oberhalb der Mündung des baskischen Flusses Bidasoa unterzeichnet. Die Verhandlungen zwischen Napoleon und Alexander I., die dem Frieden von Tilsit vorausgingen, fanden in einem schwimmenden Pavillon statt, den man in die Mitte der Memel bugsiert hatte.

Ebenso wichtig wie die Wahl des richtigen Ortes ist die Wahl des richtigen Zeitpunkts. »Ich bin«, erklärte der siebenundsiebzigjährige Bismarck einer Abordnung der Universität Jena, »von früh auf Jäger und Fischer gewesen, und das Abwarten des rechten Moments ist in beiden Situationen

1866 und 1870 die Regel gewesen, die ich auf die Politik übertragen habe. Ich habe oft lange auf dem Anstand gestanden und habe mich von Insekten umschwärmen und zerstechen lassen müssen, ehe ich zum Schusse kam.«

Diese Jägerregel mißachtete die Reichsregierung gröblich, als sie am 12. Dezember 1916 den Bemühungen Präsident Wilsons um die Beendigung des Weltkrieges durch ein eigenes Friedensangebot zuvorkam. Am 30. Dezember lehnte die Entente den deutschen Vorschlag ab. Die Botschaft Wilsons vom 22. Januar 1917, in der er die Kriegführenden zu einem »Frieden ohne Sieg« aufrief, kam zu spät: Am 8. Januar hatte die Oberste Heeresleitung – gegen das Votum von Reichskanzler Bethmann Hollweg – den uneingeschränkten U-Boot-Krieg beschlossen, der den Abbruch der diplomatischen Beziehungen durch die USA und schließlich ihren Kriegseintritt nach sich zog. Hätte man in Berlin sechs Wochen länger Geduld gehabt und den bereits angekündigten amerikanischen Schritt abgewartet, dann hätten sich die von Amerika wirtschaftlich abhängigen Ententemächte einer Friedenskonferenz schwerlich entziehen können.

Unbestrittener Meister im Abwarten des rechten Augenblicks – dem »Temporisieren«, wie er es nannte – war Metternich. Die behutsame Manier, in der er Österreich 1813 aus dem Bündnis mit Napoleon löste und in die antifranzösische Koalition einfügte, ist noch heute höchster Bewunderung wert. Aber nicht nur von Metternich, auch von den Sowjets können wir Geduld lernen. Da sie, anders als westliche Staatsmänner weder von Wahlterminen noch einer erlebnishungrigen Presse angetrieben werden, können sie sich für Verhandlungen soviel Zeit nehmen, wie sie wollen. Zum Abschluß des österreichischen Staatsvertrages ließen sie sich erst nach sechsjährigem Feilschen herbei. Wer sich unter Zeitdruck auf Verhandlungen mit Moskau einläßt, ist von vornherein in einer schwächeren Position.

Bei multilateralen Konferenzen spielt die Frage des Teilnehmerkreises eine kapitale Rolle. Während der Friedensverhandlungen in Münster und Osnabrück machten Frankreich und Schweden die Zulassung aller Reichsstände zu einer »question préalable«. Damit war, bevor die Sachgespräche überhaupt eröffnet wurden, das Alleinvertretungsrecht des Kaisers für die Angelegenheiten des Reiches bereits erledigt. Nach der gescheiterten, aber publikumswirksamen

Tet-Offensive vom Januar 1968 gelang es den Nordvietnamesen bei den Friedensverhandlungen in Paris, die Teilnahme der von ihnen ausgehaltenen »Nationalen Befreiungsfront« (FNL) durchzusetzen. Damit waren die Vietcong im Bewußtsein der Weltöffentlichkeit als eigenständige, von Hanoi unabhängige Kraft etabliert.

Der entscheidende Grund für die Langlebigkeit der Wiener Kongreßakte lag darin, daß das besiegte Frankreich als gleichberechtigter Partner an den Verhandlungen teilnahm. Aus dem entgegengesetzten Grund hatte der Friede von Versailles nur kurzen Bestand: Sobald es sich dazu in der Lage sah, warf das Deutsche Reich die Fesseln des ihm aufgezwungenen Diktats ab.

Mitunter kann es nützlich sein, seine Partner durch betontes Fernbleiben von einer Konferenz unter Druck zu setzen. De Gaulle hat diese »Politik des leeren Stuhls« in Brüssel mit Erfolg betrieben und verhindert, daß der in den Römischen Verträgen vorgesehene Übergang vom Einstimmigkeits- zum Mehrheitsprinzip in die Tat umgesetzt wurde. Dieses Verfahren hat freilich auch seine Risiken – wie die diplomatische Niederlage der Sowjetunion im Korea-Krieg zeigt: Da sie die Sitzungen des Sicherheitsrats boykottierte, konnten die Vereinten Nationen, ohne ein sowjetisches Veto befürchten zu müssen, die Entsendung eines internationalen Hilfskorps in das bedrängte Südkorea beschließen.

Verhandlungs- und Vertragssprache war seit dem Mittelalter überall das Lateinische. Einige Fachausdrücke – status quo, conditio sine qua non, casus belli, pari passu, ad referendum – haben sich bis heute erhalten. Obwohl der Wiener Hof den »stilus imperii« energisch verteidigte, konnte er doch nicht verhindern, daß mit dem Aufstieg Frankreichs zur europäischen Vormacht auch die französische Sprache das Lateinische verdrängte. Der Westfälische Friede ist noch in Latein abgefaßt, der Pyrenäen-Friede elf Jahre später bereits französisch. Seit Beginn des 18. Jahrhunderts ist das Französische unbestritten die Sprache des internationalen diplomatischen Verkehrs. Selbst Verträge, an denen Frankreich gar nicht beteiligt ist – wie die drei polnischen Teilungen oder der deutsch-russische Rückversicherungsvertrag –, verwenden die »Sprache der Hypokrisie« (wie Friedrich Wilhelm IV. sie zu nennen pflegte). Bis in die sechziger Jahre des 19. Jahrhunderts berichteten sogar die preußischen

Gesandten an das Auswärtige Amt französisch; erst Bismarck schaffte diesen Brauch ab.

Die Monopolstellung des Französischen wurde 1919 auf der Friedenskonferenz von Versailles gebrochen. Vergebens bemühte sich Clemenceau, das Englische und Italienische zwar als Verhandlungssprache zuzulassen, die französische Fassung aber für verbindlich zu erklären. Der Versailler Vertrag ist englisch und französisch abgefaßt, wobei beide Versionen als authentisch gelten.

Heute hat sich die Mehrsprachigkeit von Verhandlungen und Verträgen allgemein durchgesetzt. In den Vereinten Nationen sind Englisch, Französisch, Spanisch, Russisch, Chinesisch und Arabisch gleichberechtigte Verhandlungssprachen, in der Europäischen Gemeinschaft sämtliche Sprachen der Mitgliedstaaten. Damit hat das nach dem Turmbau von Babel eingerissene linguistische Chaos zuletzt auch die Diplomatie erreicht. Bis zum Ersten Weltkrieg waren Dolmetscher nur in Ausnahmefällen – etwa für Verhandlungen mit der Türkei, China oder Japan – erforderlich gewesen. Heute kann praktisch keine internationale Konferenz auf ihre Mitwirkung verzichten.

Dabei ist – anders als in der bildenden Kunst – die Kopie dem Original nicht selten überlegen: Spitzendolmetscher stellen, was Sachkenntnis und intellektuelle Präsenz angeht, die konferierenden Politiker öfter, als man glauben sollte, in den Schatten. Manche von ihnen sind regelrechte Primadonnen mit allen Unarten dieser Zunft. Zu ihnen gehörte Georg Michaelis, der Chefdolmetscher des Auswärtigen Amtes in der Weimarer Republik. Er beherrschte nicht weniger als elf Sprachen. Seine große Stunde schlug, als er bei den Friedensverhandlungen in Versailles ohne Vorbereitung einsprang: Dem Übersetzer der deutschen Delegation, einem alten preußischen Beamten, hatten die alliierten Forderungen buchstäblich die Sprache verschlagen.

Der Preis für die Mehrsprachigkeit ist die Mehrdeutigkeit. In der vielzitierten UNO-Resolution Nr. 242 vom 22. November 1967, in der Israel zum Rückzug aus den während des Sechs-Tage-Krieges besetzten Gebieten aufgefordert wird, spricht die französische Fassung vom »retrait des territoires occupés lors du récent conflit«; in der englischen ist vom »withdrawal from territories occupied in the recent conflict« die Rede. Die erste Fassung (mit bestimmtem Artikel) impliziert den Rückzug aus *allen* besetzten Gebieten; die zweite (ohne ihn) läßt auch die Möglichkeit eines Teilrückzugs zu.

Folgenschwerer noch war die Mehrdeutigkeit der japanischen Reaktion auf das amerikanische Ultimatum vom 26. Juli 1945. Das Kabinett in Tokio votierte mehrheitlich für seine Annahme, wollte jedoch die Übermittlung des – nur durch den Rundfunk bekanntgewordenen – amtlichen Textes abwarten. Auf einer Pressekonferenz gebrauchte Ministerpräsident Suzuki das Wort »mokusatsu« – was sowohl »sich einer Äußerung enthalten« wie »unbeachtet lassen« heißen kann. Die japanische Nachrichtenagentur entschied sich bei der Übersetzung ins Englische für die zweite Möglichkeit, und am nächsten Tag konnte man in der amerikanischen Presse lesen, die japanische Regierung »had decided to ignore the Potsdam ultimatum«. Eine Woche später wurde Hiroshima durch eine Atombombe zerstört.

Von erheblicher Bedeutung für den Gang der Verhandlungen kann die Formulierung der Tagesordnung und die Reihenfolge sein, in der die einzelnen Punkte erörtert werden. In Panmunjon setzte Nordkorea durch, daß die Festlegung der Demarkationslinie *vor* den konkreten Schritten zur Herbeiführung der Waffenruhe behandelt wurde. Die langwierige Diskussion über den ersten Tagesordnungspunkt gab den Nordkoreanern die erwünschte Atempause, um ihre erschütterte Front zu stabilisieren und ihre Verhandlungsposition nachhaltig zu verbessern. Auf der Deutschland-Konferenz in Paris (1951) versuchte die Sowjetunion hartnäckig, die Entmilitarisierung Deutschlands auf die Tagesordnung zu setzen; die Westmächte schlugen statt dessen vor, über »die mit der Wiederherstellung der deutschen Einheit und der Vorbereitung eines Friedensvertrags zusammenhängenden Probleme« zu sprechen. Da sich beide Seiten über die Formulierung nicht einigen konnten, ging die Konferenz nach drei Monaten ergebnislos zu Ende.

Bei den Verhandlungen in Münster und Osnabrück forderten die evangelischen Reichsstände, zunächst sollten die Religionsfragen erörtert werden. Nicht ohne Grund fürchteten sie, die Unterstützung Frankreichs und Schwedens zu verlieren, sobald deren territoriale Ansprüche befriedigt waren. Man einigte sich schließlich auf einen Kompromiß: Religions- und Gebietsfragen wurden »im gleichen Schritt« behandelt. Eine ganz ähnliche Formel, nämlich eine »rotierende Tagesordnung«, war auch die Grundlage der Teststopp-Gespräche zwischen den USA, England und der Sowjetunion: Nachdem die drei Mächte vergeblich versucht hatten, einen allseits akzeptablen Themenkatalog festzulegen, kamen sie überein, die von jeder Seite gewünschten Punkte alternierend jeweils zwei Tage lang zu besprechen. Die Methode hatte Erfolg: Am 5. August 1963 wurde in Moskau das Teststopp-Abkommen unterzeichnet.

Ebenso wie Gerichtsverhandlungen bestehen auch diplomatische Verhandlungen aus einem schriftlichen und einem mündlichen Teil. Gelegentlich kommt es vor, daß sie ausschließlich schriftlich geführt werden – so zum Beispiel die Friedensverhandlungen zwischen Japan und den USA nach dem Zweiten Weltkrieg.

Es gibt vier verschiedene Arten diplomatischer Schriftstücke: die Note, die Verbalnote, die Aide-mémoire und das Non-Paper. Die Note entspricht dem Brief einer Privatperson; sie enthält Anrede und Unterschrift. Gekrönte Häupter nennen sich noch heute »Monsieur Mon Frère« oder »Sir My Brother«; unter republikanischen Staatschefs ist die verdächtig nach Indianerspiel schmeckende Anrede »Großer und guter Freund« im Schwange.

Die Verbalnote läßt hingegen Anrede und Unterschrift weg; sie wird im Regelfall nur gesiegelt. Charakteristisch für diese kurzangebundene Form des diplomatischen Schriftverkehrs ist die durchgehende Verwendung der dritten Person: »Da die königlich serbische Regierung die ihr durch den österreichisch-ungarischen Gesandten am 23. Juli 1914 überreichte Note nicht zufriedenstellend beantwortet hat, sieht sich die k.u.k. Regierung gezwungen, selbst für die Durchsetzung ihrer Rechte und Interessen zu sorgen und zu diesem Zweck zu den Waffen zu greifen. Österreich-Ungarn betrachtet sich daher ab sofort als mit Serbien im Kriegszustand.« Mit diesen dürren Worten (Original in Französisch) begann am 28. Juli 1914 der Erste Weltkrieg.

»Aide-mémoire« nennt man die schriftliche Zusammenfassung mündlich vorgetragener Argumente, die dem Gesprächspartner als Gedächtnisstütze dienen.

Bei verwickelten Verhandlungen kann es vorkommen, daß

eine Partei der anderen einen möglichen Kompromiß signalisiert, ohne sich bereits offiziell auf ihn festlegen zu wollen. In diesen Fällen wird sie ihren Vorschlag in einem formlosen »Non-Paper« ohne Adressat und Absender niederlegen, von dem sie sich jederzeit wieder distanzieren kann. Dieser ursprünglich nur für Zwischenstadien der Verhandlung gedachte Notbehelf hat sich neuerdings auch in die endgültigen Vertragstexte hineingeschlichen: Die Ostverträge von 1970 sind durch ein ganzes Geflecht einseitiger Erklärungen der Bundesregierung mit unklarem Rechtscharakter umrahmt. Als der deutsche Botschafter in Moskau, Allardt, im November 1969 im Namen der Bundesrepublik den Nichtverbreitungsvertrag unterzeichnete und gleichzeitig dem stellvertretenden sowjetischen Außenminister Winogradow eine formlose Erklärung übergab, die Unterschrift bedeute keinen Positionswechsel gegenüber der DDR, bemängelte Winogradow, das Papier sei mit dem Stempel der Botschaft gesiegelt. Nach längerem Wortwechsel ließ sich Allardt eine Schere geben und schnitt den Stempel ab – was in der Presse natürlich zu wilden Spekulationen führte.

Die Schriftform hat den Vorzug der größeren Klarheit; delikate Fragen behandelt man dagegen lieber mündlich. Daß sich Napoleon III. von Bismarck dazu verleiten ließ, seine Absichten auf Belgien schriftlich zu fixieren, war ein schwerer Kunstfehler, durch den sich Frankreich die Unterstützung Englands im Krieg von 1870/71 verscherzte.

Im persönlichen Gespräch kommen die von Bismarck gern zitierten »Imponderabilien« voll zur Geltung: Erst wenn man seinem Verhandlungspartner Aug in Auge gegenübersitzt, können sich Charme und Überzeugungskraft entfalten. Bei den Friedensverhandlungen von 1871, als es um die Abtretung Belforts ging, wurde Bismarck selbst ein Opfer der Rhetorik seines Gegenspielers Thiers: »Ich sehe ihn noch vor mir«, berichtet der französische Außenminister Favre in seinen Erinnerungen, »bleich, aufgeregt, fast zitternd, wie er bald aufstand, bald sich setzte; ich höre noch seine von Schmerz gedämpfte Stimme, seine abgerissenen Sätze, seine gleichzeitig flehende und stolze Rede: ›Nun wohl, Herr Graf, diese Verhandlungen sind nichts als eine Finte. Es hat den Anschein, als ob wir beraten; in Wahrheit sollen wir uns unter Ihr Joch beugen. Wir verlangen von Ihnen den Verzicht auf eine Stadt, die nie zu Deutschland gehört hat. Sie weigern sich. Damit geben Sie zu, daß Sie zu einem Vernichtungskrieg entschlossen sind. Führen Sie ihn! Verwüsten Sie unsere Provinzen, verbrennen Sie unsere Häuser, erwürgen Sie unsere unschuldigen Einwohner! Mit einem Wort: Vollenden Sie Ihr Werk! Wir werden bis zum letzten Atemzug kämpfen. Wir werden unterliegen, aber wir werden jedenfalls nicht entehrt sein.‹« Bismarck gab nach: Belfort blieb französisch.

In seinem lehrreichen Buch ›Die Kunst der Rede und des Gesprächs‹ hat Ludwig Reiners einige Verhaltensregeln für Geschäftsverhandlungen aufgestellt. Er empfiehlt, sich vorher folgende Fragen vorzulegen:

Was will ich erreichen?
Mit welchen Argumenten kann ich meine Absicht durchsetzen?
Mit welchen Einwendungen habe ich zu rechnen?
Wie kann ich sie widerlegen?

Für diplomatische Verhandlungen gilt im wesentlichen das gleiche. Erste Voraussetzung ist die genaue Kenntnis des Verhandlungsgegenstands. Dies scheint selbstverständlich, wird jedoch – wie die oberflächlichen Vorstellungen Präsident Roosevelts über die geographischen Verhältnisse Osteuropas beweisen – keineswegs immer beachtet. Bei den Friedensverhandlungen in Versailles verwechselte Lloyd George Ober- und Niederschlesien; sein Berater Sir Maurice Hankey glaubte, Belgrad sei die Hauptstadt von Bulgarien. Kapital ist auch die richtige Einschätzung des Gegenübers: Daß Roosevelt Stalin für einen im Grunde gutherzigen »Uncle Joe« hielt, hat sich auf den Gang der Weltgeschichte verhängnisvoll ausgewirkt.

Die wichtigste Eigenschaft des guten Unterhändlers – darüber sind sich schon die frühen Autoren einig – ist Geduld. Sie wird vor allem in Verhandlungen mit der Sowjetunion oft auf eine harte Probe gestellt. Die Sowjets haben die aus dem amerikanischen Kongreß bekannte Verschleppungstaktik des »filibustering« in die Diplomatie eingeführt. Es macht ihnen nichts aus, immer wieder dieselben, längst widerlegten Argumente vorzutragen oder, wenn sie damit nicht weiterkommen, die Gespräche monate-, manchmal jahrelang zu unterbrechen. Bei den Repatriierungsverhandlungen im Winter 1957 ließen die Russen die Bonner Delegation acht Monate in schlecht geheizten Hotelzimmern herumsitzen, ohne eine Sitzung einzuberufen. Erst als der Leiter der deutschen Delegation, Lahr, erklärte, wenn man ihn loswerden wolle, müsse man ihn schon ausweisen, bequemten sie sich dazu, das Gespräch wieder aufzunehmen. In der Europäischen Gemeinschaft sind nächtliche Marathonsitzungen seit vielen Jahren üblich. Lahr vergleicht sie mit den blutrünstigen Praktiken des Grand Guignol: »Das Stück ist aus, wenn der letzte Akteur ausgestreckt am Boden liegt.«

Soll der Diplomat immer die Wahrheit sagen? Diese Frage wird in der Fachliteratur seit vielen Jahrhunderten lebhaft diskutiert. Häufig zitiert wird eine Eintragung des englischen Botschafters in Venedig, Sir Henry Wotton, die er 1604 im Gästebuch eines Augsburger Kaufmanns hinterließ: »Legatus est vir bonus, peregre missus ad mentiendum republicae causa.« (Ein Gesandter ist ein anständiger Mann, der ins Ausland geschickt wird, um dort zum Besten seines Landes zu lügen.) Daß es Diplomaten gegeben hat, auf die diese zweifelhafte Definition zutrifft, ist nicht zu leugnen: Nikolaus Pawlowitsch Ignatiew, 1864 bis 1877 russischer Botschafter an der Pforte, erwarb dort den Spitznamen »Menteur Pasha«. Vom gleichen Schlage war Franz von Papen: Bei den Verhandlungen über das Reichskonkordat versuchte er, in die Vertragsurkunde einen Passus einzuschmuggeln, von dem vorher nie die Rede gewesen war. Der Betrug wurde entdeckt, und Papen war seitdem im Vatikan unmöglich.

Die großen Meister des Fachs von Callières bis François-Poncet haben sich anders verhalten. Sie wußten, daß man zwar nicht immer die ganze Wahrheit sagen kann, daß jedoch die dreiste Lüge das Fundament der internationalen Beziehungen zerstört und den Diplomaten dessen beraubt, was er so nötig braucht wie der Fisch das Wasser: Vertrauen. Kein höheres Lob ist denkbar als die Bemerkung Disraelis über Bismarck beim Berliner Kongreß: »Beware of that man, he means what he says.«

Damit ist natürlich nicht gesagt, daß man von vornherein gleich alle seine Karten auf den Tisch legen sollte. Der gute Verhandler wird, wenn es hart auf hart geht, Scheinpositionen aufbauen, um sie später gegen entsprechende Konzessionen der anderen Seite wieder zu opfern. Sehr beliebt ist die Drohung mit vorzeitiger Abreise: In den Moskauer Verhandlungen über die Rückkehr der deutschen Kriegsgefangenen machte Konrad Adenauer mit Erfolg von ihr Gebrauch. Melodramatische Naturen scheuen auch vor gröberen Effekten nicht zurück: Bei den Friedensverhandlungen 1871 schminkte sich (so behauptet jedenfalls Bismarck) Jules Favre bleich, um durch elendes Aussehen mildere Bedingungen herauszuholen. Auch Tränen sind, wie jeder Ehemann weiß, ein beliebtes Druckmittel. Ein wahrer Virtuose auf diesem Gebiet muß Paul Cambon, 1898 bis 1920 französischer Botschafter in London, gewesen sein. Lord Riddle berichtet in seinem Tagebuch über den Ausbruch des Ersten Weltkriegs: »Wir sprachen von Cambon. Lloyd George meint, er ist ein großer Mann. Er hat viel damit zu tun, daß wir in den Krieg gingen. Er kam und weinte, und der deutsche Botschafter kam und weinte, aber er weinte ungeschickt. Cambon weinte wie ein Künstler.«

Alle Kriegslisten helfen jedoch nichts, wenn es den Parteien nicht gelingt, in der Sache selbst zu einem Interessenausgleich zu kommen. Aufgezwungenen Verträgen, die – wie Tilsit oder Versailles – auf die dauernde Schwächung einer Seite abzielen, oder allzu hemmungslos ausgekosteten diplomatischen Triumphen ist kein langes Dasein beschieden. Auch Sieger tun gut daran, das russische Sprichwort zu beherzigen: »Die Wölfe sollen satt werden und die Schafe am Leben bleiben.«

Ein erfahrener französischer Unterhändler pflegte Neulingen einzuschärfen, es gebe drei Arten von Verträgen: »Erstens solche, bei denen beide Seiten glauben, den besseren Teil erwischt zu haben. Diese Verträge sind von kurzer Dauer, denn bald wird eine Seite bemerken, daß sie sich geirrt hat. Zweitens solche, bei denen tatsächlich die eine Seite gewonnen und die andere verloren hat. Auch sie sind von kurzer Dauer, denn der Verlierer wird alles daran setzen, um sich so rasch wie möglich von ihnen loszusagen. Schließlich solche, mit denen beide Seiten unzufrieden sind. Das sind die dauerhaften Verträge, denn bei ihnen sind die Opfer gleich verteilt.«

Wenn es um Geld geht, sind Kompromisse relativ leicht zu finden: Wie beim Teppichhandel trifft man sich ungefähr in der Mitte. Beim Verkauf Alaskas forderte der Unterhändler des Zaren, Baron von Stöckl, 10 Millionen Dollar. Außenminister Seward bot die Hälfte. Man einigte sich auf 7,2 Millionen.

Schwieriger ist es mit ideologischen Konflikten. Der Streit zwischen Juden und Arabern über den besseren Rechtstitel auf Jerusalem scheint mit friedlichen Mitteln kaum lösbar. In einigen Fällen dieser Art hat man versucht, den Konflikt durch Teilung des Streitobjekts (Zypern) aus der Welt zu schaffen oder dadurch, daß man es beiden Parteien vorenthielt (Triest, Danzig). Dauernder Erfolg ist diesen Versuchen nicht beschieden gewesen.

Ein anderes Verfahren, zu einem Kompromiß zu kommen, besteht darin, mehrere Probleme durch ein »Junktim« miteinander zu verbinden – neuerdings sagt man: zu einem »Paket« zusammenzuschnüren – und die Lösung des einen von der Lösung der anderen abhängig zu machen. Die alten Monarchien verfügten dabei über ein Mittel, das Republiken versagt ist – die Heirat: Durch eine eheliche Verbindung der Dynastien Kohl und Honecker wäre die deutsche Frage schwerlich zu bereinigen. Allerdings war auch der Erfolg von Fürstenhochzeiten alles andere als sicher: Die enge Verwandtschaft Napoleons mit dem österreichischen Kaiserhaus oder zwischen Wilhelm II. und Georg V. hat den Ausbruch von Kriegen mitnichten verhindert.

Das klassische Beispiel einer Paketlösung ist der Wiener Friede vom 3. Oktober 1735, der den Polnischen Erbfolgekrieg beendete: Den polnischen Thron bestieg der König von Sachsen, August III. Der gewählte polnische König, Stanislas Leszczyński, erhielt statt dessen Lothringen. Das Haus Lothringen wiederum wurde mit der Toskana entschädigt. Daß die Bevölkerung der betroffenen Gebiete über den Ringtausch nicht befragt wurde, versteht sich nach den Gebräuchen der damaligen Zeit von selbst.

Nach dem Ende der Verhandlungen werden Verträge häufig von den Unterhändlern zunächst nur »paraphiert«. Rechtsverbindlichkeit erlangen sie erst nach der »Ratifikation« durch die beteiligten Regierungen, wobei je nach der Verfassung auch die Zustimmung des Parlaments erforderlich sein kann. Im allgemeinen ist die Ratifikation nur eine Formalität. Aber es gibt auch Ausnahmen: Der amerikanische Kongreß weigerte sich, den von Präsident Wilson unterzeichneten Versailler Vertrag zu ratifizieren. Die Ostverträge konnten den Bundestag erst passieren, nachdem die Regierung Brandt/Scheel einer von der Opposition eingebrachten »Gemeinsamen Entschließung« beigetreten war, in der ein wiedervereinigtes Deutschland ausdrücklich von der Bindung an die Unterschrift freigestellt wurde.

Der Abschluß heiß umkämpfter Verträge gehört zu den Sternstunden der Diplomatie. Auf einem kleinen, auf Kupfer gemalten Bild, das in der Londoner Nationalgalerie hängt, hat Gerard ter Borch die Aussöhnung zwischen Spanien und den Niederlanden im Friedenssaal zu Münster festgehalten, mit der ein achtzigjähriger blutiger Krieg sein Ende fand. Es ist der feierliche Augenblick, in dem beide Seiten den Vertrag beschwören – der spanische Gesandte, Graf Peñaranda, durch Berühren der Bibel, die sechs niederländischen Delegierten mit erhobener Schwurhand. Alle Anwesenden haben die Häupter entblößt. Als der Eid gesprochen war und die Gesandten sich, wie es das Zeremoniell verlangte, umarmten, brachen beide Seiten in Tränen aus.

Von vergleichbarer innerer Dramatik war die Luxemburger Ratssitzung vom 21. auf den 22. Juni 1971, die das jahrelange Tauziehen um den britischen Beitritt zum Gemeinsamen Markt beendete. Um halb fünf Uhr morgens verkündete der Ratspräsident Maurice Schumann: »Meine Herren, ich glaube, wir haben die Tagesordnung erschöpft. Falls keine Einwendungen erhoben werden, schlage ich vor, Mr. Rippon hereinzubitten.« Der britische Delegierte, der die ganze Nacht hindurch im Vorzimmer gewartet hatte, erschien unrasiert, aber glücklich. Der luxemburgische Außenminister Thorn spendierte für die hundertfünfzig Anwesenden Champagner – wie einer von ihnen, Staatssekretär Sigismund von Braun, beschreibt, »just in dem Augenblick, als die Sonne aufging über Aktenbergen, vollen Aschenbechern, kalten Kaffeetassen, warmen Whiskygläsern, übermüdeten, aber frohen Gesichtern«.

Wichtiger noch als die Beendigung von Kriegen ist, zu verhindern, daß sie überhaupt ausbrechen. Über »Krisenmanagement« gibt es, insbesondere seit der Kuba-Krise vom Oktober 1962, eine kaum mehr überschaubare Literatur, deren Wert für die Praxis allerdings fragwürdig ist: Im Ernstfall werden sich Politiker und Diplomaten kaum mit Betrachtungen darüber aufhalten, welche der insgesamt 44 Sprossen der »Eskalationsleiter«, die der Krisenforscher Herman Kahn identifiziert haben will, man soeben erreicht hat.

Über eines sind sich Theoretiker und Praktiker einig: Die erfolgreiche Bewältigung einer Krise setzt voraus, daß auf beiden Seiten die Kontrolle der Ereignisse durch eine zentrale politische Instanz erhalten bleibt. Der Erste Weltkrieg ist nicht zuletzt deshalb ausgebrochen, weil diese politische Kontrolle verlorengegangen und die Diplomatie der drei Ostmächte Deutschland, Österreich und Rußland ins Schlepptau des Militärs geraten war: Im gleichen Augenblick, als Reichskanzler Bethmann Hollweg den Warnungen der Botschaft in London, England werde im Falle eines Krieges nicht neutral bleiben, endlich Glauben schenkte und versuchte, Wien von weiteren Aktionen abzuhalten, drängte Generalstabschef von Moltke seinen österreichischen Kollegen Conrad von Hötzendorf zur sofortigen Generalmobilmachung. Der berühmte Schlieffen-Plan, der immerhin die Verletzung der belgischen Neutralität vorsah und damit unabsehbare politische Konsequenzen heraufbeschwor, wurde dem Auswärtigen Amt offiziell nie zur Kenntnis gebracht.

Seitdem es Militârattachés gibt, wird der Gegensatz zwischen diplomatischer und militärischer Denkweise in den Botschaften selbst ausgetragen. Schon im 18. Jahrhundert schickten die europäischen Höfe gelegentlich Offiziere in fremde Hauptstädte, um Einzelheiten über Feldzüge zu erfahren. Der kaiserliche Botschafter Graf Virmond nimmt 1719 einen Ingenieur-Hauptmann mit nach Konstantinopel, der nach seiner Rückkehr eine ausführliche Relation mit »militärischen observationes« und Ratschlägen für künftige Balkankriege vorlegt. Im Jahre 1806 ernennt Napoleon einen Offizier zum Zweiten Sekretär der Gesandtschaft in

Wien mit dem Auftrag, jeden Monat über Truppenbewegungen und Änderungen der Truppengliederung zu berichten. 1810 folgt Österreich, 1830 Preußen dem französischen Beispiel: Nach der Juli-Revolution wird ein Major von Cler der preußischen Gesandtschaft in Paris zugeteilt; er kann als erster deutscher Militärattaché gelten. Der Titel selbst wird freilich erst 1844 von den Spaniern eingeführt.

Die Aufgaben des Militärattachés sind seit dieser Zeit im wesentlichen gleich geblieben: Er soll den Botschafter in militärischen Fragen beraten; er soll mit den Streitkräften des Gastlands Kontakt halten und über sie berichten; im gegebenen Fall ist er der Verbindungsmann für militärische Zusammenarbeit und Waffengeschäfte.

Daß ein selbstbewußter Militärattaché leicht in Konflikt mit seinem Botschafter kommen kann, liegt auf der Hand. Schon Blücher, der mit dem von Clausewitz geforderten Primat der Politik im Kriege nicht viel anfangen konnte, schimpfte über die »Dispotie der Deplomatiker« und äußerte während des Wiener Kongresses die Befürchtung, was das Schwert errungen habe, werde die Feder verlieren. Auch Erich von Müller, vor dem Ersten Weltkrieg deutscher Marineattaché in London, klagte in einem Brief an Tirpitz über die »Konzessionsmacherei der Tintendiplomaten«. Sein Vorgänger Widenmann hatte in Privatdienstschreiben an das Reichsmarineamt die Ansicht vertreten, die Beziehungen zwischen Berlin und London würden zwar durch den englischen Handelsneid beeinträchtigt, nicht jedoch durch die deutsche Flottenpolitik. Da die Botschaft den genau entgegengesetzten Standpunkt einnahm, wäre es um ein Haar zwischen Widenmann und Botschaftsrat von Kühlmann zu einem Duell gekommen.

Im wilhelminischen Reich, in dem das Militär die Rolle eines Staates im Staate spielte und der Mensch erst beim Reserveleutnant anfing, hatte es ein Botschafter, der nicht selbst der Soldatenlaufbahn entstammte, schwer, sich gegenüber seinem Militärattaché durchzusetzen. Zwar hatte Reichskanzler von Caprivi durch einen Erlaß vom 11. Dezember 1890 (der ihm beim Heer als »Verrat« verübelt wurde) die Immediatberichterstattung der Militärattachés abgeschafft und angeordnet, alle Berichte seien vorher dem Botschafter vorzulegen. Dessenungeachtet fanden die Betroffenen vielerlei Wege, am Missionschef vorbei das Ohr ihres

Obersten Kriegsherrn zu erreichen. In London, wo die Spannungen zwischen Zivilisten und Militärs besonders hohe Wellen schlugen, setzte Tirpitz schließlich durch, daß der lästige Mahner, Botschafter Graf Wolff-Metternich, von seinem Posten entfernt wurde.

Eine besondere Situation bestand in Petersburg. Hier gab es neben dem Militärattaché noch einen »Militärbevollmächtigten«, von den Russen »Pruski Fligeladjutant« genannt. Er war nicht dem Botschafter, sondern unmittelbar dem Zaren attachiert und hatte Weisungen nur vom Kaiser entgegenzunehmen. Auch der Militärbevollmächtigte widerstand nicht immer der Versuchung, Außenpolitik auf eigene Faust zu treiben. Der bekannteste Fall dieser Art war das Telegramm, das General von Werder 1876 im Auftrag des Zaren aus der Sommerfrische Livadia an den Kaiser richtete und in dem er unverblümt die Frage stellte, auf welcher Seite das Deutsche Reich im Falle eines Krieges zwischen Rußland und Österreich stehen werde. Da Deutschland mit beiden verbündet war, ist der Zorn Bismarcks über diese diplomatische Ungeschicklichkeit verständlich.

Heute hat sich in fast allen Ländern die Caprivi-Formel durchgesetzt: Berichte des Militärattachés müssen dem Botschafter vorgelegt werden, der sie zwar nicht anhalten, wohl aber kommentieren kann. Der Gegensatz zwischen Diplomatie und Militär wird dadurch natürlich nicht aufgehoben: Die notorischen Querelen zwischen State Department und Pentagon sind nur ein Beispiel für viele. Als Präsident Roosevelt 1943 in Casablanca – gegen den Rat seines Außenministers Cordell Hull – das Kriegsziel der bedingungslosen Kapitulation durchsetzte, gab er der Weisheit der klassischen Diplomatie, »auf den Zinnen des Erfolges dessen natürliche Schranken zu erkennen« (Mommsen), den Laufpaß. Vieles spricht dafür, daß der Krieg ohne diese verhängnisvolle Maximalforderung schon früher hätte beendet werden können.

Dennoch wäre es falsch, das Verhältnis zwischen Diplomatie und Militär ausschließlich als Gegensatz zu begreifen: Ohne dahinterstehende Macht ist auch die größte diplomatische Verhandlungskunst zum Scheitern verurteilt. Hier liegt der Grundirrtum der Pazifisten: Sie haben nicht verstanden, daß, wer den Frieden will, sich auf den Krieg vorbereiten muß.

Früheren Jahrhunderten galt der Krieg als legitime »Fortsetzung der Politik mit anderen Mitteln«. Auch heute ist er trotz Briand-Kellogg-Pakt und UNO noch keineswegs ausgestorben: Seit 1945 haben über 120 Kriege stattgefunden, die mehr Menschenleben kosteten als der Zweite Weltkrieg. Daß es aber auch in einer Situation, in der beide Seiten den Krieg vermeiden wollen, auf das militärische Gleichgewicht und die gegenseitige Abschreckung ankommt, vor deren düsterem Hintergrund sich die diplomatische Aktivität erst entfalten kann, hat mit besonderer Eindringlichkeit die Berlin-Krise der Jahre 1948/49 bewiesen: Nur die Entschlossenheit der Westmächte, Berlin notfalls auf unbegrenzte Zeit aus der Luft zu versorgen und Störungen des Flugverkehrs mit militärischen Gegenmaßnahmen zu beantworten, veranlaßte die Sowjetunion, die Blockade nach elfmonatiger Dauer abzubrechen und den Versuch, die ganze Stadt ihrem Machtbereich einzugliedern, jedenfalls fürs erste aufzugeben.

Umgekehrt hat die Appeasement-Politik der Briten und Franzosen Hitler nur bestärkt; da ihre Diplomatie von vornherein darauf verzichtete, militärische Alternativen ins Auge zu fassen, blieb sie wirkungslos. »Verhandlungen ohne Waffen«, stellte schon Friedrich der Große fest, »sind wie ein Konzert ohne Noten.« Oder mit den Worten des Marschalls Lyautey: »Man muß sehr viel Macht hinter sich haben, um auf ihren Gebrauch verzichten zu können.«

Hitler verstand sich meisterhaft darauf, seine Verhandlungspartner zu beeindrucken und durch Drohgebärden einzuschüchtern. Als Chamberlain im September 1938 nach Berchtesgaden reiste, rollten während der dreistündigen Fahrt von München auf dem Gegengleis nahezu unausgesetzt Truppentransporte vorüber. Wegen der ständigen Aufmärsche begeisterter Massen beim Besuch ausländischer Außenminister und Regierungschefs hieß die Wilhelmstraße damals im Berliner Volkswitz »Via Spontana«.

Heutzutage sind starke Nerven vor allem im Umgang mit Moskau zu empfehlen. Die sowjetische Diplomatie handhabt das alte Rezept der Wechselbäder von Zuckerbrot und Peitsche mit bewunderungswürdiger Konsequenz. Wie auch in anderen Fällen eifert sie dabei dem Vorbild des Osmanischen Reiches nach, mit dem der Kreml überhaupt so mancherlei gemeinsam hat. 1683 erklärte Sultan Mehmed IV.

dem Kaiser mit folgenden martialischen Worten den Krieg: »Von Gnaden des im Himmel waltenden Gottes verpfänden Wir, Mehmed, glorreicher und allgewaltiger Kaiser von Babylonien und Judäa, des Orients und des Okzidents, Herr aller irdischen und himmlischen Könige, Dir, Cäsar Roms, Unser heiliges Wort, daß Wir im Begriff sind, Dein Ländchen mit Krieg zu überziehen ... Vor allem befehlen Wir Dir, Uns in Deiner Residenzstadt Wien zu erwarten, damit Wir Dich köpfen können. Wir werden Dich sowie alle Deine Anhänger vertilgen. Wir werden Groß und Klein zuerst den grausamsten Qualen aussetzen und dann dem schändlichsten Tod übergeben. Dein kleines Reich will Ich Dir nehmen und seine Bevölkerung von der Erde fegen.«

Kraftausdrücke ähnlicher Art sind auch in diplomatischen Schriftstücken der Sowjetunion zu finden. Daß sich ihr Adressat darin als »Kriegshetzer« und »Verbrecher« bezeichnet findet, ist nicht ungewöhnlich. Am 5. Februar 1963, kurz nach der Unterzeichnung des Elysée-Vertrags, wurde dem deutschen Botschafter in Moskau eine Note ausgehändigt, in der es heißt: »Man kann sich unschwer vorstellen, daß im Falle eines thermonuklearen Krieges die mächtigen und konzentrierten Schläge der Raketen und Kernwaffen unausbleiblich über Westdeutschland hereinbrechen.«

Die Nachrüstungsdebatte des Jahres 1984 hat gezeigt, daß die sowjetische Diplomatie immer noch glaubt, durch Drohung und Einschüchterung außenpolitische Ziele durchsetzen zu können, und bei einem Teil der deutschen Öffentlichkeit hat sie mit ihrer Taktik ja auch Erfolg gehabt. Regierungen tun gut daran, sich gegen derartige Pressionsversuche mit den Worten des alten Rußlandkenners George F. Kennan zu wappnen: »Es ist eine Faustregel für den Umgang mit Russen, daß nur derjenige gut mit ihnen fertig wird, der bewiesen hat, daß er auch ohne sie fertig wird.« Und: »Der Russe ist niemals zugänglicher, als wenn man ihm kräftig auf die Finger geklopft hat.«

Es ist eine Ironie der Geschichte, daß ausgerechnet von Moskau immer wieder Versuche ausgegangen sind, das Rüstungspotential der Großmächte abzubauen. Am 18. Mai 1899 trat auf Betreiben von Zar Nikolaus II. die erste Haager Friedenskonferenz zusammen, an der sechsundzwanzig Staaten teilnahmen. Ihre Ergebnisse waren mager: Fast ein Jahrhundert lang konnte man sich weder über die Abgrenzung zwischen militärischen und zivilen Ausgaben noch über die Verifizierbarkeit von Rüstungsbeschränkungen einigen. Seit 1927 proklamiert die sowjetische Regierung in regelmäßigen Abständen eine »allgemeine und vollständige Abrüstung« – neuerdings mit der von der Dritten Welt dankbar aufgenommenen Variante, man möge zehn Prozent der ersparten Militärausgaben in die Entwicklungshilfe stekken. Eine allgemeine und vollständige Abrüstung dürfte auch in Zukunft ein schöner Traum bleiben. Immerhin hat sich die Sowjetunion 1987 im Abkommen über die Beseitigung der Mittelstrecken-Raketen erstmals bereit gefunden, Kontrollinspektionen zuzulassen.

Idealismus, aufrichtiger politischer Wille und scheinheilige Rhetorik sind gerade auf diesem Gebiet unauflöslich miteinander verquickt. Die Abrüstungsdiplomatie gehört deshalb zu den mühseligsten und undankbarsten Geschäften, die der auswärtige Dienst zu vergeben hat. Immerhin hat es seit dem Zweiten Weltkrieg einige nicht ganz unwesentliche Fortschritte gegeben, neben dem Mittelstrecken-Abkommen vor allem das Teststopp-Abkommen von 1963 und den Atomwaffen-Sperrvertrag von 1968. Das Mittelstrecken-Abkommen zeigt freilich die ganze Problematik der Materie: Ob es ein guter Gedanke war, angesichts der erdrückenden konventionellen Überlegenheit des Warschauer Pakts auf den einzigen Typ von Atomwaffen zu verzichten, der die Sowjetunion von Europa aus bedroht, ist unter westlichen Militärexperten stark umstritten.

Das militärische Patt zwischen den beiden Supermächten hat auch das diplomatische Klima von Grund auf verändert. Anders als in früheren Zeiten werden Konflikte zwischen Ost und West nicht mehr mit Waffengewalt ausgetragen und danach durch einen Friedensvertrag aus der Welt geschafft. Manchmal kommt es zu einem begrenzten Stellvertreterkrieg, in dem beide Seiten die direkte Konfrontation sorgfältig vermeiden. In Mitteleuropa, wo sich Amerikaner und Russen bis an die Zähne bewaffnet gegenüberstehen, hat man einen Modus vivendi gefunden, der den kalten Krieg vor dem Umschlag in einen heißen bewahrt; der Konflikt selbst bleibt ungelöst. Der Streit um die politische Substanz hat sich damit in einen Streit um Worte verwandelt: Ganze Heere von Diplomaten sind damit beschäftigt, über die »richtige« Interpretation der Abmachungen zu wachen und abweichenden Deutungen sofort entgegenzutreten. Für Außenstehende hat diese völkerrechtliche Scholastik etwas vom undurchdringlichen Ritual eines tibetanischen Gottesdienstes; kein Laie wird jemals begreifen, warum wegen der Übersetzung der »Bundesrepublik Deutschland« ins Russische schon Hunderte von Protestnoten gewechselt wurden. Aber solange die diplomatischen Gebetsmühlen den großen Waffengang verhindern, sind sie gewiß das kleinere Übel.

»Für seinen König muß das Volk sich opfern«, heißt es in der ›Jungfrau von Orleans‹, »das ist das Schicksal und Gesetz der Welt.« Tatsächlich war in der guten alten Zeit die Entscheidung über Krieg und Frieden dem Monarchen selbst vorbehalten; die Außenpolitik gehörte zu den »arcana imperii«, die den Pöbel nichts angingen. Auch Richelieu hielt das Geheimnis für die »Seele des diplomatischen Geschäfts«. Als sich der britische Außenminister Canning auf die öffentliche Meinung seines Landes berief, warf Metternich ihm indigniert vor, er strebe nach Volkstümlichkeit – »ein Anspruch, der einem Staatsmann nicht ansteht«. Der Dreibund und die entsprechenden Bündnisvereinbarungen der Ententemächte – diejenigen Abmachungen also, die die Allianzen des Ersten Weltkriegs festlegten – wurden der Öffentlichkeit erst nach dem Kriege bekannt.

Gerade die Geheimdiplomatie, die dem Ersten Weltkrieg vorausging, war es denn auch, die die Öffentlichkeit wachrüttelte und den entscheidenden Umschwung herbeiführte. Ost und West waren gleichermaßen davon überzeugt, daß die Katastrophe hätte vermieden werden können, wenn die Völker über die »Vertragsweberei« (wie der Geheimrat v. Holstein die Lieblingsbeschäftigung der europäischen Kabinette zu nennen pflegte) rechtzeitig ins Bild gesetzt worden wären. Unter den vierzehn Punkten des Präsidenten Wilson forderte gleich der erste: »Die Diplomatie soll stets frei sein und sich vor aller Öffentlichkeit abspielen.« Die Bolschewisten, sonst nicht gerade Parteigänger des amerikanischen Monopolkapitalismus, waren in diesem Fall ganz derselben Meinung: Bei den Friedensverhandlungen in Brest-Litowsk wurden die Reden der sowjetischen Vertreter nach jedem Sitzungstag veröffentlicht. Auch die britische Labour Party verlangte 1918, die bisherige Geheimdiplomatie der Oberklassen durch »public international discussion« zu ersetzen.

Noch ein zweites kam hinzu: Das demokratische Regierungssystem, das sich zunächst in Amerika und England und schließlich in der gesamten westlichen Welt durchsetzte, hatte die natürliche Konsequenz, daß die gewählten Volksvertreter auch in außenpolitischen Fragen mitzureden wünschten. Der »Primat der Außenpolitik«, sofern er in seiner reinen Form je bestanden haben sollte, mußte dem Primat der Innenpolitik weichen.

Daß diese Entwicklung auch ihre Gefahren hatte, können wir bereits bei Tocqueville nachlesen: Unter Bezugnahme auf die USA spricht er der Demokratie die Fähigkeit ab, eine zielbewußte, auf lange Sicht angelegte Außenpolitik zu treiben. Auch George F. Kennan kritisiert den »wohl unheilbaren Charakterzug amerikanischer Staatsmänner, nämlich ihre neurotische Befangenheit und Abhängigkeit von der Stimmung im eigenen Lande; ihre Neigung, Erklärungen abzugeben und Maßnahmen zu ergreifen, die mit dem internationalen Geschehen, auf das sie angeblich gemünzt sind, überhaupt nichts zu tun haben, sondern vielmehr auf die öffentliche Meinung zu Hause, in allerersten Linie auf die Stimmung im Kongreß zielen«. Kennan hat damit ein Übel diagnostiziert, das nicht nur in Amerika anzutreffen ist, sondern überall dort, wo Politikern die Wiederwahl dringender auf den Nägeln brennt als die geduldige Aufdröselung eines diplomatischen Knotens. Je näher die Wahl heranrückt, um so unwiderstehlicher wird der Drang, sich mit publikumswirksamen Scheinerfolgen zufriedenzugeben und ungelöste außenpolitische Probleme zu verharmlosen oder nach Art des Vogels Strauß zu ignorieren.

Natürlich wurde auch nach 1918 die Geheimdiplomatie nicht abgeschafft. Schon die Verhandlungen in Versailles bewiesen, daß ein Friedensvertrag, der unter dem Diktat der öffentlichen Meinung zustande kommt und auf populäre Rachegefühle allzu bereitwillig Rücksicht nimmt, nicht lange Bestand hat. Politische Gespräche, bei denen beide Seiten nicht zum Gegenüber, sondern zum Fenster hinaus reden, führen selten zu dauerhaften Ergebnissen. Immerhin werden seit dem Ersten Weltkrieg internationale Verträge öffentlich registriert – zunächst beim Völkerbund, heute bei den Vereinten Nationen. Darüber hinaus hatte die erfolgreiche Kriegspropaganda der Entente den Mittelmächten schmerzlich vor Augen geführt, daß es nicht genügte, von der Richtigkeit und moralischen Unanfechtbarkeit seiner Außenpolitik durchdrungen zu sein – man mußte auch für sie werben. Der Begriff der »politischen Öffentlichkeitsarbeit« trat auf den Plan und mit ihm in den Botschaften der Presseattaché.

Nun war George Canning keineswegs der erste Politiker,

der die öffentliche Meinung seines Landes in sein Kalkül einbezog. Schon der Investiturstreit zwischen Kaiser und Papst wird von Pamphleten begleitet, mit denen beide Seiten für ihren Standpunkt Propaganda treiben – Propaganda »avant la lettre«: Das Wort wird bekanntlich von der »Congregatio de propaganda fide« hergeleitet, die der Vatikan 1622 zur Verbreitung des rechten Glaubens unter den Heiden und zur Ausrottung der Ketzer ins Leben rief. Im Jahre 1076 richtet Heinrich IV. einen offenen Brief an »Hildebrand, den falschen Mönch«, in dem er Gregor VII. das berühmte dreimalige »Descende!« entgegenschleudert. Innozenz IV. beauftragt die neugegründeten Bettelorden, gegen Friedrich II. zu agitieren. Der Kaiser wehrt sich mit Hilfe fahrender Spielleute; auch Walther von der Vogelweide ergreift für ihn die Feder. Ein Zeitgenosse urteilt über die politische Publizistik Walthers: »Er hât tûsent man betoeret, daz sie habent überhoeret gotes und des bâbstes gebot.«

Nach der Erfindung des Buchdrucks schwillt die Flugschriften-Literatur ins Unermeßliche an. Als Gustav Adolf 1630 in Pommern landet, läßt er unter der Bevölkerung ein Manifest verbreiten mit dem Titel: »Ursachen, warum der durchlauchtigste und großmächtigste Fürst und Herr, Gustavus Adolfus, endlich genötiget ist, mit einem Kriegsheer auf den deutschen Boden sich zu begeben.« Auch Friedrich der Große untermauert seine Ansprüche auf Schlesien durch selbstverfaßte Flugschriften. Den Herausgeber der ›Gazette de Cologne‹, Roderique, der die Sache Österreichs verteidigt, läßt er 1741 durch einen gedungenen Strauchdieb verprügeln. Da sich der wackere Journalist auch hierdurch nicht beirren und von seiner redaktionellen Linie abbringen läßt, wird der preußische Resident in Köln angewiesen: »Soll zu Roderique schicken und ihm sagen lassen, ob ihn der Rücken wiederum jucke und er ohne Schläge zu kriegen nicht leben könne.«

Der Kardinal Richelieu beschäftigte bereits einen Pressereferenten. Es war der Kanonikus François Langlois, der unermüdlich Hetzschriften gegen die Spanier produzierte. Napoleon gründete 1802 eine englische Zeitung, ›The Argus‹, mit der der Gegner jenseits des Kanals auch publizistisch zur Strecke gebracht werden sollte. Die Artikel wurden im Außenministerium geschrieben; Redakteur war ein englischer Emigrant namens Goldsmith – ein Vorläufer jenes »Lord

Haw-Haw« (William Joyce), der während des Zweiten Weltkriegs über den Berliner Rundfunk seine Landsleute zur Fahnenflucht aufrief.

Der erfolgreichste Propagandist in der Geschichte der Diplomatie dürfte Franz von Lisola gewesen sein, 1643 kaiserlicher Resident in London, später in Warschau, Madrid und schließlich im Haag. Als Ludwig XIV. 1667 in die spanischen Niederlande einfällt und damit seine Serie von Annexionskriegen einleitet, geht Lisola sofort zum Gegenangriff über. Noch im gleichen Jahr erscheint sein Pamphlet ›Le bouclier d'Etat et de justice contre le dessein de la monarchie universelle‹ (zu deutsch: ›Schild des Staates und der Gerechtigkeit wider den Plan einer Universalmonarchie‹); es erlebt im Handumdrehen fünf Auflagen. Entsetzt berichtet der französische Gesandte in Berlin, Antoine de Verjus, die Schrift sei geeignet, »uns mehr Feinde in Deutschland zu machen, als alles französische Geld uns dort Freunde machen könnte«. Er versucht, Lisola durch die Behauptung zu diskreditieren, er stehe im Solde der Holländer. Lisola antwortet mit der vielbelachten Spottschrift ›La sauce au Verjus‹ (verjus sind im Französischen unreife Trauben). Aufgebracht verlangt Ludwig XIV., man solle sämtliche Exemplare der beiden Broschüren aufkaufen und die Buchhändler zwingen, den weiteren Vertrieb einzustellen. Als dies mißlingt, gibt er Befehl, dem Verfasser aufzulauern und ihn niederzumachen. Auch dieser Plan schlägt fehl. Insgesamt hat Lisola 22 Schriften verfaßt, in denen er immer wieder vor den Eroberungsgelüsten des Sonnenkönigs warnt. Daß der Kaiser und Spanien sich nach langem Zögern entschlossen, auf seiten der bedrängten Generalstaaten in den Krieg einzugreifen, ist sein Werk.

Zwiespältig war Bismarcks Verhältnis zur Presse. Einerseits hielt er Journalisten grundsätzlich für Menschen, »die ihren Beruf verfehlt haben«. Andererseits war er sich keineswegs zu schade, bei passender Gelegenheit mit Hilfe der Presse die Emotionen der Öffentlichkeit zu schüren: Seine dramatisch zugespitzte Kurzfassung der »Emser Depesche« machte aus einem harmlosen amtlichen Schriftstück ein Kriegsfanal. Auch als Reichskanzler verstand er es, über die ihm nahestehende ›Norddeutsche Allgemeine Zeitung‹ oder die Berliner ›Post‹ Nachrichten in die Öffentlichkeit zu lancieren. Als freilich 1875 die von ihm inspirierte, als Warnung an die französische Adresse gedachte »Krieg-in-Sicht-Krise« außer Kontrolle geriet und sich gegen ihren Urheber kehrte, leugnete Bismarck vor dem Reichstag die Existenz offiziöser Zeitungen und löste das Pressereferat des Auswärtigen Amtes kurzerhand auf.

Eine entschieden unglückliche Hand mit der Presse hatte Wilhelm II. Als er 1908 versuchte, die gestörten deutsch-britischen Beziehungen durch ein Interview mit dem ›Daily Telegraph‹ wieder ins Lot zu bringen, war das Resultat ein Scherbenhaufen. Das Auswärtige Amt war an diesem Desaster keineswegs unschuldig: Der zuständige Vortragende Rat, dem das Interview zur Durchsicht vorgelegt worden war, hatte nicht gewagt, an den kaiserlichen Auslassungen Kritik zu üben.

Auch heute noch ist es Aufgabe der Pressereferenten, die öffentlichen Äußerungen ihrer allerhöchsten Chefs vorzubereiten und unter die Leute zu bringen. Anders als Wilhelm II. neigen demokratische Staatsmänner allerdings kaum zu rhetorischen Extravaganzen. Im Gegenteil: Sie tun alles, um bei ihren Wählern nicht unangenehm aufzufallen. Dies hat zur Folge, daß sich ihre Erklärungen zu außenpolitischen Problemen kaum noch von der vorsichtigen Sprache diplomatischer Kommuniqués unterscheiden. »Moitié communiqué, moitié banalité« pflegte der belgische Außenminister Paul-Henri Spaak derartige Verlautbarungen zu nennen und hatte damit zweifellos den Nagel auf den Kopf getroffen.

Nun hat die kühle Mäßigung des diplomatischen Jargons, wie wir gesehen haben, durchaus ihren guten Sinn. Sie ist keineswegs immer ein Zeichen von Doppelbödigkeit oder Arglist, wie dies offenbar Friedrich der Große unterstellte, als er für die Redaktion einer Note folgende Weisung erteilte: »Wague antwort östereicher Stillus, das nichts bedeutet.« Fachleute können sich verständigen, ohne die Stimme zu erheben oder gar die Regeln der internationalen Höflichkeit zu verletzen.

Wenn diplomatische Gespräche als »nützlich« bezeichnet werden, so weiß jeder Kenner sofort, daß sie ergebnislos verlaufen sind. Teilt eine Regierung einer anderen mit, sie verfolge eine Entwicklung »mit großer Sorge«, so signalisiert sie damit bereits eine deutliche Warnung. Kündigt sie an, sie werde weiteren Aktionen »nicht gleichgültig zusehen«, so ist dies nicht mehr und nicht weniger als eine Drohung mit Gegenmaßnahmen. Selbst die sonst so ruppige Sowjetdiplomatie befleißigt sich im Verkehr mit »Brudervölkern« der herkömmlichen Zurückhaltung. Spricht ein Moskauer Kommuniqué von einem »offenen Meinungsaustausch«, so kann man sicher sein, daß sich die Begegnung am Rande von Tätlichkeiten abgespielt hat.

Eine ähnliche Rolle spielen die Schlagworte, mit denen außenpolitische Ziele umschrieben, verbrämt und propagandistisch vermarktet werden. Es kommt sehr selten vor, daß eine Regierung direkt auf ihr Ziel lossteuert und ohne Umschweife Ansprüche auf fremdes Staatsgebiet erhebt. Im Regelfall beruft sie sich auf »natürliche Grenzen« (die selbstverständlich immer außerhalb des eigenen Territoriums verlaufen), »Lebensraum« oder »produktive Pfänder« – letzteres war die Formulierung, mit der Ministerpräsident Poincaré die Besetzung des Ruhrgebiets durch französische Truppen rechtfertigte. Besonders beliebt ist das Argument der Sicherheit: Friedrich der Große legitimierte damit 1756 seinen Einmarsch in Sachsen ebenso wie die Russen 1979 ihren Einmarsch in Afghanistan.

Nach der zweiten polnischen Teilung am 22. Juli 1793 erklärte die preußische Regierung, mit der Besetzung wolle man Polen vor den schrecklichen Folgen der inneren Zerrüttung und vor dem gänzlichen Untergang bewahren. Zwei Jahre später verkündeten Rußland, Österreich und Preußen: »Durch die Erfahrung von der völligen Unfähigkeit der Polen überzeugt, sich eine feste und sichere Verfassung zu geben, haben die Mächte in ihrer Weisheit und aus Liebe zum Frieden beschlossen, die Republik ganz zu teilen.«

Schlagworte in der Außenpolitik sind nicht besser und nicht schlechter als die Slogans, mit denen Reklameagenturen für Waschmittel und Zigaretten werben. Bedenklich wird die Sache erst, wenn der Werbetexter selbst an den »weißen Riesen« oder den »Duft der großen weiten Welt« zu glauben beginnt. Eine Diplomatie, die die von ihr in die Welt gesetzten Leerformeln wörtlich nimmt und zwischen Substanz und Verpackung nicht mehr zu unterscheiden vermag, wird sich schließlich in einem reinen Verbalismus verlieren.

Der echte Staatsmann ist daran zu erkennen, daß er, ohne in die Kabinettsdiplomatie vergangener Jahrhunderte zurückzufallen, der Presse nicht nach dem Munde redet. Ihm kann nicht geschehen, was im Juli 1909 auf dem Lehrter Bahnhof geschah, wo Reichskanzler Bethmann Hollweg seinen Vorgänger Bülow verabschiedete. Verabredet war, daß das Blitzlicht für die zahlreichen Fotografen zugleich gezündet werden sollte. Der dienstälteste Fotograf gab das Zeichen und schrie (was sich auf die Lederverschlüsse der Objektive bezog): »Deckel ab!« Worauf die beiden Reichskanzler, der scheidende und der neuernannte, gehorsam ihren Zylinder zogen.

Die Wirtschaftsdiplomatie ist einer der ältesten Zweige dieses ehrenwerten Gewerbes, doch hat sie Mühe gehabt, als ebenbürtig anerkannt zu werden. Der Umgang mit Geschäftsmenschen galt lange als nicht standesgemäß und wurde daher einer niederen Kaste von Diplomaten, den Konsuln, überlassen. In der politischen Abteilung des kaiserlichen Auswärtigen Amtes waren 70 Prozent der höheren Beamten adlig, in der – erst 1885 gegründeten – handelspolitischen Abteilung nur 55 Prozent. Es ist kein Zufall, daß der Anstoß zur »Schülerschen Reform«, die auch Bürgerlichen den Aufstieg in Spitzenpositionen des Auswärtigen Amtes ermöglichte, von der hamburgischen Kaufmannschaft ausging: In einer Denkschrift an Reichskanzler Graf Hertling beschwerte sie sich bitter über die unzureichende Förderung ihrer Belange durch die deutschen Auslandsmissionen.

Das mangelnde Verständnis für außenwirtschaftliche Zusammenhänge hatte nicht zuletzt mit der agrarischen Abkunft vieler Diplomaten der Kaiserzeit zu tun. Das Feilschen um Zoll- und Schiffahrtsfragen lag ihnen unendlich fern. Schon Graf Dominikus Andreas Kaunitz, der Onkel des Staatskanzlers und einer der Unterzeichner des Friedens von Rijswijk, klagte 1695 während der zähen Anleiheverhandlungen mit den Holländern, er wolle »lieber sechs Allianzen oder andere Tractaten machen als dergleichen Geldsach negoziieren«. Anders der aus dem dänischen Bürgerstand aufgestiegene langjährige kaiserliche Resident im Haag, Daniel Kramprich: Er war sich nicht zu fein, sogar über Börsenkurse nach Hause zu berichten. 1671 bemühte er sich, wenn auch vergeblich, die Generalstaaten zu einem Verbot der Ausfuhr von Eisen, Stahl und Kupfer in die Türkei zu bewegen.

Inzwischen hat sich die Erkenntnis vom hochpolitischen Kaliber der internationalen Wirtschaftsbeziehungen in allen auswärtigen Ämtern herumgesprochen. Der »Ölschock« des Jahres 1973 dürfte dem letzten Zweifler die Augen geöffnet haben. Auch wenn es in der Europäischen Gemeinschaft dem äußeren Anschein nach um technische Fragen wie den Beitrag Großbritanniens oder den Grenzausgleich für die

Landwirte geht, steht in Wahrheit die Zukunft des Kontinents auf dem Spiel. Nicht zu Unrecht nennt 1977 ein parlamentarisches Gutachten über den britischen auswärtigen Dienst, der »Berrill Report«, die Pflege der Wirtschaftsbeziehungen »the most important and the most multidimensional area of overseas representation«.

Taufrisch ist diese Weisheit nun freilich nicht. Schon vor Karl Marx hat es tieferblickende Geister gegeben, die sich über den ökonomischen Hintergrund der Kreuzzüge, der Kolonisierung Amerikas oder des britischen Kampfes um die Vorherrschaft zur See keiner Täuschung hingaben. Äußerlich war der Deutsche Zollverein nichts weiter als ein finanzrechtlicher Zusammenschluß; viel entscheidender war, daß er die Lösung der deutschen Frage unter preußischem Vorzeichen präjudizierte.

Ein weiterer Grund für die Reserve der klassischen Diplomatie gegenüber dem Außenhandel lag darin, daß er sich – damals wie heute – amtlicher Beeinflussung letztlich entzieht. Der Staat kann allenfalls die Rahmenbedingungen für den Waren- und Geldverkehr festlegen; dieser selbst vollzieht sich – wenn wir von den Staatshandelsländern einmal absehen – auf privater Ebene. So ist es denn auch kein Wunder, daß die Konsuln jahrhundertelang Privatleute waren, die die Wahrnehmung geschäftlicher Interessen und hoheitlicher Aufgaben zwanglos miteinander verbanden.

Das Konsularwesen ist ein Kind der Kreuzzüge. In ihrem Gefolge gründeten französische, italienische und spanische Handelshäuser Niederlassungen im Orient. Die Schlichtung von Streitigkeiten wurde einem gewählten Vertreter der ortsansässigen Kaufmannschaft – »consulmarchand«, »Alderman« oder »Alkalde« genannt – übertragen, der im Rahmen von Vereinbarungen mit dem Gastland, sogenannten Kapitulationen, gewisse Ordnungsfunktionen übernahm. Im Jahre 1251 schloß Ludwig der Heilige mit dem Sultan von Ägypten einen Vertrag, der die Ernennung französischer Konsuln in Alexandria und Tripolis vorsah; den Konsuln wurde die Befugnis zugestanden, nicht nur französische, sondern alle christlichen Kaufleute unter ihren Schutz zu nehmen. Seit 1257 sind die »baiuli«, venezianische Konsuln in Byzanz mit besonders weitgehenden Vollmachten, urkundlich belegt. Den Anfang des britischen Konsularwesens bildet eine Charta Heinrichs IV. aus dem Jahre 1404:

Sie ermächtigt englische Kaufleute in den Hansestädten, aus ihrer Mitte einen »gubernator mercatorum« zu bestimmen, der im Namen des Königs Recht spricht.

Gerade das Beispiel der Hanse macht das Ineinandergreifen von privater und hoheitlicher Tätigkeit, das die Wirtschaftsdiplomatie kennzeichnet, sehr deutlich. Der Zusammenschluß von rund 160 Städten und Handelshäusern – offiziell wurde die Zahl, nicht anders als heute bei den Entwicklungsländern, meist mit 77 angegeben – war so mächtig, daß er auch gekrönten Häuptern seinen Willen aufzuzwingen vermochte. Der englische Lordkanzler John Russel, der immerhin 1550 den Frieden mit Frankreich und vier Jahre später die Heirat der Königin Mary mit Philipp II. zustande gebracht hatte, stöhnte, es sei leichter, sich mit sämtlichen Fürsten der Welt zu einigen als mit hanseatischen Emissären. Für die Respektierung der erstrittenen Privilegien kämpfte die Hanse mit allen Mitteln: Wenn der Abbruch der Handelsbeziehungen und die Stapelverlegung nicht halfen, scheute sie sich nicht, einen Kaperkrieg vom Zaun zu brechen. Die vier Kontore in London, Brügge, Bergen und Nowgorod genossen faktisch diplomatische Immunität. Ihre Vorsteher, die frei gewählten »Älterleute«, vertraten nicht nur die Interessen der Mitglieder gegenüber den lokalen Behörden und einheimischen Geschäftspartnern, sondern waren auch als Handels- und Strafrichter tätig.

Bis ins 19. Jahrhundert hinein bezogen die Konsuln kein festes Gehalt, sondern waren – wie heute noch die Honorarkonsuln – ehrenamtlich tätig. Allerdings durften sie für ihre Amtshandlungen Sporteln einheben. Dies führte zu Unzuträglichkeiten: Nicht immer war der wohlhabendste Bewerber um ein Konsulat auch der geeignetste. 1825 führte Außenminister Canning deshalb die Besoldung der britischen Konsuln ein. Zugleich verbot er ihnen jede private Geschäftstätigkeit. Da die Gehälter jedoch mager blieben, wurde das Verbot einige Jahre später wieder gelockert. Das Foreign Office war auch das erste Außenministerium, das 1864 eine handelspolitische Abteilung einrichtete. Im Jahre 1880 trat an der britischen Botschaft in Berlin der erste Handelsattaché der Welt seinen Dienst an: Es war der Kunsthistoriker Sir Joseph Crowe, der sich mit Werken über die altniederländische und italienische Renaissancemalerei einen Namen gemacht hatte. Im gleichen Jahr verschmolz Frankreich den diplomatischen mit dem konsularischen Dienst. 1918 vollzogen Deutschland, 1924 die USA, 1943 Großbritannien denselben Schritt: Die ungeliebte Wirtschaft hatte sich, jedenfalls auf dem Papier, die Gleichberechtigung mit der »großen Politik« erstritten.

Widersprüche zwischen politischen und wirtschaftlichen Interessen wurden dadurch keineswegs aufgehoben. Ein besonders krasses Beispiel für diese Antinomie liefert die amerikanische Politik gegenüber dem Dritten Reich: Während die Administration in Washington große Mühe darauf verwandte, Deutschland zu isolieren und wirtschaftlich unter Quarantäne zu stellen, stieg General Motors über das Tochterunternehmen Opel zum größten deutschen Panzerproduzenten auf. Der Aufsichtsratsvorsitzende Sloane resümierte die Geschäftsgrundsätze der Unternehmensleitung mit folgenden Worten: »Ein internationaler Konzern mit Beziehungen zur ganzen Welt hat sich ausschließlich an ökonomischen Gesichtspunkten auszurichten, nicht an den politischen Überzeugungen des Managements oder gar einer Regierung.« Ebenso verfuhr Rockefellers Standard Oil Company: Von ihren Verträgen mit der I.G.Farben, die die Lieferung hochwichtiger Rohstoffe für die Aufrüstung der Wehrmacht zum Gegenstand hatten, erfuhr die amerikanische Regierung erst, nachdem sie in den Krieg eingetreten war.

Damit dergleichen nicht wieder passiert und sich Lenins Prophezeiung: »Die Kapitalisten werden uns selbst den Strick verkaufen, an dem wir sie aufhängen« nicht eines Tages doch bewahrheitet, wurde 1949 ein Coordinating Commitee for East-West Trade Policy (COCOM) gegründet, in dem sich die NATO-Länder und Japan über die Ausfuhr kriegswichtiger Materialien in den Ostblock verständigen. Wo die Grenze zwischen kriegswichtig und harmlos verläuft, ist freilich nicht immer leicht auszumachen: Auch ein Hosenknopf, höhnte Chruschtschow, sei kriegswichtig, denn wenn er an der Uniform fehle, könne der Soldat nur mit einer Hand kämpfen.

Nun ist es für gewöhnlich nicht die Aufgabe der Diplomatie, den Außenhandel zu behindern, sondern im Gegenteil vorhandene Hindernisse aus dem Weg zu räumen. An solchen Hindernissen ist bekanntlich kein Mangel: Zölle, Steuern, technische Normen und sonstige protektionistische

Vorschriften erschweren überall in der Welt den freien Warenverkehr. Gelegentlich greift auch die einheimische Konkurrenz mit Brachialgewalt zur Selbsthilfe und überantwortet einen Lastwagen mit unerwünschten Importen den Flammen.

In all diesen Fällen hat der Wirtschaftsattaché der betroffenen Botschaft die undankbare Aufgabe, den freien Zugang der Güter seines Landes, zumindest aber Nichtdiskriminierung im Vergleich mit Drittstaaten, zu erkämpfen. Gläubiger erwarten von ihm die Beitreibung ihrer Außenstände, Investoren verläßliche Auskünfte über Marktchancen und rechtlichen Schutz vor Doppelbesteuerung und Enteignung. Lorbeeren gewinnen kann der Wirtschaftsattaché mit seiner aufreibenden Tätigkeit nicht: Glückt die Operation, so steckt der Geschäftsmann den Gewinn in die Tasche. Mißlingt sie, bleibt der Exporteur auf seiner Ware sitzen, wird er bei einer Ausschreibung übergangen oder läßt die Rendite einer Investition auf sich warten – in den Augen der Geschäftswelt steht der Schuldige von vornherein fest: die Botschaft.

Mit der Entlassung der Kolonien in die Unabhängigkeit ist ein ganz neuer Zweig der Außenwirtschaftspolitik entstanden, der die Botschaften in Asien, Afrika und Lateinamerika erheblich in Anspruch nimmt – die Entwicklungshilfe. Während sich die Sowjetunion der sogenannten Dritten Welt als »natürlicher Verbündeter« anempfiehlt, im übrigen aber auf Waffenverkäufe und gute Ratschläge beschränkt, lassen sich die westlichen Staaten die Entwicklungshilfe Erkleckliches kosten. Sache der Botschaften ist es, den Empfängern bei der volkswirtschaftlich sinnvollen Anlage der »loans« und »grants« zur Seite zu stehen und gemeinsame Entwicklungsprojekte zu betreuen. Auch dies ist eine Aufgabe, bei der man rasch zwischen zwei Stühle gerät: In seiner Heimat kommt der mit ihr Betraute leicht in den Ruf, sich für törichte Prestigeprojekte einzusetzen; im Lande selbst kann es ihm passieren, daß man ihn für einen neokolonialistischen Besserwisser hält. Dennoch ist es gerade die Entwicklungshilfe, die junge Diplomaten passioniert und manche Unbequemlichkeit und Einbuße an Lebensqualität auf sich nehmen läßt.

Als der kaiserliche Botschafter in Washington, Graf Bernstorff, den Staatssekretär von Kiderlen-Waechter beiläufig fragte, ob er schon jemals außerhalb Europas gewesen sei, antwortete Kiderlen erschrocken: »Nein, Gott sei Dank nie.« Mit einer derart begrenzten Berufserfahrung hätte ein Anwärter des Auswärtigen Amts heutzutage kaum Aussicht, Legationsrat zu werden, geschweige denn Staatssekretär.

Noch größere Hindernisse als die Außenwirtschaftspolitik hat die auswärtige Kulturpolitik überwinden müssen. Im Grunde wird sie noch heute nicht für voll genommen. Viele Staaten verzichten ganz auf sie; andere behandeln sie als Quantité négligeable und bloßen Wurmfortsatz der Pressearbeit. Selbst in Außenämtern, die sich einer eigenständigen Kulturabteilung rühmen, spielt diese meist die Rolle, die in der Zeitung dem Feuilleton zukommt – sie muß sich mit dem Platz »unter dem Strich« zufriedengeben.

Zwar fehlt es nicht an markigen Verlautbarungen über den hohen Rang des Kulturaustauschs: Neben politischen und Wirtschaftsbeziehungen – so ein gern gebrauchtes Bild – stellt er angeblich die »dritte Säule« der Außenpolitik dar. Wenn es jedoch zum Schwur kommt, finden sich die Kulturattachés in der Hierarchie überall niedriger eingestuft als die Hüter der beiden anderen Säulen.

Manche Regierungen bemühen erst gar nicht die Fiktion von der Gleichberechtigung der auswärtigen Kulturpolitik und betrauen mit ihrer Ausführung nicht Diplomaten, sondern Außenseiter. Noch einen Schritt weiter geht der bereits zitierte »Berrill Report«: Ohne falsche Scham schlägt er die Abschaffung des British Council vor. Ausstellungen und Theatergastspiele, so lesen wir dort, seien dem britischen Ansehen sicher förderlich, »but we doubt whether this alters the decisions people take affecting British interests«.

Es stimmt: Die Ergebnisse der auswärtigen Kulturpolitik sind nur selten meßbar; auch stellen sie sich fast immer erst nach längerer Zeit ein. Unmittelbar zu Buche schlagende Erfolge wie die Berliner Olympiade von 1936, mit der Hitler der Welt seine Friedensliebe vorgaukelte, oder die Entsendung amerikanischer Tischtennisspieler nach China, durch die Washington seine Bereitschaft zur Wiederaufnahme des seit Jahrzehnten unterbrochenen Dialogs mit Peking signalisierte, sind rar. Nicht mit jedem Bild läßt sich derselbe Effekt erzielen wie mit der »Mona Lisa«: Als der französische Kultusminister Malraux das Porträt der schönen Florentinerin unter Verstoß gegen alle nur denkbaren konservatorischen Grundsätze nach New York schickte, stand die Stadt kopf: Für einige Monate waren die antiamerikanischen Eskapaden des Generals de Gaulle vergessen.

Aber dies sind, wie gesagt, Ausnahmen. Im Regelfall bedarf die Pflege der internationalen Kulturbeziehungen – nicht anders als der vielgerühmte englische Rasen – eines langen Atems; wer sofort politisch verwertbare Resultate erwartet, wird enttäuscht. Dem Kulturaustausch deshalb die politische Relevanz ganz abzusprechen, ist freilich ein noch größerer Fehler. Ebensowenig wie Individuen lassen sich auch die Völker ausschließlich von ihren Interessen leiten. Im Gegenteil: Sympathien und Antipathien, Gefühle und Vorurteile spielen bei beiden eine nicht zu unterschätzende Rolle.

Es ist eben kein Zufall, daß das isolationistische und pazifistische Amerika in beiden Weltkriegen den bedrängten Briten, denen es sich sprachlich und durch gemeinsame politische Wertvorstellungen verbunden fühlte, zu Hilfe kam. Allen Querelen zum Trotz bleibt der Islam eine Klammer, die die arabischen Länder immer wieder gegen Israel eint. Als Rom sich Europa unterwarf, stieg es auch zum kulturellen Mittelpunkt seines Imperiums auf. Moskau, das »dritte Rom«, hat dies nicht vermocht. Stalins Frage: »Wie viele Divisionen hat der Papst?« ist charakteristisch für ein System, in dem politische und militärische Macht als gleichbedeutend gelten. Die geistigen Eliten der Ostblock-Staaten hat Moskau nie für sich gewinnen können: Wo die Rote Armee nicht kommandiert, ist es auch mit dem politischen Einfluß vorbei.

Das Hohenzollernreich stand vor einem ähnlichen Dilemma. Das Odium des geistfeindlichen Militarismus, das ihm anhaftete, machte es den Ententemächten leicht, den Kriegsgegner durch eine zügellose Greuelpropaganda zu diffamieren. Auf die Erfolge dieser Propaganda ist es letztlich zurückzuführen, daß 1921 im Auswärtigen Amt eine Kulturabteilung eingerichtet wurde. Vor dem Ersten Weltkrieg hatten sich lediglich ein paar Beamte der Rechtsabteilung um die – etwa tausend – Auslandsschulen gekümmert. Diese Schulen und die Auslandsdeutschen blieben bis zum Ende der Weimarer Republik die bevorzugte Zielgruppe auch der neuen Abteilung: »Grundlage jeder deutschen Kulturpolitik«, heißt es in einem Runderlaß des Außenministers Stresemann an alle Auslandsvertretungen, »muß generell die deutsche Schule sein.«

Dem wachen Sinn der Nationalsozialisten für Propaganda

blieb die Entdeckung vorbehalten, daß dies ein Mißverständnis war: Eine Kulturpolitik, die ihren Namen verdient, wendet sich in erster Linie nicht an diejenigen, die ohnehin dem eigenen Sprach- und Kulturkreis angehören, sondern gerade an die, die ihm fremd gegenüberstehen, auf deren Verständnis man jedoch Wert legt. Es ist bezeichnend, daß die Kulturabteilung des Auswärtigen Amtes bereits drei Monate nach der »Machtergreifung« ihre Zuständigkeit für Ausstellungen, Theatergastspiele, Film- und Sportveranstaltungen an das Propagandaministerium verlor. Ein Jahr später ging die »Pflege der wissenschaftlichen Beziehungen mit dem Ausland« auf das neugegründete Reichserziehungsministerium über. In der höchst wirkungsvollen Kulturpropaganda des Dritten Reiches im Ausland hat das Auswärtige Amt nur eine marginale Rolle gespielt. Während des Zweiten Weltkriegs wurde, was von der Kulturabteilung übriggeblieben war, als entbehrlich ins Riesengebirge ausquartiert.

Das erste Land, das den Wert der auswärtigen Kulturpolitik klar erkannte, war Frankreich. Durchdrungen von der Überzeugung, an der Spitze der Zivilisation zu marschieren, warben die französischen Botschaften für die Idee, daß die Ausbildung einer abgerundeten Persönlichkeit ohne längeren Aufenthalt in Paris und eingehende Beschäftigung mit der französischen Kultur unvollkommen bleiben müsse.

»Faites aimer la France«, schärfte Talleyrand seinen Diplomaten ein, »sorgt dafür, daß Frankreich geliebt wird!« Der Erfolg ließ nicht auf sich warten: Französische Sprache, französische Mode, französische Küche beherrschten die Welt. Daß man Frankreich bis heute so manches nachsieht, was man anderen Staaten schwer verübeln würde, findet hier seine Erklärung. Nicht nur Thomas Jefferson war davon überzeugt, daß jedermann zwei Vaterländer habe – sein eigenes und Frankreich.

Nach der Niederlage von 1870 forcierte Paris seine Sprachenpolitik: Die 1883 gegründete Alliance française sollte das Vordringen des Deutschen in Belgien und in der Schweiz aufhalten und die Kolonien auch kulturell an das Mutterland heranziehen. 1889 folgte die Società Dante Alighieri mit ähnlicher Zielsetzung für das Italienische. Das Goethe-Institut ist sehr viel jüngeren Datums: Es entstand erst 1932. Zwei Jahre später folgte der British Council.

Der Umstand, daß – ebenso wie die Außenwirtschaftspolitik – auch die auswärtige Kulturpolitik überwiegend von halbamtlichen oder gar privaten Stellen wahrgenommen wird, hat erheblich zur Verwirrung der Gemüter beigetragen. Gerade in Deutschland ist die Vielfalt der sich auf diesem Gebiet tummelnden »Mittler« besonders eindrucksvoll: Allein für den Buchversand ins Ausland sind nicht weniger als fünf – sämtlich aus Bundesmitteln finanzierte – Institutionen zuständig. Hinzu kommt die generelle Kompetenz der Bundesländer für Kultur- und Bildungsfragen: Wenn das Auswärtige Amt also mit andern Staaten Kulturabkommen schließt, muß es alle elf Landesregierungen beteiligen. Daß dies nicht gerade zur Beschleunigung und leichteren Durchschaubarkeit der auswärtigen Kulturpolitik beiträgt, liegt auf der Hand.

In der Presse wird gern die Frage nach den Grenzen der staatlichen Mitsprache beim Kulturaustausch aufgeworfen. Dahinter steht nichts anderes als die klassische Antinomie von Geist und Macht. In totalitären Ländern ist die Sache einfach. Hier gilt der Grundsatz »Wer zahlt, schafft an«: Einzig die Regierung entscheidet, welcher Künstler, Sportler, Wissenschaftler oder Schriftsteller würdig ist, den Staat im Ausland zu vertreten. Für demokratische Regierungen ist die Entscheidung schwieriger. Einerseits sind sie dem Parlament Rechenschaft über die Verwendung der ihnen anvertrauten Steuergelder schuldig. Andererseits läßt sich der Geist von der Macht ungern an die Kandare nehmen: Die Verbreitung einer regierungsamtlich vorfabrizierten und gefilterten Kultur würde im Inland auf heftige Kritik stoßen, ohne im Ausland wirklich zu überzeugen.

Zwischen dem Freiraum der Kultur und den Bedürfnissen der Politik die richtige Mitte zu finden, ist die Aufgabe, der sich die Kulturdiplomatie täglich neu stellen muß. Dieses Spannungsverhältnis, die Vielfalt der Mittler und die Unberechenbarkeit ihrer Wirkungen machen die auswärtige Kulturpolitik zu einem besonders komplizierten, aber auch besonders reizvollen Gebiet. Ihr Ziel bleibt, was der frühere Staatssekretär im Auswärtigen Amt, Rolf Lahr, auf die Formel gebracht hat: »Mit der Bündnispolitik schafft man sich Bündnispartner, mit der Handelspolitik Geschäftspartner, mit der Kulturpolitik Freunde.«

Eines der augenfälligsten Kennzeichen der gegenwärtigen Diplomatie ist die geradezu epidemische Ausbreitung multinationaler Gremien und Institutionen. Längst hat sich der Zeitungsleser an die prominente Rolle gewöhnt, die UNO, NATO und EG in der Weltpolitik spielen. Andere Abkürzungen wie IDA, ITU, UPU mag er zunächst für afrikanische Bergstämme halten, doch wird es ihn kaum überraschen zu erfahren, daß es sich dabei um die Internationale Vereinigung für Entwicklungshilfe, die Internationale Fernmelde-Union und den Weltpostverein handelt.

Nun ist die Konferenzdiplomatie an sich nichts Neues. Ihre Vorläufer findet sie in den Konzilien der römischen Kirche, bei denen es keineswegs immer nur um Glaubensfragen ging: Die Beendigung des Schismas durch das Konstanzer Konzil (1414–1418) war eine hochpolitische Angelegenheit, die nicht nur die territorialen Verhältnisse in Italien berührte, sondern das Kräftegleichgewicht in ganz Europa. Das vom Ersten Vaticanum (1869/70) verkündete Unfehlbarkeitsdogma wurde in Deutschland als Kriegserklärung an den liberalen Staat aufgefaßt und leitete den »Kulturkampf« ein, der fast zwanzig Jahre lang das Verhältnis zwischen Kirche und Staat vergiftete.

Die weltliche Kongreßdiplomatie entwickelte sich im 17. Jahrhundert. Ihren ersten Höhepunkt bildeten die vierjährigen Friedensverhandlungen in Münster und Osnabrück. Die Angriffskriege Ludwigs XIV. und die sich gegen ihn zusammenschließenden Koalitionen führten zu einer förmlichen Welle von Friedenskonferenzen, die in Aachen (1668), Nimwegen (1676–1679), Rijswijk (1697) und Utrecht (1711–1713) stattfanden: Dreißig Kriegsjahre brachten dem »Sonnenkönig« schließlich nichts weiter ein als die Franche-Comté und ein paar Grenzstädte. Ihre Blüte erlebte die Konferenzdiplomatie im 19. Jahrhundert: Es war der österreichische Staatskanzler Metternich, der die glanzvollen Versammlungen von Wien (1814/15), Aachen (1818), Troppau (1820), Laibach (1821) und Verona (1822) inszenierte und mit ihrer Hilfe sein »System« zur Richtschnur für ganz Europa erhob.

Metternich hielt die Konferenzdiplomatie für die wirkungsvollste und rascheste Methode, um Konflikte beizulegen und zu einvernehmlichen Lösungen zu kommen. Tatsächlich wurden auf der Londoner Konferenz von 1867, die sich mit der heiklen Luxemburg-Frage beschäftigte, alle Streitpunkte innerhalb von vier Tagen erledigt. Den entgegengesetzten Standpunkt nimmt Harold Nicolson ein. Er erklärt die Konferenzdiplomatie für »the most unfortunate diplomatic method ever conceived«. Der Eindruck, der ihn geprägt hatte, war eben nicht der Wiener Kongreß gewesen, auch nicht die Londoner Konferenz von 1867; als junger Gesandtschaftssekretär hatte er vielmehr den Friedensverhandlungen in Versailles beigewohnt.

In Versailles wurde der Versuch unternommen, nicht nur den Ersten Weltkrieg zu beenden, sondern eine neue Friedensordnung zu schaffen, die künftige Konflikte ein für allemal ausschloß – den Völkerbund. Streitigkeiten sollten nicht mit Waffengewalt, sondern durch ein Schiedsgericht aus der Welt geschafft werden. Ein Staat, der unter Verstoß gegen diese Regel dennoch einen Krieg vom Zaun brach, sollte wie im alten germanischen Recht »friedlos gelegt« werden, das heißt: Alle anderen Mitglieder des Völkerbunds befanden sich automatisch mit dem Angreifer im Kriegszustand.

Der große Wurf hat nicht gehalten, was seine Gründerväter sich von ihm versprachen. Er kam von vornherein mit einem schweren Geburtsfehler zur Welt: Die USA, deren Präsidenten der Völkerbund in erster Linie sein Entstehen verdankte, traten ihm nicht bei. Ein weiteres Handicap war das Einstimmigkeitsprinzip im obersten Entscheidungsorgan, der Generalversammlung: Durch das »liberum veto« hatte sich bereits der polnische Reichstag um jeden Einfluß gebracht. Sehr bald zeigte sich, daß der Völkerbund zwar Streitfälle minderen Gewichts – wie die Konflikte um Korfu oder Mossul – erfolgreich zu bereinigen vermochte; doch konnte er weder der japanischen Invasion in China noch dem italienischen Einmarsch in Äthiopien noch der Aggressionspolitik Hitlers Einhalt gebieten. In den Jahren 1938/39, als Europa unaufhaltsam der Katastrophe entgegeneilte, wäre kein Mensch auf den Gedanken gekommen, zu ihrer Verhinderung den Völkerbund anzurufen. Er hatte sein Vertrauenskapital längst verspielt.

Die Erfahrungen, die die Welt mit der Nachfolgerin des

Völkerbunds, der UNO, gemacht hat, sind ebenfalls kaum dazu angetan, Enthusiasmus auszulösen. Seit 1945 haben auf unserem Globus gut 120 Kriege stattgefunden, die mehr Menschenleben kosteten als der Zweite Weltkrieg. Daß uns ein dritter Weltkrieg bisher erspart geblieben ist, verdanken wir gewiß nicht den Abrüstungsbemühungen der Vereinten Nationen, sondern dem nuklearen Patt der beiden Supermächte. Der französische Völkerrechtler Paul Reuter hat die Wirkungsweise der UNO auf folgende bündige Formel gebracht: Bei einem Konflikt zwischen zwei kleinen Staaten verschwindet der Konflikt. Bei einem Konflikt zwischen einem großen und einem kleinen Staat verschwindet der kleine Staat. Bei einem Konflikt zwischen zwei großen Staaten verschwindet die UNO.

Viele Diplomaten der alten Schule halten die Vereinten Nationen deshalb für überflüssig, um nicht zu sagen: für verderblich. Einem unvoreingenommenen Zeitgenossen klarzumachen, warum die Bundesregierung alljährlich anderthalb Milliarden Mark als Mitgliedsbeitrag für einen Verein aufbringt, in dem sie sich nahezu unausgesetzt in der Defensive befindet und wo sie von Ländern majorisiert wird, die es auf ihren Geldbeutel abgesehen haben, ist kein einfaches Unterfangen. Daß die Mehrzahl dieser Länder nicht eben nach demokratischen Grundsätzen regiert wird und daß die Stimme des Zwergstaats São Tomé e Príncipe mit 80000 Einwohnern das gleiche Gewicht hat wie die der Volksrepublik China, macht die Verteidigung nicht leichter.

Am meisten hat der UNO in den Augen der westlichen Öffentlichkeit ihre doppelte Moral geschadet: Während sie den Zionismus als Rassismus brandmarkte, sah sie über die Austreibung der Asiaten aus Uganda großzügig hinweg; Idi Amin wurde von der Vollversammlung stürmisch gefeiert. Während keine Verletzung der Menschenrechte in Chile oder Südafrika ungerügt bleibt, sind die sowjetischen Straflager selbstverständlich tabu. Wegen Puerto Rico, dessen Bevölkerung aus naheliegenden Gründen mit den USA assoziiert zu bleiben wünscht, sieht sich Washington als »Ausbeuter« und »Kolonialist« auf die Anklagebank gesetzt; von den kolonialen Verhältnissen in Osteuropa ist dagegen mit keinem Wort die Rede.

Und doch haben die Vereinten Nationen auch für westliche Staaten ihren unbestreitbaren Nutzen. Schon der Kardinal Richelieu forderte in seinem politischen Testament »la négociation permanente« und warnte davor, das Gespräch mit dem Gegner abreißen zu lassen. Vieles spricht dafür, daß die Radikalisierung der Armen dieser Welt und die Ausbreitung des internationalen Terrorismus ohne den Blitzableiter in New York noch ganz andere Ausmaße angenommen hätten. Es ist die Ventilfunktion des in Afrika so beliebten Palavers, das die Streitfragen zwar nicht immer löst, aber den Parteien das befreiende Gefühl vermittelt, ihre Beschwernisse an den Mann gebracht zu haben. Die verbalen Triumphe der Entwicklungsländer in der Vollversammlung haben gewiß nicht die erhoffte Umwälzung der Verhältnisse gebracht, doch haben sie unseren Blick für die Anliegen der Dritten Welt geschärft und das Terrain für die Schicksalsfrage der kommenden Jahrzehnte abgesteckt – den Interessenausgleich zwischen Nord und Süd.

Der parlamentarische Verhandlungsstil der UNO und die nicht abreißenden Sitzungen haben eine ganz neue Art von Diplomatie hervorgebracht – reaktionsschnell, unprotokollarisch, entscheidungsfreudig. Das ständige Beisammensein der Delegierten verhilft zu hervorragenden Einblicken in die Psychologie und Arbeitsweise anderer Völker und schafft selbst unter politischen Widersachern eine Atmosphäre freundschaftlicher Verbundenheit, die, wenn man sich schon nicht einigen kann, jedenfalls das Verständnis für den Standpunkt des Gegners erleichtert. Insofern sind die Vereinten Nationen eine vorzügliche Schule für junge Diplomaten – nicht anders als im 19. Jahrhundert der Deutsche Bundestag, bei dem Bismarck sein Handwerk erlernte.

Eine völlig andere Art multilateraler Diplomatie haben der Atlantikpakt und die Gründung des Gemeinsamen Marktes zur Folge gehabt. In ihren Brüsseler Hauptquartieren drängen sich nicht nur Beamte aus den Außenministerien der Mitgliedstaaten, sondern auch aus anderen Ressorts. Die Berufsdiplomaten haben alle Hände voll zu tun, in diesem Ameisenhaufen ihren Führungsanspruch zur Geltung zu bringen. Auch dies – der Verlust des diplomatischen Monopols und die Durchdringung der Außenpolitik durch andere Institutionen – ist ein Zeichen unserer Zeit. Ganz fortschrittliche Geister haben bereits den Begriff einer »Weltinnenpolitik« in die Debatte geworfen – vielleicht in der stillen

Hoffnung, dadurch das baldige Ende der Diplomatie heraufzubeschwören.

Vom Ende der Diplomatie war schon vor mehr als hundert Jahren die Rede. Als der vierundzwanzigjährige Friedrich von Holstein in Petersburg seine Karriere begann, stellte ihn Bismarck dem uralten Kanzler Nesselrode als einen »Diplomaten der Zukunft« vor. Nesselrode winkte müde ab: »In Zukunft wird es keine Diplomaten und keine Diplomatie mehr geben.« Darin hatte er sich getäuscht: Solange es souveräne Staaten gibt, wird auch die Diplomatie nicht aussterben. Ihr geht es wie der Stadt Paris, deren Wappen stolz verkündet: »Fluctuat nec mergitur.« Sie wankt, aber sie geht nicht unter.

Wiener Übereinkommen vom 18. April 1961 über diplomatische Beziehungen

Die Vertragsstaaten dieses Übereinkommens –

eingedenk dessen, daß die Völker aller Staaten von alters her die besondere Stellung des Diplomaten anerkannt haben,
in Anbetracht der in der Charta der Vereinten Nationen verkündeten Ziele und Grundsätze in bezug auf die souveräne Gleichheit der Staaten, die Wahrung des Weltfriedens und der internationalen Sicherheit und auf die Förderung freundschaftlicher Beziehungen zwischen den Nationen,
überzeugt, daß ein internationales Übereinkommen über den diplomatischen Verkehr, diplomatische Vorrechte und Immunitäten geeignet ist, ungeachtet der unterschiedlichen Verfassungs- und Sozialordnungen der Nationen zur Entwicklung freundschaftlicher Beziehungen zwischen ihnen beizutragen,
in der Erkenntnis, daß diese Vorrechte und Immunitäten nicht dem Zweck dienen, einzelne zu bevorzugen, sondern zum Ziel haben, den diplomatischen Missionen als Vertretungen von Staaten die wirksame Wahrnehmung ihrer Aufgaben zu gewährleisten,
unter Bekräftigung des Grundsatzes, daß die Regeln des Völkergewohnheitsrechts auch weiterhin für alle Fragen gelten sollen, die nicht ausdrücklich in diesem Übereinkommen geregelt sind –
haben folgendes vereinbart:

Artikel 1

Im Sinne dieses Übereinkommens haben die nachstehenden Ausdrücke folgende Bedeutung:

a) der Ausdruck »Missionschef« bezeichnet die Person, die vom Entsendestaat beauftragt ist, in dieser Eigenschaft tätig zu sein;
b) der Ausdruck »Mitglieder der Mission« bezeichnet den Missionschef und die Mitglieder des Personals der Mission;
c) der Ausdruck »Mitglieder des Personals der Mission« bezeichnet die Mitglieder des diplomatischen Personals, des Verwaltungs- und technischen Personals und des dienstlichen Hauspersonals der Mission;
d) der Ausdruck »Mitglieder des diplomatischen Personals« bezeichnet die in diplomatischem Rang stehenden Mitglieder des Personals der Mission;
e) der Ausdruck »Diplomat« bezeichnet den Missionschef und die Mitglieder des diplomatischen Personals der Mission;

f) der Ausdruck »Mitglieder des Verwaltungs- und technischen Personals« bezeichnet die im Verwaltungs- und technischen Dienst der Mission beschäftigten Mitglieder ihres Personals;
g) der Ausdruck »Mitglieder des dienstlichen Hauspersonals« bezeichnet die als Hausbedienstete bei der Mission beschäftigten Mitglieder ihres Personals;
h) der Ausdruck »privater Hausangestellter« bezeichnet eine im häuslichen Dienst eines Mitglieds der Mission beschäftigte Person, die nicht Bediensteter des Entsendestaats ist;
i) der Ausdruck »Räumlichkeiten der Mission« bezeichnet ungeachtet der Eigentumsverhältnisse die Gebäude oder Gebäudeteile und das dazugehörige Gelände, die für die Zwecke der Mission verwendet werden, einschließlich der Residenz des Missionschefs.

Artikel 2
Die Aufnahme diplomatischer Beziehungen zwischen Staaten und die Errichtung ständiger diplomatischer Missionen erfolgen in gegenseitigem Einvernehmen.

Artikel 3
(1) Aufgabe einer diplomatischen Mission ist es unter anderem,
a) den Entsendestaat im Empfangsstaat zu vertreten,
b) die Interessen des Entsendestaats und seiner Angehörigen im Empfangsstaat innerhalb der völkerrechtlich zulässigen Grenzen zu schützen,
c) mit der Regierung des Empfangsstaats zu verhandeln,
d) sich mit allen rechtmäßigen Mitteln über Verhältnisse und Entwicklungen im Empfangsstaat zu unterrichten und darüber an die Regierung des Entsendestaats zu berichten,
e) freundschaftliche Beziehungen zwischen Entsendestaat und Empfangsstaat zu fördern und ihre wirtschaftlichen, kulturellen und wissenschaftlichen Beziehungen auszubauen.

(2) Dieses Übereinkommen ist nicht so auszulegen, als schließe es die Wahrnehmung konsularischer Aufgaben durch eine diplomatische Mission aus.

Artikel 4
(1) Der Entsendestaat hat sich zu vergewissern, daß die Person, die er als Missionschef bei dem Empfangsstaat zu beglaubigen beabsichtigt, dessen Agrément erhalten hat.

(2) Der Empfangsstaat ist nicht verpflichtet, dem Entsendestaat die Gründe für eine Verweigerung des Agréments mitzuteilen.

Artikel 5
(1) Der Entsendestaat kann nach einer Notifikation an die beteiligten Empfangsstaaten die Beglaubigung eines Missionschefs oder gegebe-

nenfalls die Bestellung eines Mitglieds des diplomatischen Personals für mehrere Staaten vornehmen, es sei denn, daß einer der Empfangsstaaten ausdrücklich Einspruch erhebt.

(2) Beglaubigt der Entsendestaat einen Missionschef bei einem oder mehreren weiteren Staaten, so kann er in jedem Staat, in dem der Missionschef nicht seinen ständigen Sitz hat, eine diplomatische Mission unter der Leitung eines Geschäftsträgers *ad interim* errichten.

(3) Ein Missionschef oder ein Mitglied des diplomatischen Personals der Mission kann dem Entsendestaat bei jeder internationalen Organisation vertreten.

Artikel 6

Mehrere Staaten können dieselbe Person bei einem anderen Staat als Missionschef beglaubigen, es sei denn, daß der Empfangsstaat Einspruch erhebt.

Artikel 7

Vorbehaltlich der Artikel 5, 8, 9 und 11 kann der Entsendestaat die Mitglieder des Personals seiner Mission nach freiem Ermessen ernennen. Bei Militär-, Marine- und Luftwaffenattachés kann der Empfangsstaat verlangen, daß ihm ihre Namen vorher zwecks Zustimmung mitgeteilt werden.

Artikel 8

(1) Die Mitglieder des diplomatischen Personals der Mission sollen grundsätzlich Angehörige des Entsendestaats sein.

(2) Angehörige des Empfangsstaats dürfen nur mit dessen Zustimmung zu Mitgliedern des diplomatischen Personals der Mission ernannt werden; die Zustimmung kann jederzeit widerrufen werden.

(3) Der Empfangsstaat kann sich das gleiche Recht in bezug auf Angehörige eines dritten Staates vorbehalten, die nicht gleichzeitig Angehörige des Entsendestaats sind.

Artikel 9

(1) Der Empfangsstaat kann dem Entsendestaat jederzeit ohne Angabe von Gründen notifizieren, daß der Missionschef oder ein Mitglied des diplomatischen Personals der Mission *persona non grata* oder daß ein anderes Mitglied des Personals der Mission ihm nicht genehm ist. In diesen Fällen hat der Entsendestaat die betreffende Person entweder abzuberufen oder ihre Tätigkeit bei der Mission zu beenden. Eine Person kann als *non grata* oder nicht genehm erklärt werden, bevor sie im Hoheitsgebiet des Empfangsstaats eintrifft.

(2) Weigert sich der Entsendestaat oder unterläßt er es innerhalb einer angemessenen Frist, seinen Verpflichtungen auf Grund des Absatzes 1 nachzukommen, so kann der Empfangsstaat es ablehnen, die betreffende Person als Mitglied der Mission anzuerkennen.

Artikel 10

(1) Dem Ministerium für Auswärtige Angelegenheiten oder einem anderen in gegenseitigem Einvernehmen bestimmten Ministerium des Empfangsstaats ist folgendes zu notifizieren:

a) die Ernennung von Mitgliedern der Mission, ihre Ankunft und ihre endgültige Abreise oder die Beendigung ihrer dienstlichen Tätigkeit bei der Mission;
b) die Ankunft und die endgültige Abreise eines Familienangehörigen eines Mitglieds der Mission und gegebenenfalls die Tatsache, daß eine Person Familienangehöriger eines Mitglieds der Mission wird oder diese Eigenschaft verliert;
c) die Ankunft und die endgültige Abreise von privaten Hausangestellten, die bei den unter Buchstabe a bezeichneten Personen beschäftigt sind, und gegebenenfalls ihr Ausscheiden aus deren Dienst;
d) die Anstellung und die Entlassung von im Empfangsstaat ansässigen Personen als Mitglied der Mission oder als private Hausangestellte mit Anspruch auf Vorrechte und Immunitäten.

(2) Die Ankunft und die endgültige Abreise sind nach Möglichkeit im voraus zu notifizieren.

Artikel 11

(1) Ist keine ausdrückliche Vereinbarung über den Personalbestand der Mission getroffen worden, so kann der Empfangsstaat verlangen, daß dieser Bestand in den Grenzen gehalten wird, die er in Anbetracht der bei ihm vorliegenden Umstände und Verhältnisse sowie der Bedürfnisse der betreffenden Mission für angemessen und normal hält.

(2) Der Empfangsstaat kann ferner innerhalb der gleichen Grenzen, aber ohne Diskriminierung, die Zulassung von Bediensteten einer bestimmten Kategorie ablehnen.

Artikel 12

Der Entsendestaat darf ohne vorherige ausdrückliche Zustimmung des Empfangsstaats keine zur Mission gehörenden Büros an anderen Orten als denjenigen einrichten, in denen die Mission selbst ihren Sitz hat.

Artikel 13

(1) Als Zeitpunkt des Amtsantritts des Missionschefs im Empfangsstaat gilt der Tag, an welchem er nach der im Empfangsstaat geübten und einheitlich anzuwendenden Praxis entweder sein Beglaubigungsschreiben überreicht hat oder aber dem Ministerium für Auswärtige Angelegenheiten oder einem anderen in gegenseitigem Einvernehmen bestimmten Ministerium des Empfangsstaats seine Ankunft notifiziert hat und diesem eine formgetreue Abschrift seines Beglaubigungsschreibens überreicht worden ist.

(2) Die Reihenfolge der Überreichung von Beglaubigungsschreiben oder von deren formgetreuen Abschriften richtet sich nach Tag und Zeit der Ankunft des Missionschefs.

Artikel 14

(1) Die Missionschefs sind in folgende drei Klassen eingeteilt:

a) die Klasse der Botschafter oder Nuntien, die bei Staatsoberhäuptern beglaubigt sind, und sonstiger in gleichem Rang stehender Missionschefs;

b) die Klasse der Gesandten, Minister und Internuntien, die bei Staatsoberhäuptern beglaubigt sind;

c) die Klasse der Geschäftsträger, die bei Außenministern beglaubigt sind.

(2) Abgesehen von Fragen der Rangfolge und der Etikette wird zwischen den Missionschefs kein Unterschied auf Grund ihrer Klasse gemacht.

Artikel 15

Die Staaten vereinbaren die Klasse, in welche ihre Missionschefs einzuordnen sind.

Artikel 16

(1) Innerhalb jeder Klasse richtet sich die Rangfolge der Missionschefs nach Tag und Zeit ihres Amtsantritts gemäß Artikel 13.

(2) Änderungen im Beglaubigungsschreiben des Missionschefs, die keine Änderung der Klasse bewirken, lassen die Rangfolge unberührt.

(3) Dieser Artikel läßt die Übung unberührt, die ein Empfangsstaat hinsichtlich des Vorrangs des Vertreters des Heiligen Stuhls angenommen hat oder künftig annimmt.

Artikel 17

Die Rangfolge der Mitglieder des diplomatischen Personals der Mission wird vom Missionschef dem Ministerium für Auswärtige Angelegenheiten oder dem anderen in gegenseitigem Einvernehmen bestimmten Ministerium notifiziert.

Artikel 18

Das in einem Staat beim Empfang von Missionschefs zu befolgende Verfahren muß für jede Klasse einheitlich sein.

Artikel 19

(1) Ist der Posten des Missionschefs unbesetzt oder ist der Missionschef außerstande, seine Aufgaben wahrzunehmen, so ist ein Geschäftsträger *ad interim* vorübergehend als Missionschef tätig. Den Namen des Geschäftsträgers *ad interim* notifiziert der Missionschef oder, wenn er dazu außerstande ist, das Ministerium für Auswärtige Angelegenheiten des Entsendestaats dem Ministerium für Auswärtige Angelegenheiten oder dem anderen in gegenseitigem Einvernehmen bestimmten Ministerium des Empfangsstaats.

(2) Ist kein Mitglied des diplomatischen Personals der Mission im

Empfangsstaat anwesend, so kann der Entsendestaat mit Zustimmung des Empfangsstaats ein Mitglied des Verwaltungs- und technischen Personals mit der Leitung der laufenden Verwaltungsangelegenheiten der Mission beauftragen.

Artikel 20
Die Mission und ihr Chef sind berechtigt, die Flagge und das Hoheitszeichen des Entsendestaats an den Räumlichkeiten der Mission einschießlich der Residenz des Missionschefs und an dessen Beförderungsmittel zu führen.

Artikel 21
(1) Der Empfangsstaat erleichtert nach Maßgabe seiner Rechtsvorschriften dem Entsendestaat den Erwerb der für dessen Mission in seinem Hoheitsgebiet benötigten Räumlichkeiten oder hilft ihm, sich auf andere Weise Räumlichkeiten zu beschaffen.

(2) Erforderlichenfalls hilft der Empfangsstaat ferner den Missionen bei der Beschaffung geeigneten Wohnraums für ihre Mitglieder.

Artikel 22
(1) Die Räumlichkeiten der Mission sind unverletzlich. Vertreter des Empfangsstaats dürfen sie nur mit Zustimmung des Missionschefs betreten.

(2) Der Empfangsstaat hat die besondere Pflicht, alle geeigneten Maßnahmen zu treffen, um die Räumlichkeiten der Mission vor jedem Eindringen und jeder Beschädigung zu schützen und um zu verhindern, daß der Friede der Mission gestört oder ihre Würde beeinträchtigt wird.

(3) Die Räumlichkeiten der Mission, ihre Einrichtung und die sonstigen darin befindlichen Gegenstände sowie die Beförderungsmittel der Mission genießen Immunität von jeder Durchsuchung, Beschlagnahme, Pfändung oder Vollstreckung.

Artikel 23
(1) Der Entsendestaat und der Missionschef sind hinsichtlich der in ihrem Eigentum stehenden und der von ihnen gemieteten bzw. gepachteten Räumlichkeiten der Mission von allen staatlichen, regionalen und kommunalen Steuern oder sonstigen Abgaben befreit, soweit diese nicht als Vergütung für bestimmte Dienstleistungen erhoben werden.

(2) Die in diesem Artikel vorgesehene Steuerbefreiung gilt nicht für Steuern und sonstige Abgaben, die nach den Rechtsvorschriften des Empfangsstaats von den Personen zu entrichten sind, die mit dem Entsendestaat oder dem Missionschef Verträge schließen.

Artikel 24
Die Archive und Schriftstücke der Mission sind jederzeit unverletzlich, wo immer sie sich befinden.

Artikel 25
Der Empfangsstaat gewährt der Mission jede Erleichterung zur Wahrnehmung ihrer Aufgaben.

Artikel 26
Vorbehaltlich seiner Gesetze und anderen Rechtsvorschriften über Zonen, deren Betreten aus Gründen der nationalen Sicherheit verboten oder geregelt ist, gewährleistet der Empfangsstaat allen Mitgliedern der Mission volle Bewegungs- und Reisefreiheit in seinem Hoheitsgebiet.

Artikel 27
(1) Der Empfangsstaat gestattet und schützt den freien Verkehr der Mission für alle amtlichen Zwecke. Die Mission kann sich im Verkehr mit der Regierung, den anderen Missionen und den Konsulaten des Entsendestaats, wo immer sie sich befinden, aller geeigneten Mittel einschließlich diplomatischer Kuriere und verschlüsselter Nachrichten bedienen. Das Errichten und Betreiben einer Funksendeanlage ist der Mission jedoch nur mit Zustimmung des Empfangsstaats gestattet.

(2) Die amtliche Korrespondenz der Mission ist unverletzlich. Als »amtliche Korrespondenz« gilt die gesamte Korrespondenz, welche die Mission und ihre Aufgaben betrifft.

(3) Das diplomatische Kuriergepäck darf weder geöffnet noch zurückgehalten werden.

(4) Gepäckstücke, die das diplomatische Kuriergepäck bilden, müssen äußerlich sichtbar als solches gekennzeichnet sein; sie dürfen nur diplomatische Schriftstücke oder für den amtlichen Gebrauch bestimmte Gegenstände enthalten.

(5) Der diplomatische Kurier muß ein amtliches Schriftstück mit sich führen, aus dem seine Stellung und die Anzahl der Gepäckstücke ersichtlich sind, die das diplomatische Kuriergepäck bilden; er wird vom Empfangsstaat bei der Wahrnehmung seiner Aufgaben geschützt. Er genießt persönliche Unverletzlichkeit und unterliegt keiner Festnahme oder Haft irgendwelcher Art.

(6) Der Entsendestaat oder die Mission kann diplomatische Kuriere *ad hoc* ernennen. Auch in diesen Fällen gilt Absatz 5; jedoch finden die darin erwähnten Immunitäten keine Anwendung mehr, sobald der Kurier das ihm anvertraute diplomatische Kuriergepäck dem Empfänger ausgehändigt hat.

(7) Diplomatisches Kuriergepäck kann dem Kommandanten eines gewerblichen Luftfahrzeugs anvertraut werden, dessen Bestimmungsort ein zugelassener Einreiseflugplatz ist. Der Kommandant muß ein amtliches Schriftstück mit sich führen, aus dem die Anzahl der Ge-

päckstücke ersichtlich ist, die das Kuriergepäck bilden; er gilt jedoch nicht als diplomatischer Kurier. Die Mission kann eines ihrer Mitglieder entsenden, um das diplomatische Kuriergepäck unmittelbar und ungehindert von dem Kommandanten des Luftfahrzeugs entgegenzunehmen.

Artikel 28
Die Gebühren und Kosten, welche die Mission für Amtshandlungen erhebt, sind von allen Steuern und sonstigen Abgaben befreit.

Artikel 29
Die Person des Diplomaten ist unverletzlich. Er unterliegt keiner Festnahme oder Haft irgendwelcher Art. Der Empfangsstaat behandelt ihn mit gebührender Achtung und trifft alle geeigneten Maßnahmen, um jeden Angriff auf seine Person, seine Freiheit oder seine Würde zu verhindern.

Artikel 30
(1) Die Privatwohnung des Diplomaten genießt dieselbe Unverletzlichkeit und denselben Schutz wie die Räumlichkeiten der Mission.

(2) Seine Papiere, seine Korrespondenz und – vorbehaltlich des Artikels 31 Abs. 3 – sein Vermögen sind ebenfalls unverletzlich.

Artikel 31
(1) Der Diplomat genießt Immunität von der Strafgerichtsbarkeit des Empfangsstaats. Ferner steht ihm Immunität von dessen Zivil- und Verwaltungsgerichtsbarkeit zu; ausgenommen hiervon sind folgende Fälle:

a) dingliche Klagen in bezug auf privates, im Hoheitsgebiet des Empfangsstaats gelegenes unbewegliches Vermögen, es sei denn, daß der Diplomat dieses im Auftrag des Entsendestaats für die Zwecke der Mission im Besitz hat;
b) Klagen in Nachlaßsachen, in denen der Diplomat als Testamentsvollstrecker, Verwalter, Erbe oder Vermächtnisnehmer in privater Eigenschaft und nicht als Vertreter des Entsendestaats beteiligt ist;
c) Klagen im Zusammenhang mit einem freien Beruf oder einer gewerblichen Tätigkeit, die der Diplomat im Empfangsstaat neben seiner amtlichen Tätigkeit ausübt.

(2) Der Diplomat ist nicht verpflichtet, als Zeuge auszusagen.

(3) Gegen einen Diplomaten dürfen Vollstreckungsmaßnahmen nur in den in Absatz 1 Buchstaben a, b und c vorgesehenen Fällen und nur unter der Voraussetzung getroffen werden, daß sie durchführbar sind, ohne die Unverletzlichkeit seiner Person oder seiner Wohnung zu beeinträchtigen.

(4) Die Immunität des Diplomaten von der Gerichtsbarkeit des Empfangsstaates befreit nicht von der Gerichtsbarkeit des Entsendestaates.

Artikel 32

(1) Auf die Immunität von der Gerichtsbarkeit, die einem Diplomaten oder nach Maßgabe des Artikels 37 einer anderen Person zusteht, kann der Entsendestaat verzichten.

(2) Der Verzicht muß stets ausdrücklich erklärt werden.

(3) Strengt ein Diplomat oder eine Person, die nach Maßgabe des Artikels 37 Immunität von der Gerichtsbarkeit genießt, ein Gerichtsverfahren an, so können sie sich in bezug auf eine Widerklage, die mit der Hauptklage in unmittelbarem Zusammenhang steht, nicht auf die Immunität von der Gerichtsbarkeit berufen.

(4) Der Verzicht auf die Immunität von der Gerichtsbarkeit in einem Zivil- oder Verwaltungsgerichtsverfahren gilt nicht als Verzicht auf die Immunität von der Urteilsvollstreckung; hierfür ist ein besonderer Verzicht erforderlich.

Artikel 33

(1) Vorbehaltlich des Absatzes 3 ist ein Diplomat in bezug auf seine Dienste für den Entsendestaat von den im Empfangsstaat geltenden Vorschriften über soziale Sicherheit befreit.

(2) Die in Absatz 1 vorgesehene Befreiung gilt auch für private Hausangestellte, die ausschließlich bei einem Diplomaten beschäftigt sind, sofern sie

a) weder Angehörige des Empfangsstaats noch in demselben ständig ansässig sind und
b) den im Entsendestaat oder in einem dritten Staat geltenden Vorschriften über soziale Sicherheit unterstehen.

(3) Beschäftigt ein Diplomat Personen, auf welche die in Absatz 2 vorgesehene Befreiung keine Anwendung findet, so hat er die Vorschriften über soziale Sicherheit zu beachten, die im Empfangsstaat für Arbeitgeber gelten.

(4) Die in den Absätzen 1 und 2 vorgesehene Befreiung schließt die freiwillige Beteiligung an dem System der sozialen Sicherheit des Empfangsstaates nicht aus, sofern dieser eine solche Beteiligung zuläßt.

(5) Dieser Artikel läßt bereits geschlossene zwei- oder mehrseitige Übereinkünfte über soziale Sicherheit unberührt und steht dem künftigen Abschluß weiterer Übereinkünfte dieser Art nicht entgegen.

Artikel 34

Der Diplomat ist von allen staatlichen, regionalen und kommunalen Personal- und Realsteuern oder -abgaben befreit; ausgenommen hiervon sind

a) die normalerweise im Preis von Waren oder Dienstleistungen enthaltenen indirekten Steuern;
b) Steuern und sonstige Abgaben von privatem, im Hoheitsgebiet des Empfangsstaats gelegenem unbeweglichem Vermögen, es sei denn, daß der Diplomat es im Auftrag des Entsendestaats für die Zwecke der Mission im Besitz hat;

c) Erbschaftssteuern, die der Empfangsstaat erhebt, jedoch vorbehaltlich des Artikels 39 Abs. 4;
d) Steuern und sonstige Abgaben von privaten Einkünften, deren Quelle sich im Empfangsstaat befindet, sowie Vermögenssteuern von Kapitalanlagen in gewerblichen Unternehmen, die im Empfangsstaat gelegen sind;
e) Steuern, Gebühren und sonstige Abgaben, die als Vergütung für bestimmte Dienstleistungen erhoben werden;
f) Eintragungs-, Gerichts-, Beurkundungs-, Beglaubigungs-, Hypotheken- und Stempelgebühren in bezug auf unbewegliches Vermögen, jedoch vorbehaltlich des Artikels 23.

Artikel 35

Der Empfangsstaat befreit Diplomaten von allen persönlichen Dienstleistungen, von allen öffentlichen Dienstleistungen jeder Art und von militärischen Auflagen wie zum Beispiel Beschlagnahmen, Kontributionen und Einquartierungen.

Artikel 36

(1) Nach Maßgabe seiner geltenden Gesetze und anderen Rechtsvorschriften gestattet der Empfangsstaat die Einfuhr der nachstehend genannten Gegenstände und befreit sie von allen Zöllen, Steuern und ähnlichen Abgaben mit Ausnahme von Gebühren für Einlagerung, Beförderung und ähnlichen Dienstleistungen:
a) Gegenstände für den amtlichen Gebrauch der Mission;
b) Gegenstände für den persönlichen Gebrauch des Diplomaten oder eines zu seinem Haushalt gehörenden Familienmitglieds, einschließlich der für seine Einrichtung vorgesehenen Gegenstände.

(2) Der Diplomat genießt Befreiung von der Kontrolle seines persönlichen Gepäcks, sofern nicht triftige Gründe für die Vermutung vorliegen, daß es Gegenstände enthält, für welche die in Absatz 1 erwähnten Befreiungen nicht gelten oder deren Ein- oder Ausfuhr nach dem Recht des Empfangsstaats verboten oder durch Quarantänevorschriften geregelt ist. In solchen Fällen darf die Kontrolle nur in Anwesenheit des Diplomaten oder seines ermächtigten Vertreters stattfinden.

Artikel 37

(1) Die zum Haushalt eines Diplomaten gehörenden Familienmitglieder genießen, wenn sie nicht Angehörige des Empfangsstaats sind, die in den Artikeln 29 bis 36 bezeichneten Vorrechte und Immunitäten.

(2) Mitglieder des Verwaltungs- und technischen Personals der Mission und die zu ihrem Haushalt gehörenden Familienmitglieder genießen, wenn sie weder Angehörige des Empfangsstaats noch in demselben ständig ansässig sind, die in den Artikeln 29 bis 35 bezeichneten Vorrechte und Immunitäten; jedoch sind ihre nicht in Ausübung ihrer dienstlichen Tätigkeit vorgenommenen Handlungen von der in Artikel

31 Abs. 1 bezeichneten Immunität von der Zivil- und Verwaltungsgerichtsbarkeit des Empfangsstaats ausgeschlossen. Sie genießen ferner die in Artikel 36 Abs. 1 bezeichneten Vorrechte in bezug auf Gegenstände, die anläßlich ihrer Ersteinrichtung eingeführt werden.

(3) Mitglieder des dienstlichen Hauspersonals der Mission, die weder Angehörige des Empfangsstaats noch in demselben ständig ansässig sind, genießen Immunität in bezug auf ihre in Ausübung ihrer dienstlichen Tätigkeit vorgenommenen Handlungen, Befreiung von Steuern und sonstigen Abgaben auf ihre Dienstbezüge sowie die in Artikel 33 vorgesehene Befreiung.

(4) Private Hausangestellte von Mitgliedern der Mission genießen, wenn sie weder Angehörige des Empfangsstaats noch in demselben ständig ansässig sind, Befreiung von Steuern und sonstigen Abgaben auf die Bezüge, die sie auf Grund ihres Arbeitsverhältnisses erhalten. Im übrigen stehen ihnen Vorrechte und Immunitäten nur in dem vom Empfangsstaat zugelassenen Umfang zu. Der Empfangsstaat darf jedoch seine Hoheitsgewalt über diese Personen nur so ausüben, daß er die Mission bei der Wahrnehmung ihrer Aufgaben nicht ungebührlich behindert.

Artikel 38

(1) Soweit der Empfangsstaat nicht zusätzliche Vorrechte und Immunitäten gewährt, genießt ein Diplomat, der Angehöriger dieses Staates oder in demselben ständig ansässig ist, Immunität von der Gerichtsbarkeit und Unverletzlichkeit lediglich in bezug auf seine in Ausübung seiner dienstlichen Tätigkeit vorgenommenen Amtshandlungen.

(2) Anderen Mitgliedern des Personals der Mission und privaten Hausangestellten, die Angehörige des Empfangsstaats oder in demselben ständig ansässig sind, stehen Vorrechte und Immunitäten nur in dem vom Empfangsstaat zugelassenen Umfang zu. Der Empfangsstaat darf jedoch seine Hoheitsgewalt über diese Personen nur so ausüben, daß er die Mission bei der Wahrnehmung ihrer Aufgaben nicht ungebührlich behindert.

Artikel 39

(1) Die Vorrechte und Immunitäten stehen den Berechtigten von dem Zeitpunkt an zu, in dem sie in das Hoheitsgebiet des Empfangsstaats einreisen, um dort ihren Posten anzutreten, oder, wenn sie sich bereits in diesem Hoheitsgebiet befinden, von dem Zeitpunkt an, in dem ihre Ernennung dem Ministerium für Auswärtige Angelegenheiten oder dem anderen in gegenseitigem Einvernehmen bestimmten Ministerium notifiziert wird.

(2) Die Vorrechte und Immunitäten einer Person, deren dienstliche Tätigkeit beendet ist, werden normalerweise im Zeitpunkt der Ausreise oder aber des Ablaufs einer hierfür gewährten angemessenen Frist hinfällig; bis zu diesem Zeitpunkt bleiben sie bestehen, und zwar auch im

Fall eines bewaffneten Konflikts. In bezug auf die von der betreffenden Person in Ausübung ihrer dienstlichen Tätigkeit als Mitglied der Mission vorgenommenen Handlungen bleibt jedoch die Immunität auch weiterhin bestehen.

(3) Stirbt ein Mitglied der Mission, so genießen seine Familienangehörigen bis zum Ablauf einer angemessenen Frist für ihre Ausreise weiterhin die ihnen zustehenden Vorrechte und Immunitäten.

(4) Stirbt ein Mitglied der Mission, das weder Angehöriger des Empfangsstaats noch in demselben ständig ansässig ist, oder stirbt ein zu seinem Haushalt gehörendes Familienmitglied, so gestattet der Empfangsstaat die Ausfuhr des beweglichen Vermögens des Verstorbenen mit Ausnahme von im Inland erworbenen Vermögensgegenständen, deren Ausfuhr im Zeitpunkt des Todesfalles verboten war. Von beweglichem Vermögen, das sich nur deshalb im Empfangsstaat befindet, weil sich der Verstorbene als Mitglied der Mission oder als Familienangehöriger eines solchen in diesem Staat aufhielt, dürfen keine Erbschaftssteuern erhoben werden.

Artikel 40

(1) Reist ein Diplomat, um sein Amt anzutreten oder um auf seinen Posten oder in seinen Heimatstaat zurückzukehren, durch das Hoheitsgebiet eines dritten Staates oder befindet er sich im Hoheitsgebiet dieses Staates, der erforderlichenfalls seinen Paß mit einem Sichtvermerk versehen hat, so gewährt ihm dieser Staat Unverletzlichkeit und alle sonstigen für seine sichere Durchreise oder Rückkehr erforderlichen Immunitäten. Das gleiche gilt, wenn Familienangehörige des Diplomaten, denen Vorrechte und Immunitäten zustehen, ihn begleiten oder wenn sie getrennt von ihm reisen, um sich zu ihm zu begeben oder in ihren Heimatstaat zurückzukehren.

(2) Unter den Voraussetzungen des Absatzes 1 dürfen dritte Staaten auch die Reise von Mitgliedern des Verwaltungs- und technischen Personals und des dienstlichen Hauspersonals einer Mission sowie ihrer Familienangehörigen durch ihr Hoheitsgebiet nicht behindern.

(3) Dritte Staaten gewähren in bezug auf die amtliche Korrespondenz und sonstige amtliche Mitteilungen im Durchgangsverkehr, einschließlich verschlüsselter Nachrichten, die gleiche Freiheit und den gleichen Schutz wie der Empfangsstaat. Diplomatischen Kurieren, deren Paß erforderlichenfalls mit einem Sichtvermerk versehen wurde, und dem diplomatischen Kuriergepäck im Durchgangsverkehr gewähren sie die gleiche Unverletzlichkeit und den gleichen Schutz, die der Empfangsstaat zu gewähren verpflichtet ist.

(4) Die Verpflichtungen dritter Staaten auf Grund der Absätze 1, 2 und 3 gelten gegenüber den in jenen Absätzen bezeichneten Personen sowie in bezug auf amtliche Mitteilungen und das diplomatische Kuriergepäck auch dann, wenn diese sich infolge höherer Gewalt im Hoheitsgebiet des dritten Staates befinden.

Artikel 41

(1) Alle Personen, die Vorrechte und Immunitäten genießen, sind unbeschadet derselben verpflichtet, die Gesetze und andere Rechtsvorschriften des Empfangsstaats zu beachten. Sie sind ferner verpflichtet, sich nicht in dessen innere Angelegenheiten einzumischen.

(2) Alle Amtsgeschäfte mit dem Empfangsstaat, mit deren Wahrnehmung der Entsendestaat die Mission beauftragt, sind mit dem Ministerium für Auswärtige Angelegenheiten oder dem anderen in gegenseitigem Einvernehmen bestimmten Ministerium des Empfangsstaats zu führen oder über diese zu leiten.

(3) Die Räumlichkeiten der Mission dürfen nicht in einer Weise benutzt werden, die unvereinbar ist mit den Aufgaben der Mission, wie sie in diesem Übereinkommen, in anderen Regeln des allgemeinen Völkerrechts oder in besonderen, zwischen dem Entsendestaat und dem Empfangsstaat in Kraft befindlichen Übereinkünften niedergelegt sind.

Artikel 42

Ein Diplomat darf im Empfangsstaat keinen freien Beruf und keine gewerbliche Tätigkeit ausüben, die auf persönlichen Gewinn gerichtet sind.

Artikel 43

Die dienstliche Tätigkeit eines Diplomaten wird unter anderem dadurch beendet,

a) daß der Entsendestaat dem Empfangsstaat die Beendigung der dienstlichen Tätigkeit des Diplomaten notifiziert, oder
b) daß der Empfangsstaat dem Entsendestaat notifiziert, er lehne es gemäß Artikel 9 Abs. 2 ab, den Diplomaten als Mitglied der Mission anzuerkennen.

Artikel 44

Auch im Fall eines bewaffneten Konflikts gewährt der Empfangsstaat den Personen, die Vorrechte und Immunitäten genießen und nicht seine Angehörigen sind, sowie ihren Familienmitgliedern ungeachtet ihrer Staatsangehörigkeit, die erforderlichen Erleichterungen, um es ihnen zu ermöglichen, sein Hoheitsgebiet so bald wie möglich zu verlassen. Insbesondere stellt er ihnen im Bedarfsfall die benötigten Beförderungsmittel für sie selbst und ihre Vermögensgegenstände zur Verfügung.

Artikel 45

Werden die diplomatischen Beziehungen zwischen zwei Staaten abgebrochen oder wird eine Mission endgültig oder vorübergehend abberufen,

a) so hat der Empfangsstaat auch im Fall eines bewaffneten Konflikts die Räumlichkeiten, das Vermögen und die Archive der Mission zu achten und zu schützen;

b) so kann der Entsendestaat einem dem Empfangsstaat genehmen dritten Staat die Obhut der Räumlichkeiten, des Vermögens und der Archive der Mission übertragen,
c) so kann der Entsendestaat einem dem Empfangsstaat genehmen dritten Staat den Schutz seiner Interessen und derjenigen seiner Angehörigen übertragen.

Artikel 46

Ein Entsendestaat kann mit vorheriger Zustimmung des Empfangsstaats auf Ersuchen eines im Empfangsstaat nicht vertretenen dritten Staates den zeitweiligen Schutz der Interessen des dritten Staates und seiner Angehörigen übernehmen.

Artikel 47

(1) Bei der Anwendung dieses Übereinkommens unterläßt der Empfangsstaat jede diskriminierende Behandlung von Staaten.

(2) Es gilt jedoch nicht als Diskriminierung,
a) wenn der Empfangsstaat eine Bestimmung dieses Übereinkommens deshalb einschränkend anwendet, weil sie im Entsendestaat auf seine eigene Mission einschränkend angewandt wird;
b) wenn Staaten auf Grund von Gewohnheit oder Vereinbarung einander eine günstigere Behandlung gewähren, als es nach diesem Übereinkommen erforderlich ist.

Artikel 48

Dieses Übereinkommen liegt für alle Mitgliedstaaten der Vereinten Nationen oder ihrer Sonderorganisationen, für Vertragsstaaten der Satzung des Internationalen Gerichtshofs und für jeden anderen Staat, den die Generalversammlung der Vereinten Nationen einlädt, Vertragspartei des Übereinkommens zu werden, wie folgt zur Unterzeichnung auf: bis zum 31. Oktober 1961 im österreichischen Bundesministerium für Auswärtige Angelegenheiten und danach bis zum 31. März 1962 am Sitz der Vereinten Nationen in New York.

Artikel 49

Dieses Übereinkommen bedarf der Ratifizierung. Die Ratifikationsurkunden sind beim Generalsekretär der Vereinten Nationen zu hinterlegen.

Artikel 50

Dieses Übereinkommen liegt zum Beitritt für jeden Staat auf, der einer der in Artikel 48 bezeichneten vier Kategorien angehört. Die Beitrittsurkunden sind beim Generalsekretär der Vereinten Nationen zu hinterlegen.

Artikel 51
(1) Dieses Übereinkommen tritt am dreißigsten Tag nach Hinterlegung der zweiundzwanzigsten Ratifikations- oder Beitrittsurkunde beim Generalsekretär der Vereinten Nationen in Kraft.

(2) Für jeden Staat, der nach Hinterlegung der zweiundzwanzigsten Ratifikations- und Beitrittsurkunde das Übereinkommen ratifiziert oder ihm beitritt, tritt es am dreißigsten Tag nach Hinterlegung seiner eigenen Ratifikations- oder Beitrittsurkunde in Kraft.

Artikel 52
Der Generalsekretär der Vereinten Nationen notifiziert allen Staaten, die einer der in Artikel 48 bezeichneten vier Kategorien angehören:
a) die Unterzeichnungen dieses Übereinkommens und die Hinterlegung der Ratifikations- oder Beitrittsurkunden gemäß den Artikeln 48, 49 und 50;
b) den Tag, an dem dieses Übereinkommen gemäß Artikel 51 in Kraft tritt.

Artikel 53
Die Urschrift dieses Übereinkommens, dessen chinesischer, englischer, französischer, russischer und spanischer Wortlaut gleichermaßen verbindlich ist, wird beim Generalsekretär der Vereinten Nationen hinterlegt; dieser übermittelt allen Staaten, die einer der in Artikel 48 bezeichneten vier Kategorien angehören, beglaubigte Abschriften.

Zu Urkund dessen haben die unterzeichneten, von ihren Regierungen hierzu gehörig befugten Bevollmächtigten dieses Übereinkommen unterschrieben.

Geschehen zu Wien am 18. April 1961.

Merkblatt des Auswärtigen Amtes für Bewerber für den höheren Dienst (gekürzt)

Aufgaben und Tätigkeiten des Auswärtigen Dienstes

Die Pflege der auswärtigen Beziehungen ist eine der wichtigsten Aufgaben der Regierung. Sie bedient sich des Auswärtigen Dienstes als Instrument für die Vorbereitung und Durchsetzung außenpolitischer Entscheidungen.

Die Aufgaben dieses Dienstes entsprechen in ihrer Vielfalt den umfassenden bilateralen Beziehungen und wachsenden internationalen Verpflichtungen der Bundesrepublik Deutschland im politischen, wirtschaftlichen, kulturellen und wissenschaftlich-technologischen Bereich. Neben der Pflege der bilateralen Beziehungen zu den westlichen Industrieländern, den Ländern der sozialistischen Staatenwelt und zur Dritten und Vierten Welt hat die Mitarbeit und Interessenvertretung im multilateralen Bereich (EG, NATO, Vereinte Nationen) zunehmend an Bedeutung gewonnen.

Im einzelnen fallen im bilateralen Bereich folgende Aufgaben an:

- ständige Beobachtung aller wesentlichen Entwicklungen auf politischem, wirtschaftlichem und kulturellem Gebiet im jeweiligen Gastland durch die zuständige Auslandsvertretung und entsprechende Berichterstattung an das Auswärtige Amt in Bonn;
- laufender Kontakt zu ausländischen Regierungsstellen, um die Wahrnehmung unserer Interessen in allen Bereichen sicherzustellen;
- Wahrnehmung unserer außen- und sicherheitspolitischen Interessen;
- Förderung der Wirtschaftsbeziehungen;
- Information des Auslands über die Bundesrepublik Deutschland;
- Politische Öffentlichkeitsarbeit, Arbeit mit Medien;
- Entwicklungspolitische Zusammenarbeit;
- Wissenschaftliche und Technische Kooperation;
- Fragen der Energie- und Rohstoffversorgung;
- Gesellschafts- und Sozialpolitik;
- auswärtige Kulturpolitik;
- konsularische Betreuung Deutscher im Ausland.

Alle diese Aufgaben werden durch das Auswärtige Amt (Zentrale des Auswärtigen Dienstes in Bonn) unter der Federführung und Verantwortung des Bundesministers des Auswärtigen gestaltet und koordiniert.

Anforderungen an die Mitarbeiter

Der Auswärtige Dienst erfordert, daß seine Mitarbeiter auf unterschiedlichen Fachgebieten und in verschiedenen Regionen solide und gründliche Arbeit leisten. Der junge Beamte wird also nicht für einen speziellen Arbeitsbereich oder für eine Tätigkeit in einem bestimmten Land ausgebildet und eingestellt. Er muß vielmehr damit rechnen, alle drei bis vier Jahre seinen Einsatzort und meist auch das Fachgebiet zu wechseln. Er beginnt zum Beispiel sein Berufsleben nach Abschluß des Vorbereitungsdienstes als Kultur- und Pressereferent in Kenia, wird nach drei Jahren in das Wirtschaftsreferat der Botschaft in Warschau versetzt und kehrt danach in die Zentrale nach Bonn zurück, um in einem Referat der Politischen Abteilung oder der Rechtsabteilung zu arbeiten.

Nach einigen Berufsjahren, in denen der Beamte sich eine breite Erfahrung aneignen soll, ergeben sich durch Neigung, Befähigung und die Erfordernisse des Dienstes nicht selten Schwerpunktbereiche oder -regionen (Abrüstung, EG, Ost-West-Beziehungen, VN-Bereich u.a). Es versteht sich, daß die Kenntnis einer schwierigen oder seltenen Sprache von Anfang an die häufige, keineswegs aber ausschließliche Verwendung in dem entsprechenden Sprachraum bedeutet.

Die Breite des Arbeitsfeldes macht diesen Beruf anziehend und interessant. Aber man sollte auch die Nachteile und Härten nicht übersehen, die mit ihm verbunden sind. Auch unter schwierigen Lebensbedingungen erfordert der Dienst vollen Einsatz und zuverlässige Arbeit. Häufige Umzüge, weite Entfernungen, schwierige klimatische Bedingungen, veränderte Lebensumstände können trotz finanzieller Besserstellung im Ausland belastend sein. Sie treffen nicht nur den Beamten selbst, sondern auch seine Familie. Für die Kinder gibt es Schul- und Ausbildungsprobleme. Der Ehepartner wird seinen eigenen Beruf in der Regel nicht ausüben können. Er sollte bereit sein, im Ausland in gewissem Umfang gesellschaftliche Verpflichtungen, die mit den dienstlichen Aufgaben des anderen einhergehen, partnerschaftlich mitzutragen. Die Möglichkeit der Horizonterweiterung, die in einer intensiven Beschäftigung mit den Kulturen, Sprachen und Menschen anderer Länder liegt, ist einer der positiven Aspekte, welche der Beruf auch für den Partner mit sich bringt.

Voraussetzungen der Bewerbung

Die Laufbahn des höheren Auswärtigen Dienstes beginnt mit einem Vorbereitungsdienst. Dieser dauert zur Zeit zwei Jahre. Wer sich eine Erfolgschance im Auswahlverfahren errechnet, sollte sich daher zum frühestmöglichen Zeitpunkt bewerben. Nach dem Bundesbeamtengesetz und den einschlägigen Vorschriften für den Auswärtigen Dienst gilt:

1. Bewerber müssen Deutsche im Sinne des Grundgesetzes (Art. 116 GG) sein und die Gewähr dafür bieten, jederzeit für die freiheitlich demokratische Grundordnung im Sinne des Grundgesetzes einzutreten.
2. Sie müssen ein wissenschaftliches Studium mit einer vorgeschriebenen Mindest- oder Regelstudienzeit von nicht weniger als drei Jahren an einer deutschen Hochschule mit einer ersten Staatsprüfung oder einer gleichwertigen Hochschulprüfung abgeschlossen haben. In den drei Jahren dürfen Zeiten einer eingeordneten berufspraktischen Ausbildung oder Tätigkeit nicht enthalten sein.
   Fachhochschulstudien und Studiengänge, die nach Inhalt und Abschluß einem Studiengang einer Fachhochschule entsprechen oder ihm vergleichbar sind, *reichen nicht aus.*
3. Bei der Einstellung (Anfang April eines jeden Jahres) dürfen Bewerber das 32. Lebensjahr noch nicht vollendet haben.
4. Bewerber müssen – bei Verheirateten auch die Familienangehörigen – voll gesundheitlich geeignet sein. Die entsprechende Untersuchung wird vom Gesundheitsdienst des Auswärtigen Amts oder in dessen Auftrag durchgeführt.
5. Bewerber müssen sich in einem Auswahlverfahren qualifiziert haben, welches einmal im Jahr stattfindet.

Auswahlverfahren

Alle Bewerber, die die im vorigen Abschnitt genannten formalen Voraussetzungen (Ziffer 1 bis 3) erfüllen, werden zum Auswahlverfahren zugelassen. Dieses Auswahlverfahren stellt die eigentliche Hürde für die Einstellung in den Vorbereitungsdienst dar. Es ist Persönlichkeits- und Wissensprüfung zugleich. Die eigenen Leistungen im Vergleich mit denen der Mitbewerber entscheiden über den Erfolg. Ohne Einfluß sind Beziehungen, soziale Herkunft oder Parteizugehörigkeit. Das Auswahlverfahren besteht aus einem schriftlichen und einem mündlichen Teil.

Der schriftliche Teil dauert einen Tag und findet Ende September in Bonn, Berlin, Hamburg, Frankfurt und München oder in besonderen Fällen an Auslandsvertretungen statt. Die Teilnehmer müssen

- Übersetzungen in die beiden und aus den beiden Fremdsprachen Englisch und Französisch anfertigen (ohne Hilfsmittel; Schwierigkeitsgrad etwa: Zeitungsartikel mit außenpolitischer Thematik);
- einen einstündigen Aufsatz über eines von drei zur Wahl stehenden Themen schreiben (in der Regel aus den Bereichen der Außen-, Wirtschafts- bzw. Innenpolitik);
- in jeweils 30 Minuten Fragebögen mit je 30 Fragen aus den Gebieten Neuere Geschichte und Politik, Staats- und Völkerrecht, Volkswirtschaft, Allgemeines Wissen beantworten.

Die Ergebnisse dieser Prüfung werden bewertet und in einer Rangliste zusammengefaßt. Der Auswahlausschuß lädt diejenigen Bewerber, die nach diesen Ergebnissen in die engere Wahl kommen, zum mündlichen Teil des Auswahlverfahrens nach Bonn ein.

Dieser mündliche Teil findet Ende Oktober/Anfang November statt und erstreckt sich über fünf Tage. Er besteht aus

- einem Vorstellungsgespräch mit dem Auswahlausschuß;
- einem Kurzreferat;
- einem Gruppengespräch;
- der Beantwortung von Fragen aus den Gebieten Geschichte/Politik, Staats- und Völkerrecht, Volkswirtschaft und Allgemeines Wissen;
- dem Nachweis mündlicher Kenntnisse der englischen und französischen Sprache;
- einem psychologischen fachbezogenen Eignungstest.

Der Auswahlausschuß sieht seine Aufgabe darin, auf diese Weise ein möglichst umfassendes und differenziertes Bild von der Persönlichkeit und den intellektuellen Fähigkeiten der Bewerber zu gewinnen. Danach empfiehlt er dem Bundesminister des Auswärtigen in Form einer Vorschlagsliste diejenigen Teilnehmer, die er für geeignet hält, zur Einstellung.

Das Auswärtige Amt kann in jedem Jahr nur eine begrenzte Anzahl von Bewerbern (zur Zeit etwa 25) einstellen. Ziel des Verfahrens ist es, in einem objektiven Wettbewerb die am besten qualifizierten Bewerber auszuwählen. Neben intellektuellen Fähigkeiten sind für eine erfolgreiche Tätigkeit im Auswärtigen Dienst Kontaktfähigkeit, Sinn für Teamarbeit, Initiative und Entscheidungsbereitschaft unerläßlich. Ferner muß der Ausschuß berücksichtigen, daß der Beamte des modernen Auswärtigen Dienstes seinen Aufgaben nur mit historischer Perspektive, politischem Verständnis, Einsicht in wirtschaftliche und entwicklungspolitische Zusammenhänge, kultureller Aufgeschlossenheit und sozialem Empfinden gerecht werden kann.

Bewerber, die sich beim ersten Mal im schriftlichen Auswahlverfahren für eine Einladung zum mündlichen Teil nicht qualifiziert haben, können sich ein zweites Mal beteiligen. Wer allerdings einmal ohne Erfolg am mündlichen Auswahlverfahren teilgenommen hat, kann grundsätzlich nicht erneut zugelassen werden.

Die Mitarbeiter der Aus- und Fortbildungsstätte sind gerne bereit, Interessenten über alle Fragen der Ausbildung und der Tätigkeit im Auswärtigen Dienst zu beraten.

Ein Gesprächstermin muß aus praktischen Gründen vorher vereinbart werden.

Zum Studium

Die Auffassung, nur wenn man Rechtswissenschaft studiert habe, könne man in den Auswärtigen Dienst eintreten, trifft nicht zu. Zwar hat das Auswärtige Amt nach wie vor einen erheblichen Bedarf an qualifizierten Juristen. Jedoch hat sich die Zahl der erfolgreichen Bewerber anderer Fachrichtungen zugunsten eines ausgewogenen Gesamtbildes geändert.

Infolge der Bedeutung der internationalen Wirtschaftsbeziehungen werden heute insbesondere auch Wirtschaftswissenschaftler benötigt. Auch Naturwissenschaftler haben sich in Ausbildung und Praxis bewährt.

Die Beantwortung der von Referendaren (Juristen, Philologen der Sekundarstufe II) oft gestellten Frage, ob man sich nach dem ersten oder zweiten Staatsexamen bewerben soll, muß grundsätzlich in das Ermessen jedes einzelnen gestellt werden.

Aus der Sicht des Auswärtigen Amtes ist hierzu zu bemerken, daß die Bewerber ihr Studium zügig durchgeführt und mit gutem Erfolg abgeschlossen haben sollten. Ihr Lebensalter sollte deutlich unter der Höchstaltersgrenze von 32 Jahren liegen. Auslands- oder Berufspraxis sowie zusätzliche Studien- oder Ausbildungsgänge (Referendarausbildung, Promotion) sind dann von besonderem Interesse, wenn ein Bezug zur beruflichen Tätigkeit des Auswärtigen Dienstes besteht.

Vorbereitung auf das Auswahlverfahren

Das Auswärtige Amt erwartet nicht, daß die Bewerber in allen genannten Bereichen über die Detailkenntnisse verfügen, die man sich nur durch ein entsprechendes akademisches Studium erwirbt.

Verlangt werden Grundkenntnisse und vor allem die Fähigkeit, historische, juristische und wirtschaftliche Zusammenhänge sowie politische Fragen zu erfassen und zu analysieren.

Fremdsprachen

Geprüft wird, ob die Bewerber fähig sind, sich in der englischen und französischen Sprache mit politischen, wirtschaftlichen und kulturellen Problemen schriftlich und mündlich auseinanderzusetzen. Gefordert wird nicht die perfekte Beherrschung der Fremdsprache, aber auf solide Kenntnisse kann nicht verzichtet werden.

Zur Vorbereitung sollten die Bewerber sowohl für den mündlichen als auch den schriftlichen Teil des Auswahlverfahrens regelmäßig englisch- bzw. französischsprachige Tageszeitungen/Magazine lesen und übersetzen und Rundfunknachrichten in beiden Sprachen hören und zusammenfassen. Das Auswärtige Amt wertet es positiv, wenn die Bewerber Kenntnisse in weiteren, insbesondere schwierig erlernbaren Sprachen besitzen. Im Auswahlverfahren können Kenntnisse in einer solchen Drittsprache etwaige Mängel in den beiden obligatorischen Sprachen Englisch und Französisch allerdings *nicht* ausgleichen.

Der Vorbereitungsdienst

Die Bewerber werden so schnell wie möglich über das Ergebnis des Auswahlverfahrens unterrichtet.

Die erfolgreichen Bewerber werden Anfang April unter Berufung in das Beamtenverhältnis auf Widerruf zum (zur) Attaché(e) ernannt.

Während des zweijährigen Vorbereitungsdienstes werden die Attaché(e)s mit dem Auswärtigen Amt, seinem Aufbau und seiner Arbeitsweise vertraut gemacht, sowie theoretisch und praktisch auf ihre späteren Aufgaben vorbereitet:

Neun Monate lang vertiefen die Attaché(e)s in der theoretischen Ausbildung ihre Kenntnisse über ausgewählte und für ihren Beruf wichtige Fragen und Probleme aus den Gebieten

- Neuere Geschichte und Politik
- Wirtschaftswissenschaften
- Völkerrecht.

Jeder der drei Ausbildungsabschnitte schließt mit einer Prüfung (zwei Klausuren, Prüfungsgespräch) ab, die bereits Teil der Laufbahnprüfung ist.

Für Nichtjuristen findet darüber hinaus ein ergänzender Rechtskurs statt, der ebenfalls mit einer Prüfung abgeschlossen wird.

Daneben wird regelmäßig berufsbezogener Sprachunterricht in Englisch und Französisch erteilt. Außerdem gibt es Übungen in Sprech- und Verhandlungstechnik sowie in anderen für den Auswärtigen Dienst wichtigen Fähigkeiten.

Abschließend finden mehrwöchige Intensivsprachkurse in Englisch oder Französisch, ggf. auch in weiteren, vorzugsweise wichtigen und schwierigen Sprachen (slawische Sprachen, Arabisch, Japanisch, Chinesisch etc.) statt.

Im zweiten Jahr des Vorbereitungsdienstes werden die Attaché(e)s in der Zentrale des Auswärtigen Amts ausgebildet.

In bestimmten Zeitabständen kehren sie in die Ausbildungsstätte zurück, um die in der Zentrale erworbenen Kenntnisse in mehrtägigen Arbeitsgemeinschaften zu ergänzen.

Der Vorbereitungsdienst führt zur Laufbahnprüfung, die entsprechend dem zweiten Staatsexamen die Befähigung für den höheren Verwaltungsdienst vermittelt.

Bestandteil der Laufbahnprüfung sind die bereits im ersten Ausbildungsjahr abgelegten Fachprüfungen, die Beurteilung für die praktische Tätigkeit in der Zentrale sowie die am Ende der Ausbildung abzulegende Abschlußprüfung. Letztere besteht aus einer schriftlichen Hausarbeit, einem Aktenvortrag und einem Prüfungsgespräch. Außerdem sind die Sprachprüfungen in Englisch und Französisch Teil der Laufbahnprüfung.

Unterkunft/Verpflegung

Im Rahmen der gegebenen Möglichkeiten können die Attaché(e)s in der Aus- und Fortbildungsstätte wohnen. Das Haus bietet Unterbringung in Einzelzimmern, Verpflegung, eine Bibliothek, Zeitungs- und Zeitschriftenraum u.a. Der mit dem Bundesminister der Finanzen abgestimmte einheitliche Tagessatz für Unterbringung und Verpflegung ist den Anwärterbezügen angepaßt.

Bewerbungsunterlagen und Bewerbungsfrist

Für eine Bewerbung sind einzureichen:
1. genau und vollständig ausgefüllter Personalbogen (doppelt, die Aus- und Fortbildungsstätte schickt Ihnen entsprechende Vordrucke auf Anforderung zu);
2. zwei Lichtbilder aus neuester Zeit (auf der Rückseite mit dem Namen versehen);
3. ein in drei Ausfertigungen mit Schreibmaschine geschriebener Lebenslauf in deutscher Sprache, der auch Angaben über besondere Interessen und Fähigkeiten und die Motive der Bewerbung enthalten sollte;
4. Nachweise über den Bildungsgang (Reifezeugnis, Zeugnisse und Diplom über Staats- bzw. Hochschulprüfungen) in beglaubigter Abschrift oder beglaubigter Fotokopie.

Bewerbungsschluß ist zur Zeit der 1. August. Bitte reichen Sie Ihre Bewerbung nicht erst am letzten Tag ein und achten Sie auf Vollständigkeit der Unterlagen. Sie tragen dadurch zur zügigen Bearbeitung bei.

Auswahlbibliographie

Adomeit, Hannes: Die Sowjetmacht in internationalen Krisen und Konflikten. Baden-Baden 1983

Bismarck, Otto von: Gedanken und Erinnerungen, Bd. 1–3. Stuttgart 1898–1919

Burckhardt, Carl J.: Richelieu, Bd. 1–3. München 1935–1966

Callières, François de: De la manière de négocier avec les souverains. Paris-Amsterdam 1716 (dt.: Der staatserfahrne Abgesandte, oder Unterricht, wie man mit hohen Potentaten in Staatssachen klug tractiren soll. Leipzig 1716)

Cambon, Jules: Le Diplomate. Paris 1926 (dt. 1927)

Commynes (Comines), Philippe de: Cronique et hystoire faicte et composée par messire Philippe de Comines. Paris 1524 (dt.: Memoiren. Stuttgart 1952)

Cooper, Duff: Talleyrand. London 1932 (dt. 1935)

Craig, Gordon A. und Gilbert, Felix: The Diplomats 1919–1939. Princeton 1959

Craig, Gordon A. und George, Alexander L.: Force and Statecraft. New York-Oxford 1983 (dt.: Zwischen Krieg und Frieden. München 1984)

Dickmann, Fritz: Der Westfälische Frieden. Münster 1959

Doß, Kurt: Das deutsche Auswärtige Amt im Übergang vom Kaiserreich zur Weimarer Republik. Düsseldorf 1977

Duroselle, Jean-Baptiste: Histoire diplomatique de 1919 à nos jours, 8. Auflage. Paris 1981

Geiss (Hrsg.), Imanuel: Juli 1914. München 1965

Genet, Raoul: Traité de diplomatie et de droit diplomatique, Bd. 1–3. Paris 1931/32

Gerbore, Pietro: Formen und Stile der Diplomatie. Hamburg 1964

Hentig, Hans von: Der Friedensschluß. Stuttgart 1952

Herwarth von Bittenfeld, Hans: Zwischen Hitler und Stalin. Frankfurt a.M. 1982

Kennan, George F.: Memoirs. Boston 1950 (dt.: Memoiren eines Diplomaten. Stuttgart 1967)

Kissinger, Henry A.: A World Restored. Boston 1957 (dt.: Großmacht Diplomatie. Düsseldorf 1962)

Kraske, Erich und Nöldeke, Wilhelm: Handbuch des auswärtigen Dienstes. Tübingen 1956

Lahr, Rolf: Zeuge von Fall und Aufstieg. Hamburg 1981

Mattingly, Garrett: Renaissance Diplomacy. London 1955

Moorhouse, Geoffrey: The Diplomats – The Foreign Office Today. London 1977

Nicolson, Harold: Diplomacy. London 1939 (dt. 1947)

Nicolson, Harold: The Congress of Vienna. London 1946 (dt. 1946)
Potemkin, Wladimir (Hrsg.): Istorija diplomatii, Bd. 1–6. Moskau 1941 (frz.: Histoire de la Diplomatie, Bd. 1–3. Paris 1956)
Rich, Norman/Fisher, M. H./Frauendienst, Werner: Die geheimen Papiere Friedrich von Holsteins, Bd. 1–4. Berlin-Frankfurt a. M. 1956
Richter, Werner: Bismarck. Frankfurt a. M. 1962
Sallet, Richard: Der diplomatische Dienst. Stuttgart 1953
Satow's Guide to Diplomatic Practice, 5. Auflage. London-New York 1979
Schmidt, Paul: Statist auf diplomatischer Bühne. Bonn 1949
Srbik, Heinrich von: Metternich, Bd. 1–3. München 1925–1952
Steiner, Zara: The Times Survey of Foreign Ministries of the World. London 1983
Strang, Lord William: The Foreign Office. London 1955
Thimme, Friedrich (Hrsg.): Front wider Bülow. München 1931
Thompson, Kenneth W.: American Diplomacy and Emergent Patterns. New York 1962
Trevelyan, Humphrey: Diplomatic Channels. London 1974
Weizsäcker, Ernst von: Erinnerungen. München 1950
Wicquefort, Abraham de: L'Ambassadeur et ses fonctions. Den Haag 1682 (dt.: L'Ambassadeur oder Staats-Botschafter und dessen Hohe Functions- und Staats-Verrichtungen. Frankfurt a. M. 1682)
Wildner, Heinrich: Die Technik der Diplomatie. Wien 1959
Zündorf, Benno: Die Ostverträge. München 1979

Personenregister

Über den Umgang mit der Verfassung

Seit Jahrzehnten kommentiert Theodor Eschenburg die politische Praxis in der Bundesrepublik mit kritischer Wachsamkeit. Stets geht er von konkreten Fällen aus, wenn er etwa über die Demokratie im Wahlkampf, die Hirtenbriefe der Bischöfe oder die Nationalhymne als Symbol deutscher Staatlichkeit nachdenkt. Seine Beiträge zur – im doppelten Sinne – Verfassung der Republik sind ironisch, treffend, amüsant, ein lehrreiches Spiel mit den Regeln der Politik.

Theodor Eschenburg
Spielregeln der Politik
Beiträge und Kommentare zur Verfassung der Republik
384 Seiten
Gebunden mit Schutzumschlag

DVA
Deutsche Verlags-Anstalt